技术择时，价值择股

A股投资实战笔记

二十八画生◎著

中国宇航出版社
·北京·

图书在版编目（CIP）数据

技术择时，价值择股 ： A股投资实战笔记 / 二十八画生著. -- 北京 ： 中国宇航出版社，2023.2
ISBN 978-7-5159-2029-0

Ⅰ. ①技… Ⅱ. ①二… Ⅲ. ①股票投资—中国 Ⅳ. ①F832.51

中国版本图书馆CIP数据核字(2022)第256230号

策划编辑　卢　珊　　封面设计　王晓武
责任编辑　卢　珊　　责任校对　吴媛媛

出版发行　中国宇航出版社
社　址　北京市阜成路8号　　邮　编　100830
（010）68768548
网　址　www.caphbook.com
经　销　新华书店
发行部　（010）68767386　　（010）68371900
（010）68767382　　（010）88100613（传真）
零售店　读者服务部
（010）68371105
承　印　北京天顺鸿彩印有限公司
版　次　2023年2月第1版　　2023年2月第1次印刷
规　格　710×1000　　开　本　1/16
印　张　13.5　　字　数　178千字
书　号　ISBN 978-7-5159-2029-0
定　价　48.00元

本书如有印装质量问题，可与发行部联系调换

PREFACE 序

我跟本书作者一样，也曾经拜读过《遥远的救世主》，其中有这样一句话让我印象深刻："真经，可悟不可修。修为成佛，在求。悟为明性，在知。"其基本的意思就是"觉悟"了，认知提高了，那么也就豁然开朗了。在投资市场，对市场逻辑的认知，直接影响着你在投资市场的收益。

市场投资方面的书籍有很多，但是作者却能独辟蹊径，从更高的逻辑维度着手，又能落在可以量化的方法论上，以行业发展逻辑为出发点，以在逻辑线条上寻找伟大的成长企业为落脚点，通俗易懂，深入浅出，给我们打开了一个逻辑交织的投资视角。我以为对于当下的投资市场，无论你是初学者，还是已在投资市场厮杀多年，都具有启迪意义。

A股素有"七亏二平一赚"的谚语，也透露出市场"二八分化"的规律，同时，这也与我们身边大多数人的情况不谋而合。很多投资者即使知道自己不应该高频操作，但总是忍不住，所以大多数人每天都在交易，这背后更深层次的原因是对事物发展规律的把握不到位。而作者从简单易懂的技术投资系统出发，到财务分析方法论为主的基本面分析（含估值分析），再到行业发展规律，最后则是落脚在机构投资的本质，对于投资者把握A股走势具有很强的参考意义。作者虽然强调择时，但是更多的篇幅是站在"买入并长期持有"的逻辑上进行探讨的。当然，并不是所有行业和赛道都具有长线投资价值。对于是否值得长线持有，应该从人性、逻辑的角度去考量，而本书则完美地把某些行业发展的逻辑给读者讲透了，讲清楚了。所以，对于一些投资者来说，本书具有非常强的启迪意义。相比单纯的方法论，我认为作者最大的亮点是告诉了大家一种思路，并且教大家进行深度思考，思考自己的人生，思考自己的投资，思考自己的决策。这对于国内市场形成良好的投资理念，树立正确的投资价值观，具有重要的意义。

就我个人来说，希望读者可以有机会认真阅读这本书，尤其是喜欢做价值投资的读者。作者以点带面，从公司角度看行业逻辑，独具一格。我相信，等你认真读完后，对于你的投资，一定有非常大的实用价值。

我与作者相识多年，也被其对投资市场的认知所感染。在接到作者邀请写序后，就把自己的想法归纳了一下，笔力所限，更多的还需要读者自己阅读体会，也希望读者可以和我一样，读有所获。

林美含

CONTENTS 目录

第二篇 价值择股

第三篇 投资策略

第一篇

技术择时

1　三种简单方法，教你买在起涨点

择时，对于短线投资来说非常重要，因为择时择得好，就意味着有成本优势，对于短线交易和高频交易来说，毫厘之差，可能就是盈利与亏损之别。当然，对于价值投资者来说，择时或许没有那么重要，但是如果可以寻找到一个相对低点买入，那么投资成本就更具有优势。所以，无论是技术分析者还是价值投资者，正确地择时会让持仓成本具有足够的优势，当然，前提是要掌握一定的择时技巧。不可否认的事实是，买在最低点、卖在最高点，99%靠的是运气！所以，不要指望买在行情的最低点，能买到一个相对低点，就已经是一种幸运了。毕竟技术分析的本质是用历史数据进行非线性拟合，是用历史走势预测未来，因此，出现偏差是大概率事件，大家要学会用平常心来看待择时这个问题。

目前市场上很多的投资者，或技术分析派，或价值分析派，颇有“文人相轻”的感觉。我认为，技术分析也好，价值分析也罢，其实都是交易的一种手段。笔者是一个价值投资者，买入信号就是价格低于价值的时候，但是大家也要意识到A股的独特性，就是天生的估值过高。如果按照这个逻辑，A股就不用买了，所以这种方法明显不合适。但是买卖股票也不能闭着眼睛瞎买，还是需要参考一定的买入标准，不为别的，就是要找到一个相对比较低的点位。另外，A股还有一个“过山车”的特性，可能十年涨幅为零（如图1-1-1所示），所以笔者认为，最好的投资方式应该是在长期持有的前提下做波段，这样才能有机会体验一下“负持仓成本”。但是，因为不是专门的技术分析者，什么波浪理论、道氏理论，掌握起来难度较大，笔者就在前人经验的基础上，总结了一套比较适合普通投资者择时

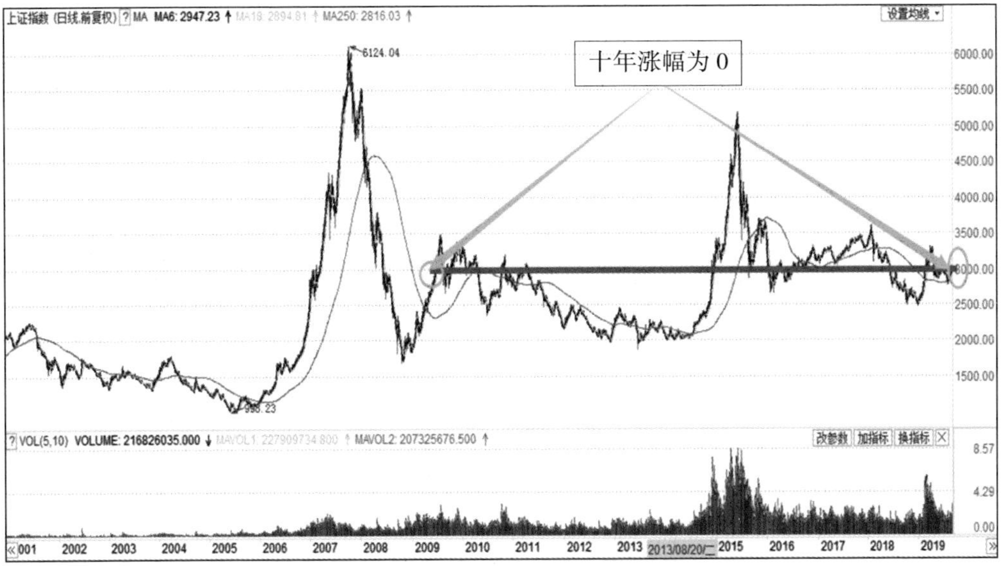

图1-1-1　A股十年涨幅为零

的简单方法。在过去近十年的投资实践中，几乎每次都是用该方法判断买卖点，大多数情况都是有效的，当然，也有失灵的情况，好在本质上是价值投资，有选股做铺垫，买错了也影响不大。那么，这种择时技巧是怎么判断买点呢？

1.1　趋势行情中的“买点”判断

笔者比较偏右侧交易，所以用的方法就是简单的均线法则。6日与18日这两条均线，其中暗含了黄金分割比例0.618的意味。更重要的是，在实践中，这种方法对于买点的把握准确率是比较高的。

设置方法如图1-1-2所示，买点就是6日均线上穿18日均线的时候，很简单。实践中，只要选择的股票出现6日均线上穿18日均线，就说明买点出现，而且基本上可以确定是右侧交易。值得注意的是，在趋势行情中采用这种方法，准确率特别高，能够帮大家把握大部分上涨空间。如果是振荡行情，使用效果就会大打折扣，这是因为在振荡行情中，均线的滞后性带来的副作用特别明显，即使出现6日均线上穿18日均线的情况，第二天股价也可能会出现拐头向下的走势。所以，在振荡行情中，尽量不要用均线来选择买点，这一点大家一定要注意！

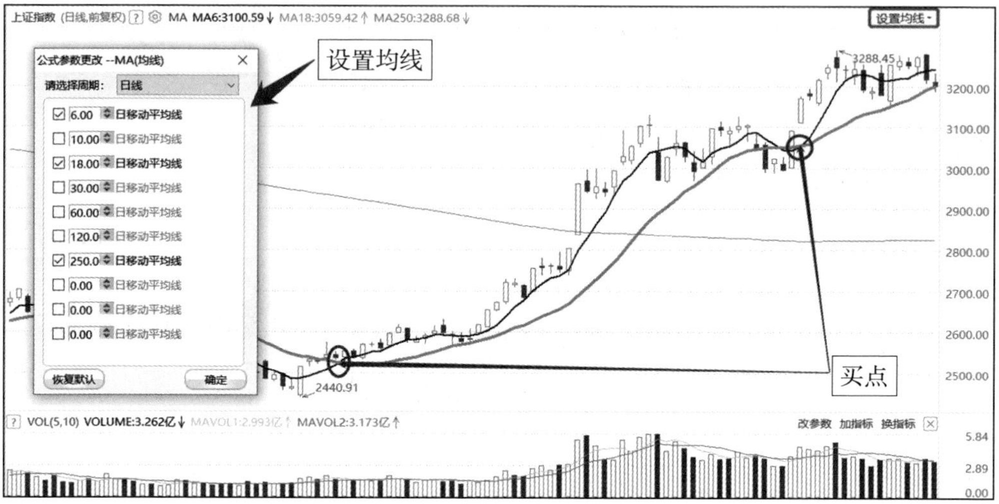

图1-1-2　6日均线上穿18日均线

1.2　均线弥合买入法

这种买点往往都出现在行情的末端，基本原则是：在底部，均线弥合大概率会选择向上突破；如果在顶部，均线弥合大概率会选择向下突破。一般来说，当一只股票出现长期在高位盘整的走势，那么大概率会下跌。所谓“盘久必跌”，就是这个道理。但是，这种盘久必跌，往往是行情在一个区间内振荡。如果行情振荡下行，且在前一个平台高点得到支撑，从而形成一个三角形，这种情况大概率会选择向上突破。所以，在行情发展过程中，如果出现这种情况，可以买入。如图1-1-3所示。

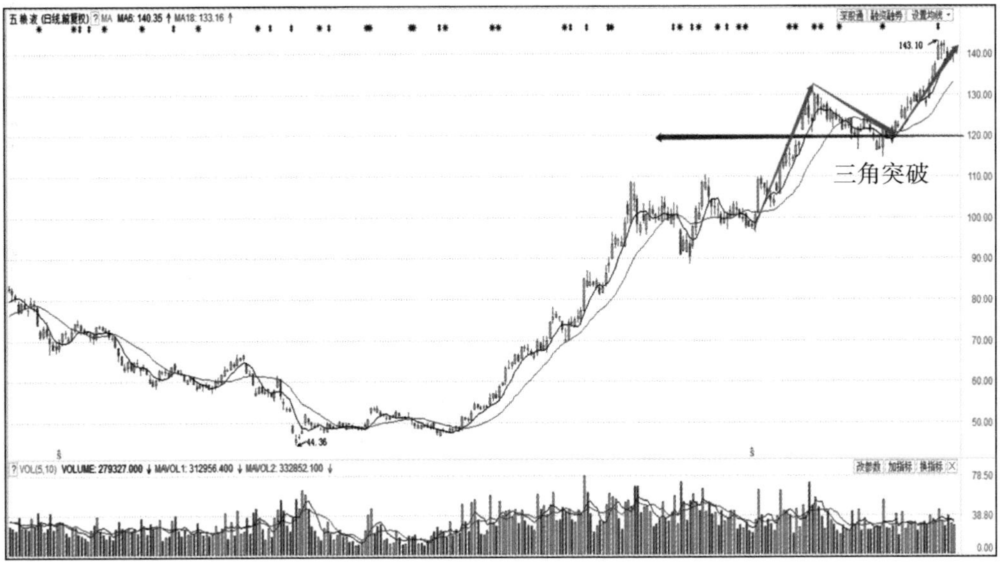

图1-1-3 均线弥合买入法

1.3 振荡行情中的"买点"判断

之前说过，均线可以很好地把握趋势行情，但是对于振荡行情，均线的滞后性则非常明显。因此，对于振荡行情，价值投资者可以"装死"。对于技术分析者来说，很多人喜欢挑战难度，那么这种情况下，如何判断买卖点？笔者觉得布林带对于把握短线买卖点是比较好的，即下轨买入，上轨卖出。如图1-1-4所示。

因为A股采取T+1的交易机制，所以这个方法对于A股来说效果可能不太好。对于振幅比较大的个股效果还可以，毕竟有足够的价差空间，如果振幅不大的话，效果就不会太好。在A股用这种方法做振荡行情，要注意两个关键点，一是一定要选择宽幅振荡的个股，二是在尾盘14点30分以后找机会买入，这样第二天开盘就有足够的时间离场。

布林带方法对于期货、黄金TD等连续交易的金融衍生品来说，因为是T+0的交易机制，所以用来指导买卖点显得游刃有余。要提醒的是，对于上

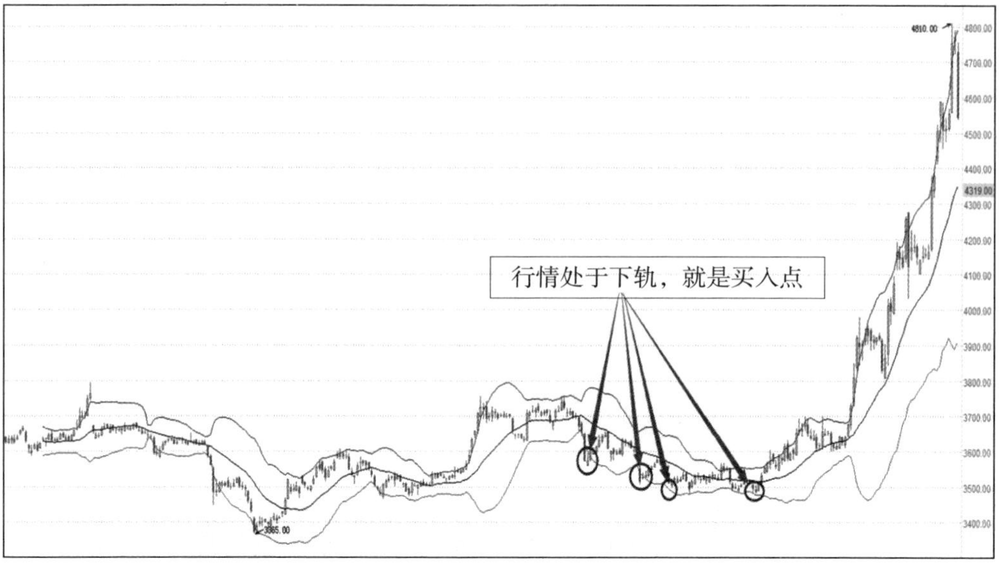

图1-1-4　布林带买入法（1）

海黄金交易所的黄金TD交易和上海期货交易所的沪金来说，建议把K线周期调整为4小时（240分钟）来用布林带。因为在22个小时连续交易的品种中，4小时线就相当于股票的日线。如图1-1-5所示。

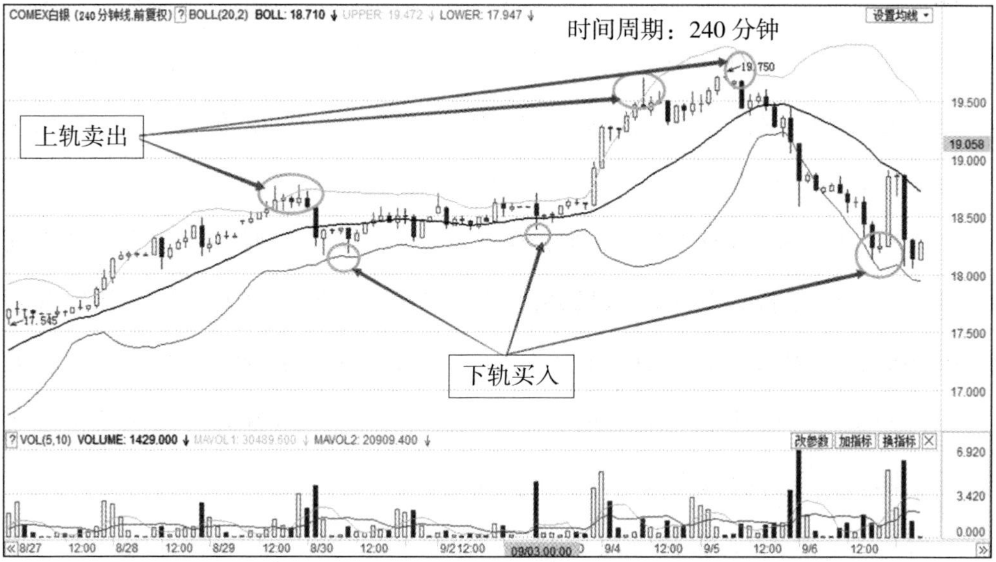

图1-1-5　布林带买入法（2）

最后强调两点，什么是好方法？在任何市场都能适用的方法才是好方法。在过去十年的投资历程中，无论是期货、黄金还是股票投资，只要有K线，笔者基本上都是用6日均线和18日均线作为右侧交易的判别标准，从结果来说，效果都不错，所以这么多年一直坚持在用。二是要强调，不要追求过于花哨的技术分析，简单有效，适合自己操作风格的，就是最好的投资方法。

2 六大卖出法让股票卖个好价格

投资界有这样一句谚语：会买的是徒弟，会卖的是师傅，会空仓的是祖师爷！相比买点来说，卖点更重要，因为卖得好不好，直接影响利润的多少，也直接影响盈亏幅度的大小。在投资过程中，无论是价值投资者还是技术分析者，都应该有自己的卖出方法。价值投资者可不是因为自己不会卖而深套死扛的人，要知道，用与不用，会与不会，是两种不同的投资境界。只是相比来说，价值投资者在市场没有发生重大变化之前，往往都是选择买入并长期持有，但是这与掌握卖出技巧并不冲突。所以，无论投资者是什么流派，技术分析派也好，价值投资派也好，掌握一定的卖出技巧，一定有利于投资者提高投资决策的胜率。

下面分享六种不同的卖出方法，希望对投资者在选择卖出股票时有所帮助。方法都比较简单，但是需要坚持。投资是一门艺术，不可能通过这六种方法就能穷尽所有卖出技巧，选择适合自己的，就是最好的。

2.1 高位+放大量+收锤头

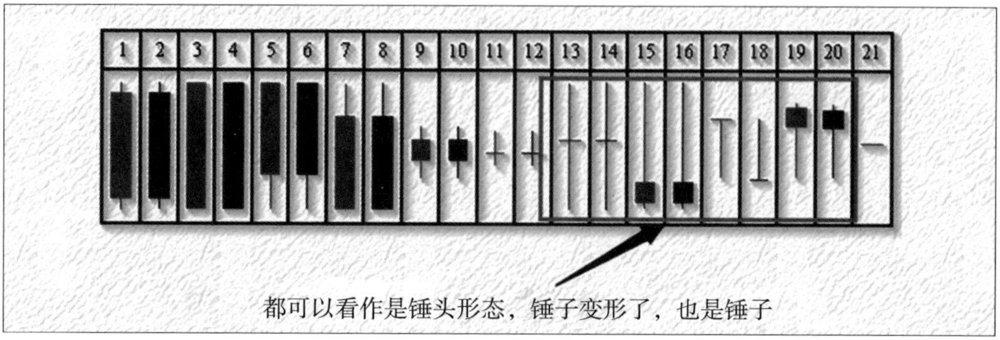

图1-2-1　锤头形态

这种卖出方法是本人用得最多的。这么说吧，当短线想卖出或者减仓时，笔者会下意识地去看是否满足这种卖出信号。一般情况下，只要K线出现倒锤头线，后市大概率会在短期出现一波回调行情。如果成交量配合，准确率高达99.99%！所以，一般情况下，只要出现这种信号，笔者会毫不犹豫地减仓或者清仓。笔者也验证过是不是真的这么靠谱，结果发现，出现这种信号没有卖出时，后市都出现了回调，甚至出现了见顶信号。值得庆幸的

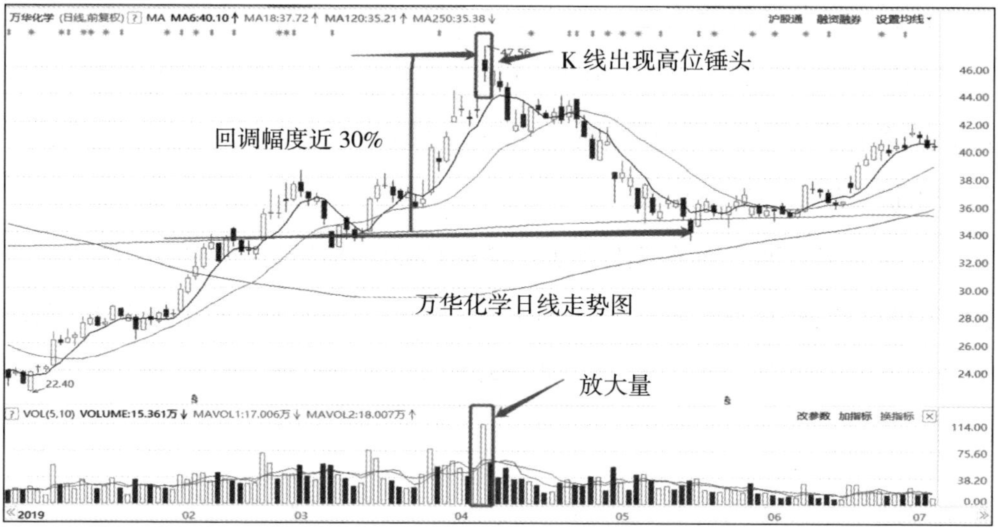

图1-2-2　高位+放大量+收锤头

是，笔者选择的股票比较靠谱，所以整体并没有出现太大的亏损。

提醒一点，行情在低位振荡盘整之后，出现拉升突破走势，如果这个过程中出现倒锤头线，而成交量没有太大的变化，这种情况往往是虚晃一枪，可以继续持有。但是成交量一旦明显放大，见顶几乎就是板上钉钉的事情。再次强调，面对这种信号，不要心存侥幸。

如何判断“放大量”？非常简单，就看成交量量柱高低。一般来说，超过前一个交易日成交量量柱长度的2/3，即可认为是成交量显著放大。如果是前一个交易日成交量量柱的两倍或者更长，那就更明显。如果拿不准，那就再简单点，一旦上涨一波后高位收锤头线，就选择减仓应对，即使做错了，后市也可以再买回来。技术分析，守纪律是成功的关键。

2.2　一箭穿心之“一日破三线”

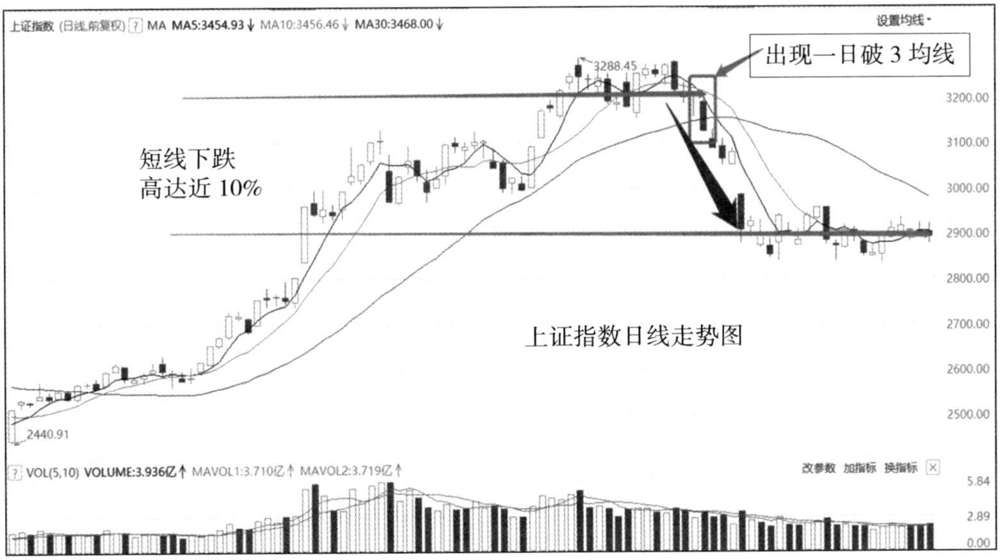

图1-2-3　一日破三线

一根日K线的收盘价跌破三条均线，这种情况大概率会出现在高位振荡市或者是均线弥合时。“一日破三线”暗示下跌动能非常强，股价如脱缰的野马，想拉都拉不回来。这种情况，哪怕有说得再好听的救市言论，也要先离开，等市场下跌情绪缓和了再买回来。记住，好的股票会给你足够多的进场时间，不要急于一时。

如果大家不甘心，考虑到A股的特性，暴跌以后往往会出现暴涨。如果次日暴涨的K线能够阳包阴，可以继续持有。如果反弹都没法冲破均线的压制，基本可以确定是下跌过程中的回光返照，逢高离场就是对的。大家想想之前是否遇到过这种情况？是不是就是笔者说的这种情况？一日破三线，在个股投资中是非常常见的，所以不要心存侥幸，只要出现这种走势，当天下午2点45分到3点15分内，一定要处理掉你的持仓。不要指望次日股价会涨上来，次日低开走低的概率非常大。

2.3 三连击之“黑三兵”

如图1-2-4所示，这种K线形态是准确度比较高的看跌中继信号。有些投资者喜欢用K线涨跌天数来判断买卖点，比如，一只股票连跌7天的概率是

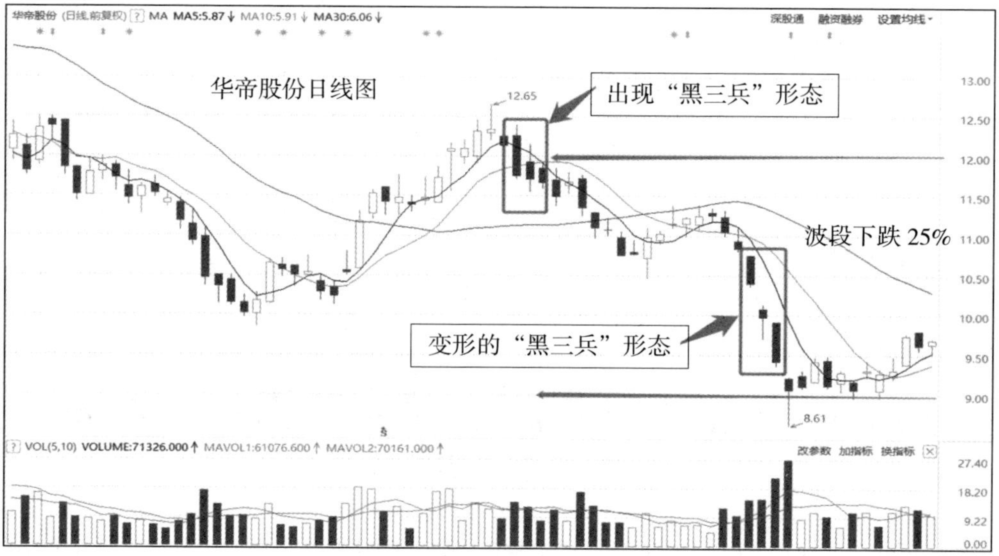

图1-2-4 黑三兵形态

非常小的，如果一只股票连跌7天，那么迎来反弹的概率非常大。这种方法有一定的可取之处，但是，如果发现下跌后出现“黑三兵”，就是连着三根阴线排列的状态，千万不要抄底，因为后市大概率会继续下跌，这时抄底必死，逢日内高点减仓才是王道。如果已经持有股票了，那么，在第三根K线形成时，不要犹豫，先减仓再说，因为有些出现黑三兵的个股，下跌起来跌幅可能有50%以上。还是那句话，不要心存侥幸！

当然，很多投资者可能会说，这种形态不好把握。其实，只要三根阴线连在一起，就可以认为是“黑三兵”。这种方法虽然不能精准判断下跌，但是可以极大概率让大家规避深套。

2.4　均线系统6-18判别法

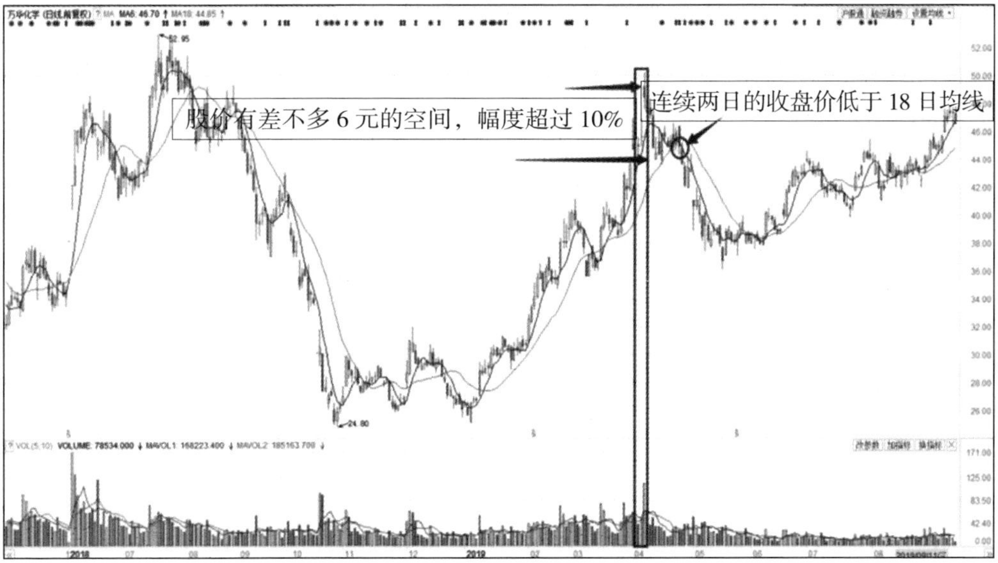

图1-2-5

6-18判别法卖出信号：连续两个交易日K线收盘价低于18日均线。

这种方法其实是和6-18均线买入法则配套的。但是说实话，笔者也很少用，因为它的滞后性非常明显。如果大家是在底部买入的，有足够的获利空间，可以采用这种方法。但是如果是在中途上车的，那满足卖出信号时，可能已经亏损了。所以，卖出点的判断笔者一般选择第一种方法。但是这种方法往往是兜底性质的，一旦股价破了这个底线，往往意味着后市跌幅非常大，所以就算你是中途追涨，若不想后市深套的话，请在这个位置赶紧离开。

2.5 振荡市中的“王者”：布林带上轨

布林带的优势在于可以告诉你明确的买入点和卖出点，劣势是趋势行情经常提前下车，无法把握大幅上涨空间，但是对于振荡行情还是比较有效的。在股票投资者中，笔者几乎不用这种方法。因为从择股的角度来说，笔者依旧是一个价值投资者，对于价值投资来说，在振荡市场，最有效的方法就一个：装死！但是这并不否认布林带在振荡行情中的高精准性。事实上，巧妙利用布林带提示的买卖点，在高频交易中如果能严格执行操作纪律，取得的收益并不差。

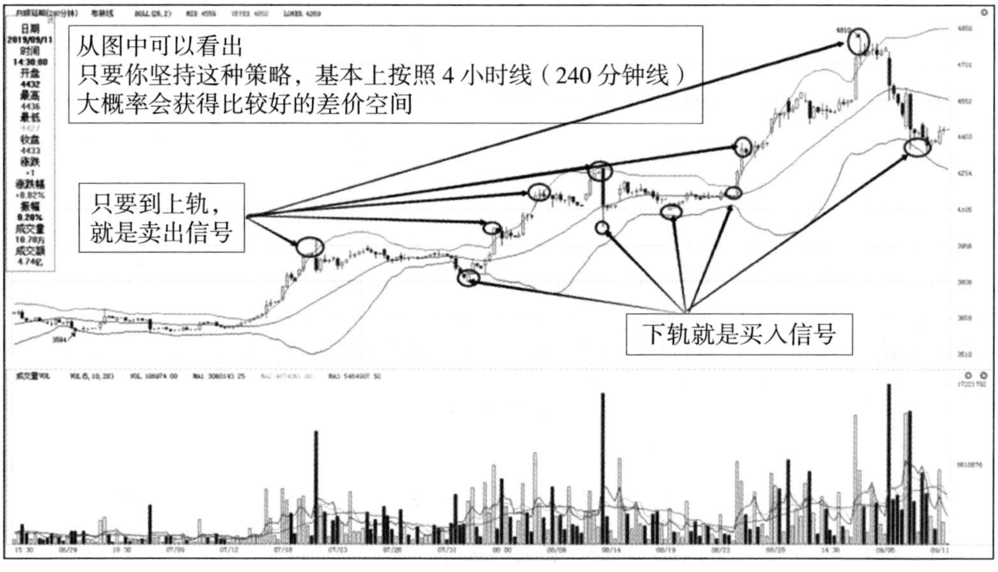

图1-2-6 利用布林带确认买卖点

此外，布林带还有一个优势，就是可以跨越市场，在期货、黄金TD这种杠杆投资中非常有效。均线周期设置为4小时，用布林带上下轨作为买卖信号，对于这种22小时交易的金融工具来说，可以说无往而不利。喜欢做期货、黄金TD等衍生品的投资者，不妨可以用布林带尝试一下做短线差价。

2.6　涨停不卖股票，次日可逢高卖出

一般来说，当日涨停的股票不卖。涨停了，说明当日买盘力量比较强大，次日高开或者涨停的概率比较大。但是，现实中也并非都是如此，大概有两种情况例外，一是上午10点之前强势封住涨停板，同时封单量比较大，这种股票次日高开的概率非常大，要么涨停，要么高开，可以持仓观察次日走势。如果再次涨停，就继续持有，如果不能涨停，可以选择减仓。二是一会儿封住涨停一会儿封不住，或者尾盘突然拉升到涨停，这种走势次日大概率不会涨停，甚至大概率会低开，所以出现这种情况就别参与了。当然，这个没有具体的标准，是一种特殊又特殊的情况，但是可以参照试一试。

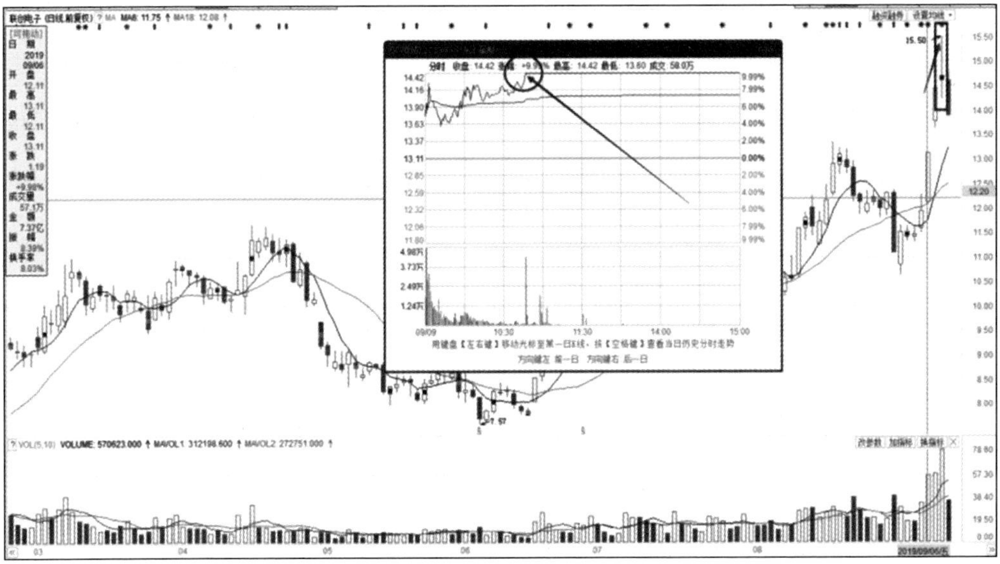

图1-2-7　涨停当日不卖，次日逢高卖出

之所以强调“会卖的是师傅”，就是因为在卖与不卖之间，往往就是一念之差，这也是大家说的投资的艺术性。可能方法你都会了，但是真正面临买卖的时候，大家可能并不是这样操作的。事实上，身边大多数投资者都是如此。但是无论如何，相信在市场最后赚钱的人，一定是一个拥有赤子之心的磊落之人，因为只有这样的人，才能耐得住寂寞，才能做到真正的自律！不管如何，我衷心希望自己分享的内容对读者有些帮助，对大家未来的投资之路能够起到一定的作用。还是提醒一句，市场在变化，尤其是随着外资大量进入，还是建议投资者慢慢转向价值投资之路。再好的买卖方法，如果逆“大势”操作，亏的概率也会比盈的概率大。

3 空中加油站：双阳夹星，中继看涨

技术分析中有一种特别强的中继信号，堪称“空中加油站”，这种中继信号，就叫做双阳夹星。从过去的实践来看，该信号出现时，后市极大概率会继续看涨。之所以把这种信号单独拿出来和大家分享，其原因是：很多投资者在交易过程中都有这样的经历，下跌时能扛住，但是一上涨，心里不是想着如何加仓，而是总想着赶紧回本离场。但是这里选择抗单的目的并不是为了回本，而是为了盈利。尤其是在交易的过程中，出现一些特定的技术信号，也许可以帮助大家把握一些比较好的波段行情。双阳夹星在技术分析中的高成功率，是值得大家关注的一种技术信号。

如何判断K线出现了“双阳夹星”形态呢？其最基本的形态，就是两根阳线中间夹着一根十字星线，中间的星线可以是标准的十字星，也可以是十字星的非标准形态。特别值得注意的是，这里只关注K线是否为“星”，至于是“阴星”还是“阳星”，并不重要。当然，最完美的是两根光头阳线中

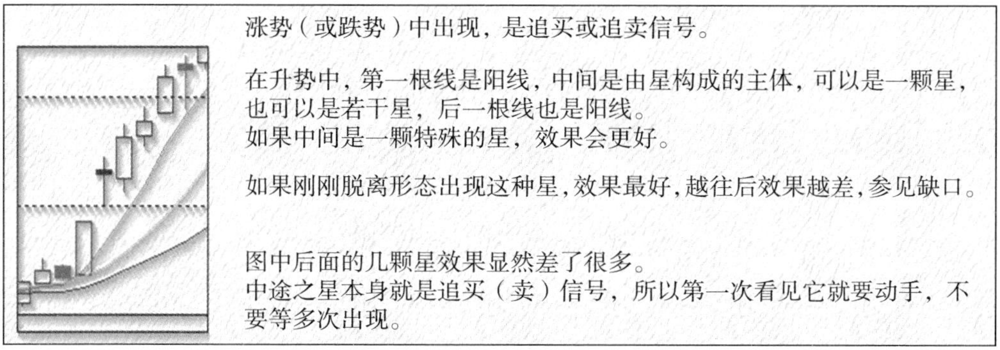

图1-3-1　双阳夹星

间夹一个十字星。简而言之，就是连续三个交易日，第一个和第三个交易日是两根阳线，中间则是一个十字星。实际操作中没有那么完美的形态，观察发现，如果第一个交易日和第三个交易日的阳线是光头光脚阳线，或者是上下影线较小的阳线，中间的十字星是阳线的话，第四个交易日上涨的概率是非常大的。

同样的道理，在下跌过程中也是如此。

如图1-3-2所示，2018年2月1日到2月5日，白酒板块的伊力特（600197）走出了双阳夹星的中继信号，只不过这个中继信号出现在下跌过程中。后市走势可以验证，如果不在2月5日当天及时减仓或者清仓的话，亏损的幅度会更大，因为2月5日后，伊力特的股价又继续下探，从24元跌到18元，这个跌幅是比较大的，高达25%。如果掌握这种中继信号，就可以规避这种大概率下跌的情况。

实战中，图1-3-2这种比较完满的“双阳夹星”走势很少见，很多走势并不那么完美和标准，因此，对于两根阳线中间的“星”可以稍微调整一下，将十字星折中为十字星演化的阴线。

如图1-3-3所示，金智科技（002090）在2018年3月2日至3月6日、3月27日至3月29日出现了两次“双阳夹星”走势。3月2日至3月6日，是一个相

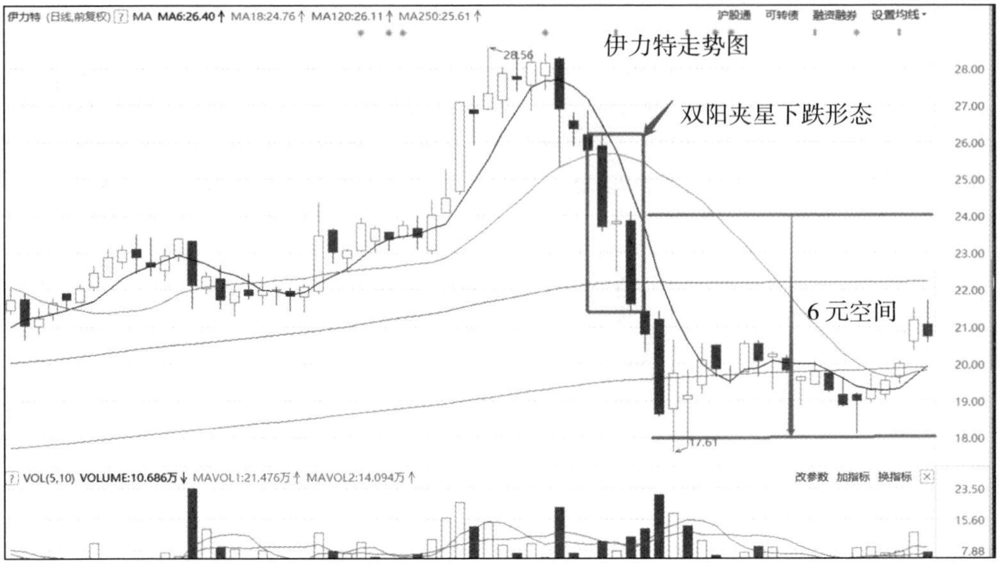

图1-3-2 伊力特日K线走势图

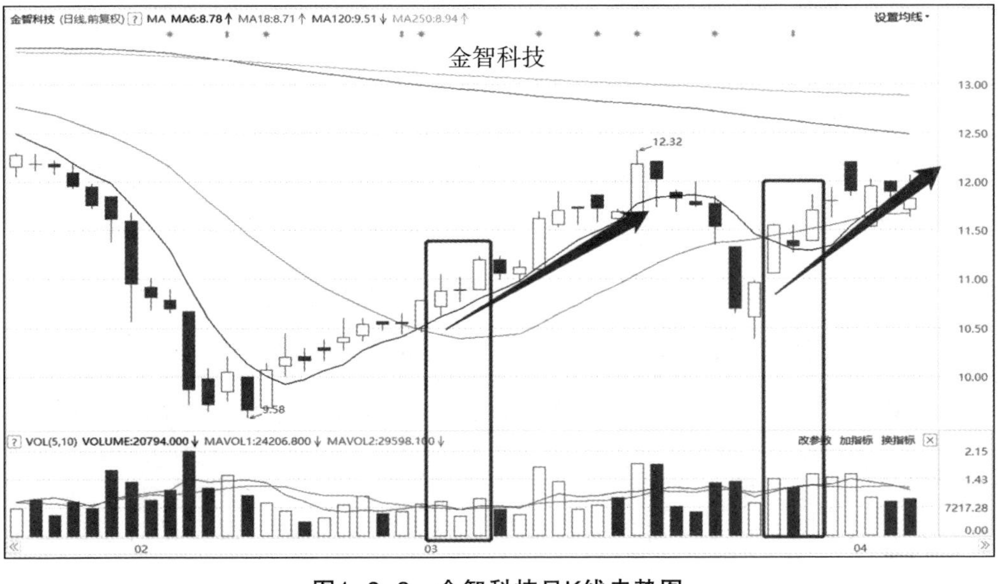

图1-3-3 金智科技日K线走势图

对比较标准的形态，后续行情出现了一波较大幅度的涨幅。而在3月27日至3月29日的走势中，形态就是十字星演化成一个类似锤头的形状，但是后市也走出了一波上涨行情，这就与之前的分析不谋而合了。

当然，大家也要意识到一点，这个形态在第四个交易日上涨的概率较大，如果后市仍会有一波较大的行情，需要在择股方面下点功夫。具体如何择股，会在后边的内容中详解。

很多投资者可能会说，如果出现这种情况，尤其是出现在下跌趋势中怎么办？若是第二天卖出，可能遭遇低开。笔者认为，在下跌趋势中，最好的方式就是在形成“双阳夹星”这个形态的第三个交易日，在其尾盘2点45分左右操作。如果形成这种形态，2点45分K线形态基本上已经定型了，这时不要犹豫，要果断离场。在上涨趋势中，最好的参与方式也是尾盘杀入，尤其是喜欢做短线的投资者，考虑到T+1交易制度，第三个交易日2点45分左右可以逢低杀入。短线交易者第二天高开或者上涨的时候离场，尤其是基本面不够过硬的话，要及时止盈离场。如果基本面良好，则可以考虑中长线持有。

需要提醒大家注意的是，技术分析的概率再高，也不可能是100%成功，毕竟在投资这个动态市场中，没有“绝对”这种说法。

4　股票低吸策略：新高不断，涨势不止

在实际的股票操作中，很多人应该都有过这种经历，套着比上涨舒服。是的，你没看错，就是在你套着的时候，你会觉得比盈利的时候舒服多了。这是因为深套了，你只需要扛着就行了。但是一旦行情由弱变强，很多人的心里就开始痒痒起来：怎么办？已经回本了，是留着还是赶紧离场？已经涨10%了，是不是见顶了？会不会是回光返照？你的内心想得越多，你就越纠结。这种纠结很快就会转化为实际行动——卖出离场。可悲的是，主力就是盯着你那点小资金，你离开后，股价如脱缰的野马，瞬间开始拉升，留下的

只有你的叹息！相信很多人在过去的股票投资过程中都有过这样的经历，扛了几年，最后卖在行情的起涨点。

有什么方法可以规避这种窘境吗？确实有。下面和大家分享一种股票实盘操作过程中的投资技巧——新高不断，涨势不止。就是说，如果你持有的股票在行情上涨过程中股价不断突破前高，这时候不要卖出股票。这种情况往往说明市场上买方力量非常强大，暗示后市行情还会有新的高点。为什么会有这种情况呢？其实这暗含了一个生活中的基本原理：惯性定律。众所周知，汽车在下坡行驶时，即使踩下刹车，也不可能立即停下来，总会存在一定的刹车距离，这就是惯性定律。投资也是如此，一个强势上涨的行情，资金持续买多的过程中，不可能一日就让买入的资金完全消失，所以也不可能瞬间就打破上涨趋势。这意味着已经形成的上涨形态，即使想打破原来的上涨走势，也需要一定的时间，而这个时间是足够大家从容离场的。根据这个惯性定律，在股票操盘过程中就有两种思路：

（1）深套扛着而持仓的，行情开始启动时，只要新高不断，就不要轻易卖出股票。

（2）中途上车追涨的，只要新高不断，就可以追高。

这种方法可以非常有效地规避人性的弱点，帮助大家在抗单之后不仅能回本，更能够通过坚定持仓抓到一波涨幅，降低时间成本。

下面以2018年2月到6月上涨的一只强势股——医药股中的王者片仔癀（600436）为例，给大家做一个简单的解析。笔者是价值投资者，选股永远是排在第一位的，因为选股可以弥补技术择时上的不足。

对于片仔癀这种白马股来说，可以用估值做一个判断。2018年2月份，片仔癀的市盈率（PE）大概是67倍，动态的每股收益是1.30元左右，对应的股票价格应该是90元左右，可见当时的股价完全不能充分体现其价值，后市上涨的概率是比较大的。但是，毕竟大多数投资者不太了解估值，所以这种方法对于普通投资者来说并不具有普及性，但是完全可以用“新高不断，涨势不止”这个规律作为买卖的标准。

如图1-4-1所示，从80元到120元的上涨过程中，这个位置还是比较高的，很多人应该是不敢追涨的。就算追涨，估计也不会持有太久，赚点就跑了。但是，从后边的行情可以知道，120元并不是这波行情的最高价格，最高的价格是130元。掐头去尾，按照120元的高价离场，也意味着你在很短的时间内，收益率就可以达到（120-80）/80=50%，这个收益率估计很多人在牛市中也没有做到吧。可见这种方法是可以帮助大家抓到一些“风险”波段行情的。

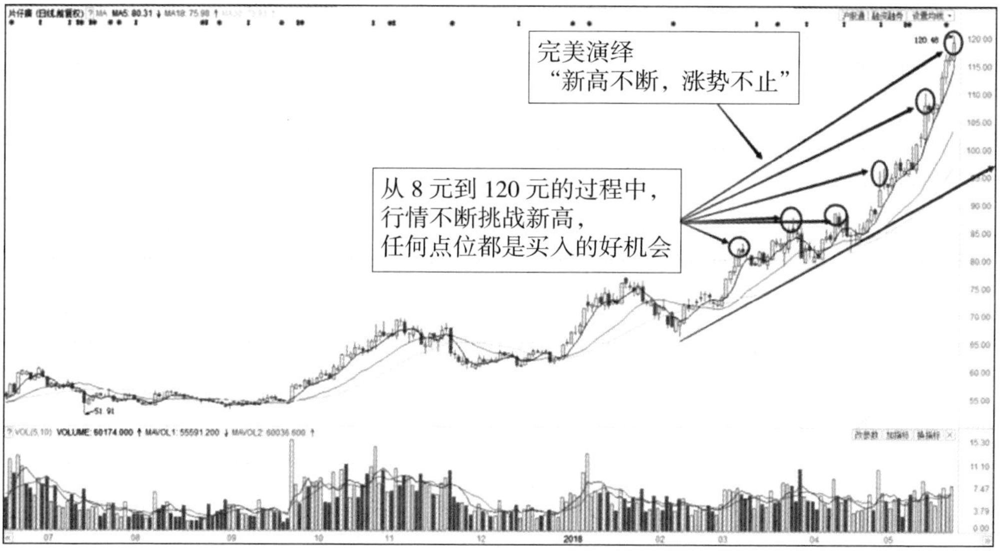

图1-4-1　片仔癀日K线走势图

但是大家也知道，没有只涨不跌的行情，行情上涨多了，自然会面临回调。那么，如何判断涨势结束了呢？其实非常简单，就是前面讲的卖出法则：高位+放大量+收锤头线。一波行情上涨之后，创出近期新高，并且伴随有“非常大”的交易量，这个成交量明显大于前边的交易量，甚至大于前期任何一个交易日的成交量，这时候基本上可以确定这轮行情结束了。这个时候如何操作？当天下午14:45到15:00，在这15分钟内完成出货。这种信号往往调整持续的时间比较长，个人建议是清仓。如图1-4-2所示，片仔癀在2018年5月29日出现高位+放大量+收锤头线的K线形态，当天选择离场即可。那么，这轮上涨行情基本上就吃到了。

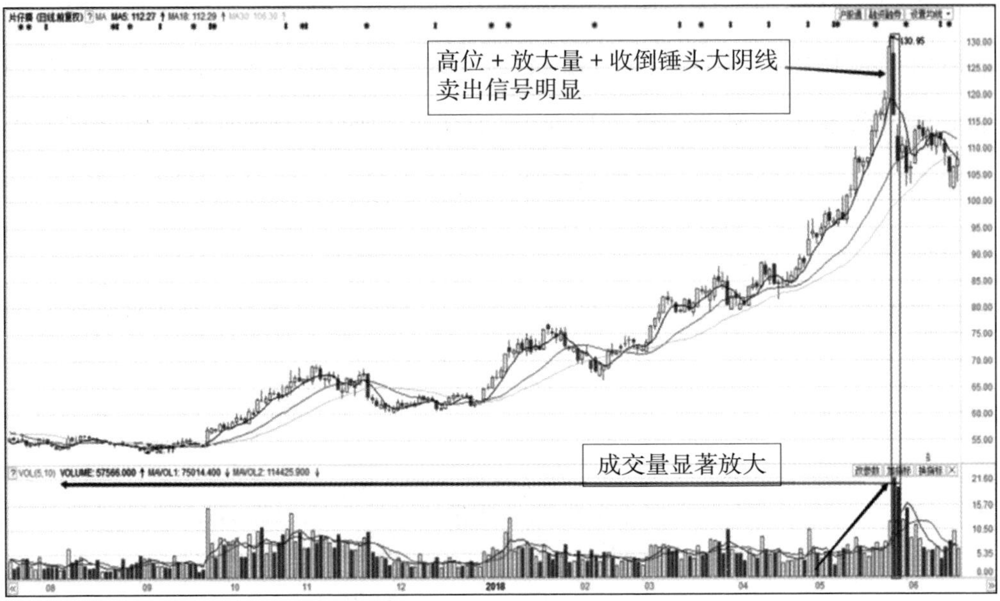

图1-4-2　片仔癀日K线走势图

如果说片仔癀可能是例外，那大家可以看一只2019年4月“新高不断，涨势不止”的股票，就是白马股“五粮液”。在这段时间里，很多人都是看着贵州茅台、五粮液的股价一路上涨，却一直不敢参与，因为大家的内心总是有这样一个声音：价格太高了。当时大家的普遍心理是，如果五粮液的价格重回50元就敢买入。其实，真到了50元的价格，这些人还是不敢买入。价格不断挑战新高，他们会担心一旦股价回调，就会亏损过大。所以这个时候，完全可以用“新高不断，涨势不止”这个标准，来把握这种新高不断的白马股上涨行情。找个相对低点买入，只要没有出现在相对高位放大量收倒锤头的K线，那就坚定持有。从图1-4-3中可以看出，股价一直处于上升阶段，这时只需要盯住成交量。只要成交量显著放大，尤其是高于近期的一个量能水平，就不要犹豫，果断离场。

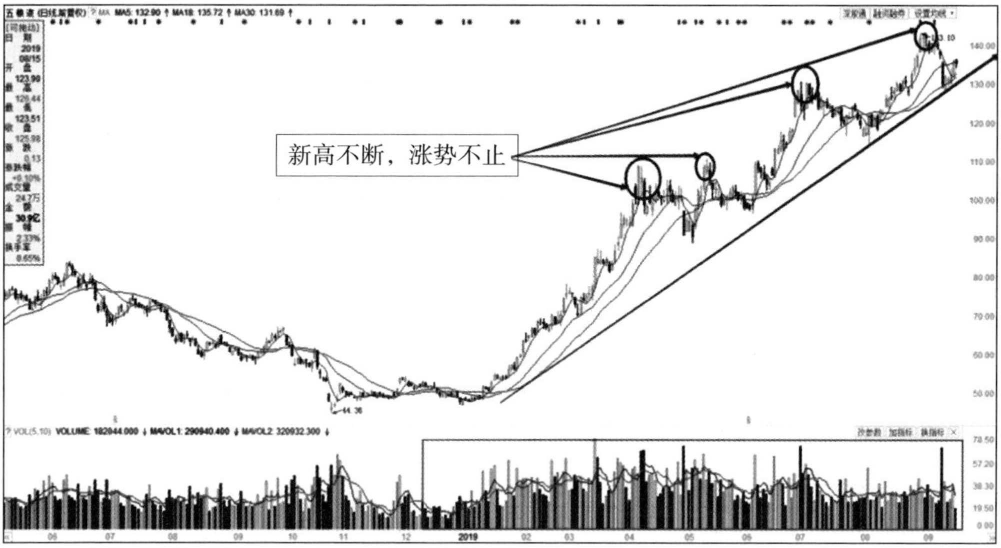

图1-4-3 五粮液日K线走势图

最后还要提醒大家一句，技术分析是一门学问，更是一门艺术，它不可能百分之百准确，所以，严格执行卖出法则，“新高不断，涨势不止”这八字箴言，或许能够帮助大家抓住一些靓丽的白马股行情。

5 巧借规则之利，攫取日收益 20%

在这个市场里，除了一些不确定走势中的确定性机会，还有一些偶然的确定性机会，这种机会出现的概率小，也注定了出现时往往伴随着比较大的盈利空间。当然，不是说通过这种偶然机会能够获取多大的盈利，更多地是验证一套理论，这套理论会在未来的投资市场中帮助大家斩获更多的盈利。

笔者要说的这个理论，就是灵活地运用天时、地利、人和，叠加规则之利，可以在有涨跌幅限制的A股市场实现日内20%的收益。很多人可能会好奇，这怎么可能？A股投资市场不是有涨跌幅限制吗？怎么可能日赚20%？是的，这种情况确实是存在的，而唯一的实现方式就是从跌停拉升到涨停！

5.1 熊市中的“绝地反击”

第一次遇到这种情况，是在2015年6月9日股市出现大暴跌的阶段。当时整个股市哀鸿遍野，相信经历过的人都知道。说实话，个人感觉这次股灾要比2007年的那次熊市下跌更凶猛。2015年的小牛市是由资金推动起来的，很多人的资金是通过配资、融资加杠杆而来，股市接连暴跌，致使很多人出现了爆仓。爆仓后导致指数出现踩踏效应，即使后来有资金救市，牛回头的惯性也不是那几千亿资金能够拉回来的。

这的确是投资历史上的一场悲剧，但是，投资市场从来没有只涨不跌的行情，对于投资者来说，没有什么可抱怨的，能做的就是思索如何在劣势情况下保全自己，并寻找机会降低自己的亏损。当时笔者一直关注的一只股票是同花顺（300033），关注的原因非常简单：当时把市场推向牛市的是券商板块，在“互联网+”概念的炒作下，互联网券商概念十分火爆，而A股市场上当时基本面良好的两家互联网券商就是东方财富和同花顺。结合当时的市场情况，投资者情绪跌至低点，政府救市欲望强烈，加之有券商的千亿资金入市，笔者预判行情可能会出现一波强势反弹。

后来也确实出现了反弹行情。如图1-5-1所示，2015年7月8日，同花顺（300033）在9点30分开盘后，底部的成交量不断放大。持续到9点40分时，成交量仍旧放大，价格仍旧是跌停板，意味着此时已经有资金入场了。就在这个时候，笔者认为应该进场抢反弹了，于是在9点40分左右进场。之后行情确实如预判的一般，股价在9点50分左右开始放大量拉升，中间一度重回跌停，但是最终涨幅成功达到了6.72%，日内的盈利空间是16.72%。实话实说，当时入场确实有运气的成分，但是不管怎么说，结果是好的。

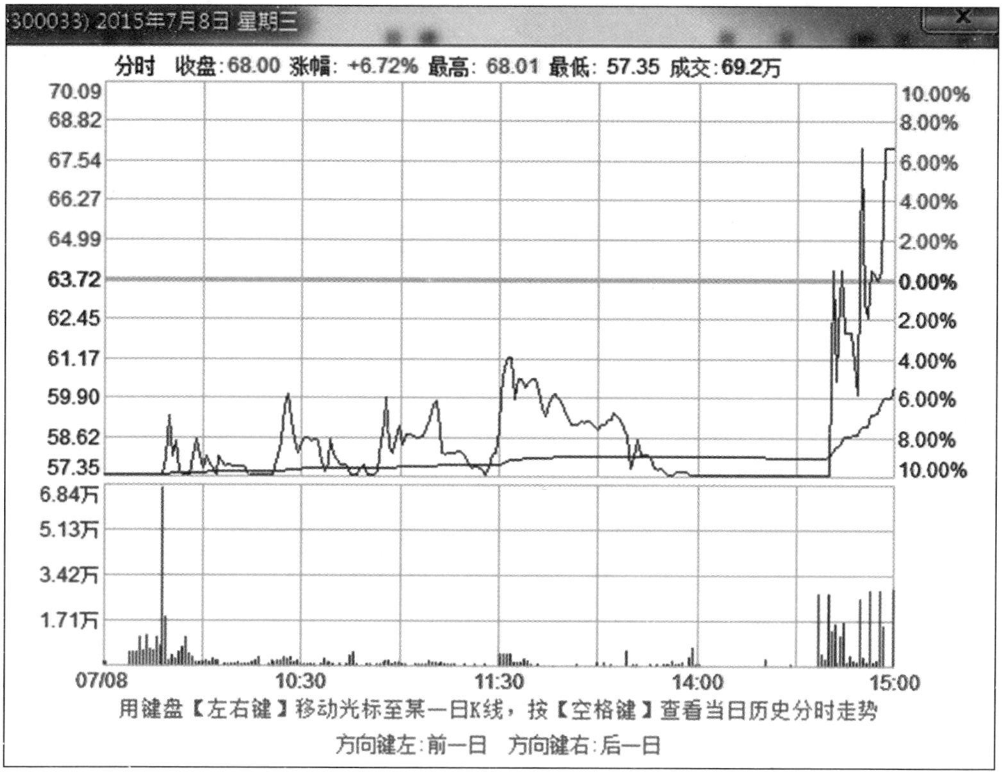

图1-5-1　同花顺分时走势图（2015.7.8）

5.2　暴跌下的利润空间

每个做投资的人都会说这样一句话：别人贪婪的时候我恐惧，别人恐惧的时候我贪婪。问题是事到临头你真的敢贪婪吗？2018年7月，上市公司长生生物疫苗被举报存在问题，周末两天疫苗问题不断升级，很多自媒体和媒体相继爆出长生生物疫苗问题以及国内疫苗的安全性问题。2018年7月23日周一，几乎所有的医药公司开盘后都大跌，很多股票都是直接一字跌停板。

即使是主营业务中没有疫苗产品的公司也受到波及，股价出现大幅振荡。这个时候，大家明明可以猜到有些医药公司根本就是被错杀的，但是你贪婪了吗？相信更多的人应该是在下跌中跑路了吧？

但是，笔者坚信企业的价值不会因为偶然出现的利空而改变。那些质地优良的医药股之所以出现大幅振荡下跌，主要原因是市场资金受到恐慌情绪的影响，而一旦情绪得到释放，市场必然会回归理性。国内医药龙头长春高新，股价也在这波行情中被错杀。无论是从基本面和技术面来说，长春高新这只股票都显示出是可以长期投资的标的，但是在系统性风险来临时，7月23日这一天，该股股价也直接一字板跌停。

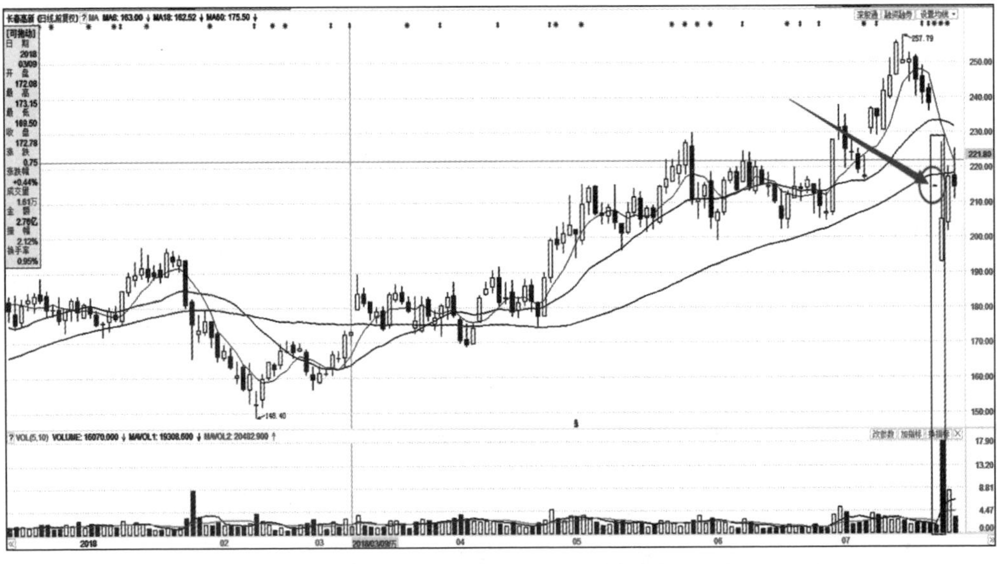

图1-5-2 长春高新日K线走势图

一字跌停之后，很多人可能会在周二股价打开跌停板后逃跑。实际上，经过一天的风险释放，市场重新回归理性后，医药股中大多数质地优良的股票还是会重新回归正途，于是才有了周二医药股领涨两市的局面。长春高新则在早盘出现了与之前同花顺非常类似的情形：集合竞价到9点30分价格是跌停价，成交量却出现放大。开盘后，长春高新几乎马上就开始拉升，这时可以考虑该股可能出现与之前同花顺类似的走势，结果周二这天该股最大振幅达16%！

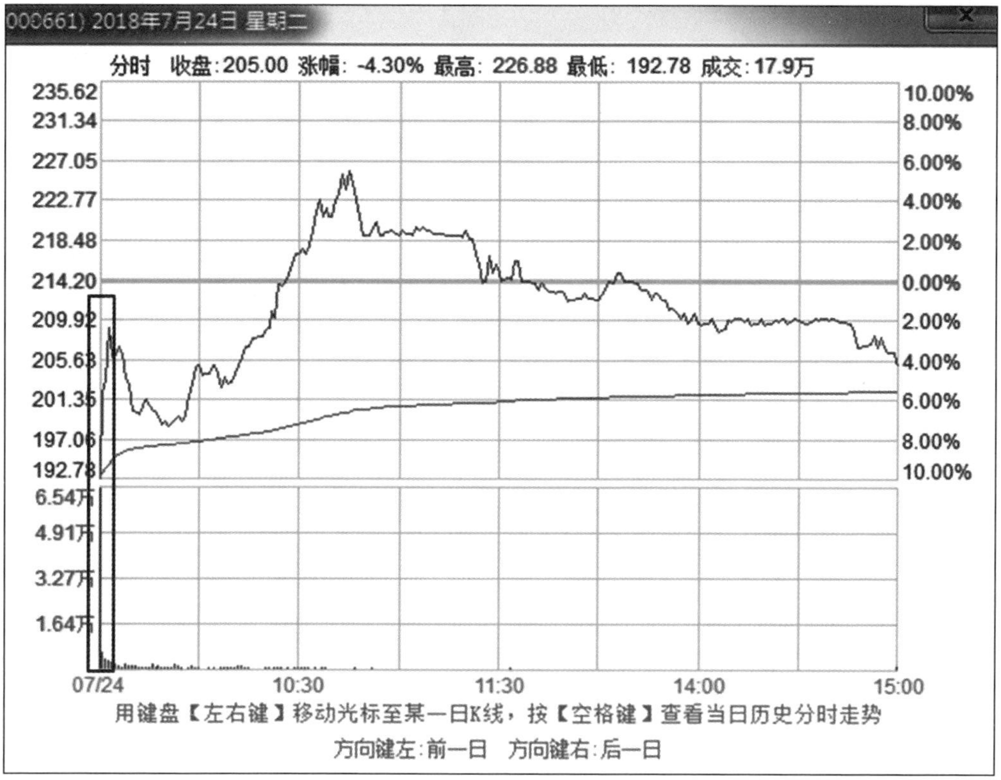

图1-5-3　长春高新分时走势图（2018.7.24）

不可否认，这种操作确实如火中取栗，有一定的运气成分。但是投资市场，机会稍纵即逝，对于交易者来说，就是要在关键时刻敢于出手。这种出手，可能是基于判断，可能是基于盘感，也可能是基于运气。除了果敢和运气外，其实股价依旧是有规律可循的。

日内攫取20%的利润空间，需要关注以下几个因素：

（1）市场出现偶然性事件或者系统性风险而大跌；

（2）市场有救市行动或者杀跌情绪得到了充分释放；

（3）经过充分下跌后，在跌停板的价格上，成交量相比之前的交易日明显放大。

如果具备了这些条件，可以用一定的仓位博个强势反弹。当然，考虑到存在的风险，如果最后反弹失败，及时止损离场即可。任何投资都没有100%的成功率，大家要做的就是顺势而为，果断出击，而不是在该出手时畏手畏脚。

第二篇

价值择股

1　财务分析，要规避数字陷阱

提起财务分析，相信大多数人或多或少都可以说出个一二，毕竟在投资过程中，很多人已经意识到，分析上市公司的财务报表对于投资决策来说是非常重要的。虽然不能完全通过上市公司财务报表分析选择“好”股票，但是在很大程度上，可以通过财务报表分析来规避上市公司的业绩地雷。那么，在分析过程中，应该如何分析上市公司的财务报表呢?

经过这么多年的发展，业界对于财务报表分析已经形成了特定的分析形式，有其基本的分析框架，如图2-1-1所示。

实际应用中不难发现，大多数人在进行财务分析的时候，且不说没有做到上述的基本分析框架，很多人甚至只是简单地看一下企业的盈利业绩，就认为自己是在做财务分析了，但实际上并不是。这是因为只看企业的盈利情况，通常使用的利润数据往往都是净利率和同比增长率，却从来不去探寻业绩背后的驱动因素。

举个简单的例子，从合并后公告的财务报表来看，A、B两家公司的经营状况都是盈利的。假设盈利相同，但是A公司的盈利主要来源于主营业务，而B公司的主营业务只是略微盈利。为什么B公司的盈利会很高？重要的原因是他的非营业收入比较高，比如来源于国家特定的财政补贴，又或者是因为一次性出售固定资产导致在该报告期的利润非常高。但是，如果只看盈利情况，并不能真正区分一家公司的好坏。实际上A公司要远远好于B公司，因为B公司的盈利不具有可持续性，而A公司盈利增长的驱动因素是主营业务，具有良好的可持续性。从投资的角度来说，A公司更值得投资。

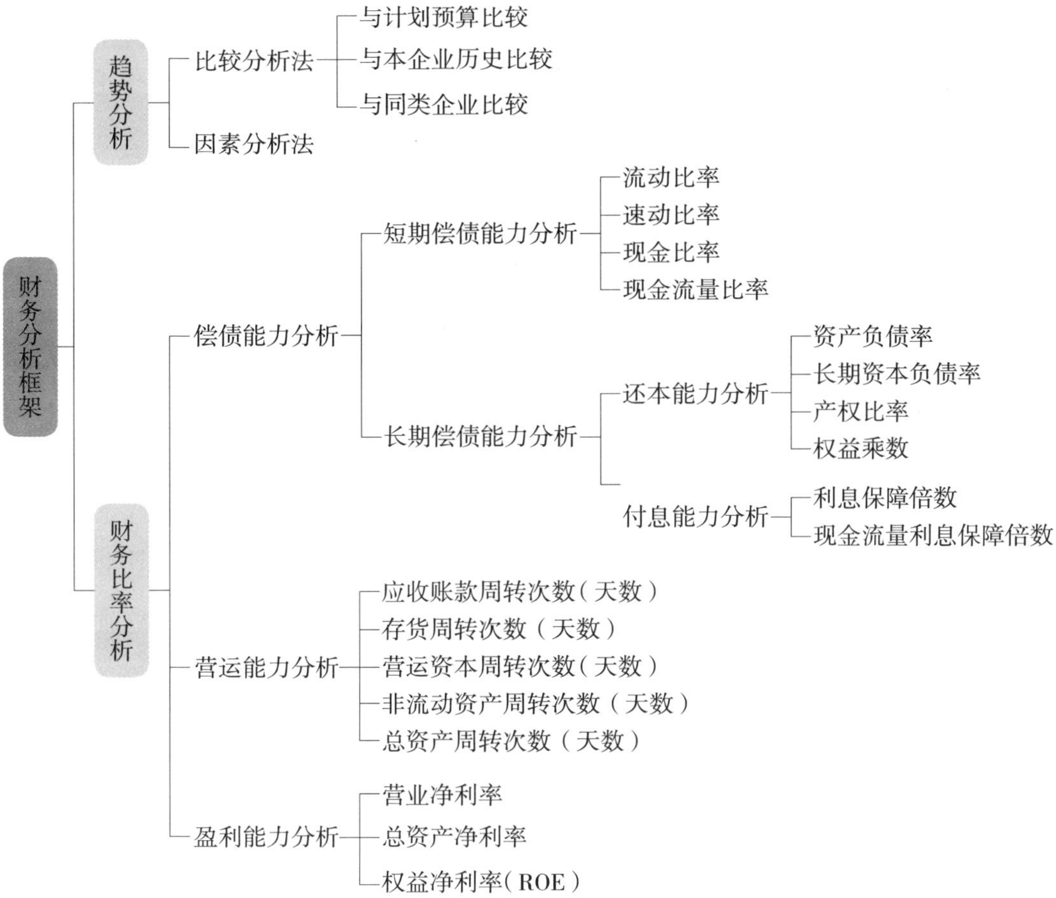

图2-1-1　财务分析基本框架

其实，远不止于此，就算A公司和B公司的主营业务都是盈利的，那么同比增长率高的企业是不是一定要比同比增长率低的企业好呢？这明显也是一个伪命题。举个例子，A股有一家上市公司叫万华化学，有些年份，受其主营产品的价格波动，业绩可能增长并不明显，甚至出现同比下降的情况，但是公司的净利润往往都是超过100亿元。净利润超过100亿元，就是说公司实实在在地赚了这么多钱。但是大家知道，A股也有很多公司业绩同比增长百分之几千的，但是实际利润却只有几百万元。这个其实很好理解，比如2018年这家公司的盈利是-1000万元，但是到了2019年，公司实现扭亏，并且盈利10万元，也就是说，2019年的利润同比增长率是101%，但是实际上公司的净利润仅是10万元。当然，很多人可能会说，这说明公司开始盈利了，经营状况好转了，说明预期转好。当然不否认这一点，但是在公司经营状况没有明显转好的情况下，或者处于转型的初期，大家是不是冒险一搏，这一点值得商榷。

从实际营收情况来看，笔者会选择万华化学，因为在市场没有很大变化的情况下，持续稳定的业绩说明公司的经营状况良好。而对于一家净利润率同比大幅增加的公司，则需要更加深入地去了解驱动业绩增长背后的因素。按照投资定律，不明白的事情，就不要参与。如果在万华化学和这种净利润大幅增加的公司之间选择，笔者倾向于选择万华化学。毕竟对于这种业绩突然大增的企业，研究企业的财务报表意义不大，更多地需要研究企业新的利润增长点是源于经济环境的改变，还是源于新的商业模式，业绩是否能够持续，牵扯的因素太多，对于分析来说增加了极大的困难。在这种情况下，最好的策略就是选择业绩稳健的公司，规避财务数字陷阱。

对于财务分析来说，图2-1-1这个框架只是一个简单到不能再简单的分析流程，个人觉得，对于业绩稳健的蓝筹白马股，可以用财务分析来验证。但是，如果对于业绩波动比较大的标的，不仅要按照这个基本的框架去分析，更重要是去分析业绩增长的驱动因素，更深入地研究财务报表中的财务指标，这样才能从根本上把握一家企业的实际运营情况。

还有一点比较重要，就是财务报表分析只是透视一家企业的方式，还要做到信财务报表，但是不能尽信财务报表。且不说大家看到的上市公司财务报表是合并后的财务报表，就算通过巨潮资讯网查询上市公司的详细年报，也无法通过财务报表完整地看透一家上市公司。

举个例子，目前来说，大家可以看到恒瑞医药是一家好公司，但是，恒瑞旗下那么多工厂，每家工厂对业绩的影响，即使是资深研究员都不能完全说清楚。所以，如果大家指望通过财务分析去研究清楚一家企业，无疑是困难的。但是大家也不能因噎废食，通过合理的财务分析方法，有助于投资者比较充分地了解公司的运营情况，帮助大家作出合理的投资决策。

后文会研究几家企业的财务状况，从财务分析的角度看这些企业是否值得投资，或者利用财务分析帮助大家规避一些基本面差的企业。更重要的是，通过财务报表的数据穿透能力，可以明晰企业的业绩驱动因子，从本质上去把握一家企业的投资价值，从而帮助大家作出是否“买入并长期持有”的投资决策。

2 通过企业现金流量表择股

随着价值投资被越来越多的国内投资者认可，财务分析也越来越受重视。如何分析企业的财务状况，对于投资择股是非常重要的。一般来说，财务分析有其基本的分析框架，其中主要依据的就是资产负债表和利润表。本小节则从另外一个角度来研究企业财务状况，就是财务报表中最不可能造假的现金流量表。对于企业来说，现金流是关键命门，如果现金流出现问题，企业不可能长久生存下去。企业记录现金流需要有相应的凭证，所以在造假方面存在很大的困难，这对投资者进行财务分析来说是件好事。

但是，这里不得不提醒大家一点，财务数据来源于历史数据，先有会计的记账记录，然后才有财务报表。但是从投资的角度，大家一直努力地使用财务报表数据对企业未来的现金流量进行预测，这就形成了一个悖论。用历史去预测未来，而企业的情况又是复杂多变的，所以误差就不可避免，甚至有时候这些误差是致命的。所以笔者一直提醒大家，使用财务报表，一定要树立正确的理念，就是财务报表分析是做减法，而不是做加法，是利用财务分析去剔除选定范围内的相关股票，而不是用其去择股。因为财务分析只是择股的一个角度，对于选出好股票有难度，但是对于排除股票却非常有价值。

但是，大家不得不面对一个现实情况，就是大多数人并不具备高深的财务知识，如果从细节着手，不免有点曲高和寡，这也与笔者的初衷相悖。财务分析不过是择股的一种方法或者技巧而已，没有必要过分深究，这背后有一个简单的逻辑：既然在宏观上都不符合择股的基本要求，微观上就没有必要看了。如果宏观上没有问题，那么可以从其他角度加以论证，看看是否值得投资。所以，本小节的目的就是从较宏观的层面和大家分享一下，如何分析一家上市公司的现金流量表。

首先要明确的是，现金流量表分为三个部分，分别是经营活动、投资活动和融资活动。为什么是这三个部分，其实就是通过会计恒等式“资产=负债+所有者权益”推导而来的。

现金流量表因为有经营活动、投资活动和融资活动，根据排列组合理论，意味着有8种组合方式。这8种组合方式，涵盖了所有企业现金流量表的基本情况。如表2-2-1所示。

表2-2-1　现金流量分析表

序号	经营现金流	投资现金流	融资现金流	重点防范风险	行业特征
1	+	+	+	融资是为了投资 关注投资风险	【1】行业的融资是+的，表明当前并未进行大规模的投资活动 【2】企业可能正在筹划较大的投资 【3】若是没有重大投资活动，并不应该融入资金。
2	+	+	-	正常情况	
3	+	-	+	【1】投资方向的选择 【2】投资规模的扩张程度	【1】企业的经营活动产生现金流+ 【2】企业融资+ 【3】资金用于投资-
4	+	-	-	经营风险是 首当其冲的风险	【1】经营活动产生稳定的现金流+ 【2】融资活动用于还钱- 【3】资金用于投资活动
5	-	+	+	经营活动的现金流负值 融资活动现金流为正值，可能存在处置资产的可能	
6	-	+	-	关注投资的方向 (实业OR金融性)	投资收益来源于两部分： 【1】金融性资产收益（不能减少公司风险） 【2】实业性的投资收益是可以持续的
7	-	-	+	关注投资的方向	企业面临的困境： 经营活动现金流为负值，管理层认为是产能不够而扩大经营 投资投向很重要
8	-	-	-	没有任何一个公司在这种状态下持久生存下去	

对于现金流量表的分析，主要从两个维度来进行。

第一个维度，看三种活动产生的现金流量净额是正还是负；

第二个维度，三种活动产生的现金流量净额正负不一时，具体数值如何分析。

从现金流量净额的正负角度来说，表2-2-1中的第二种情况是最为理想的情况。因为这种情况下，企业经营活动产生的现金流量净额为正，投资活动产生的现金流量净额为正，融资活动产生的现金流量净额为负。从第一个维度来看，企业是可以通过经营活动产生现金流的，同时投资活动也不错，也为企业带来了正向的现金流。这时企业不仅钱够花，还有闲钱用来偿还之前的融资，可以说，这是企业追求的理想状态。但是现实情况中，这种企业太少了。

尤其是国内投资市场，绕不开一个难题，就是融资难，所以，在企业能够进行融资的情况下，大多数企业会想尽一切办法进行融资。即使企业短期用不到这笔钱，为了以防万一，在能融资的时候还是会尽量把资金拿在手里，别指望企业会短期内用自有资金偿还还没到期的债务。所以，在A股你会发现，企业的现金流量状态大多数属于表2-2-1中的第一种情况，而不是第二种。如果是第一种状态，那么企业大概率是把融资的钱用来投资了，这就是大家需要关注的重点。目前来说，A股上市公司更多地会把空闲资金投向固收类理财产品，因为这种产品风险比较小。但也有风险比较大的，比如2021年洋河股份公告自己购买了恒大的信托理财，投入的几个亿资金可能存在到期无法兑付的风险，所以大家在分析的时候要注意。

此外，并不是说第一种情况（经营+、投资+、筹资+）就一定是好的。从第一个维度来说确实不错，但是还需要从第二个维度进行分析，这就要求投资者要更进一步地去研究企业经营活动产生的净现金流量、投资活动产生的净现金流量和筹资活动产生的净现金流量的具体数值，这样有助于充分了解三种活动产生的现金流量净额的具体情况。因为同样表现为经营+、投资+、筹资+，但是两家企业的内部经营状况可能相差非常大。

表2-2-2　企业A、企业B现金流数据

现金流	企业A		企业B	
经营现金流	+	100	+	200
投资现金流	+	100	+	100
融资现金流	+	300	+	100

如表2-2-2所示，企业A和企业B的三种现金流净额情况都是一样的（经营+、投资+、筹资+），但是看具体数值就会发现，这两家企业的现金流差别是非常大的。那么，在其他条件相同的情况下，大家应该选择哪个投资标的？毫无疑问，应该选择企业B。这是因为相比企业B来说，企业A虽然经营现金流量、投资现金流量和筹资现金流量都为正，但是具体数值却差距非常大，最明显的就是企业A的融资活动产生的现金流量非常大，远远高于经营活动产生的现金流，这说明企业近期有大规模的筹资活动。这个时候就要结合其他数据，看看其他数据是否可以印证企业目前确实在大规模扩张，如果不能印证，企业却融入如此大规模的资金，就值得推敲了：难道经营现金流量是融资堆出来的？亦或者说，企业在暗度陈仓，转移资产？无论是哪种情况，都说明一点：企业的发展不具有可持续性，不具备长线持有的价值，在进行投资决策的时候，要排除这种风险企业。

理念决定出路，如何从两个维度分析企业的现金流量情况，已经和大家讲解了，大家在进行投资的时候，可以参照上述分析方法。还要强调一点，在实际运用过程中，现金流分析要以宏观判断为主，具体验证为辅。好在目前各交易软件提供的现金流量表都带有一定的明细，这有助于了解具体的现金流情况，也有利于更好地判断企业的经营情况。

下面从正反两方面各举一个例子进行分析。

表2-2-3　贵州茅台现金流量表

现金流量表	2020-12-31	2019-12-31	2018-12-31	2017-12-31	2016-12-31
经营活动产生的现金流量					
销售商品、提供劳务收到的现金	1070亿	949.8亿	842.7亿	644.2亿	610.1亿
客户存款和同业存放款项净增加额	31.89亿	-4.374亿	10.10亿	-3.162亿	48.11亿
收取利息、手续费及佣金的现金	30.76亿	36.68亿	34.45亿	27.22亿	12.66亿
收到其他与经营活动有关的现金	2.214亿	12.34亿	6.216亿	5.422亿	1.891亿
经营活动现金流入小计	1135亿	994.4亿	893.5亿	673.7亿	672.8亿
购买商品、接受劳务支付的现金	72.31亿	55.22亿	52.99亿	48.76亿	27.73亿
客户贷款及垫款净增加额	29.79亿	1300万	300.0万	-2839万	4239万
存放中央银行和同业款项净增加额	-25.06亿	-45.03亿	9.207亿	87.27亿	23.40亿
支付利息、手续费及佣金的现金	1.072亿	1.754亿	1.171亿	1.463亿	1.160亿
支付给职工以及为职工支付的现金	81.62亿	76.70亿	66.53亿	54.90亿	46.74亿
支付的各项税费	416.2亿	398.4亿	320.3亿	230.7亿	175.1亿
支付其他与经营活动有关的现金	40.47亿	53.15亿	29.36亿	29.40亿	23.71亿
经营活动现金流出的其他项目	2.000亿	2.000亿	--	--	--
经营活动现金流出小计	618.4亿	542.3亿	479.6亿	452.2亿	298.3亿
经营活动产生的现金流量净额	516.7亿	452.1亿	413.9亿	221.5亿	374.5亿
投资活动产生的现金流量					
收回投资收到的现金	3.149亿	--	--	--	--
处置固定资产、无形资产和其他长期资产收回的现金净额	49.59万	3.808万	--	1.645万	9.208万
收到的其他与投资活动有关的现金	667.5万	732.1万	1124万	2143万	556.2万
投资活动现金流入小计	3.221亿	735.9万	1124万	2145万	565.4万
购建固定资产、无形资产和其他长期资产支付的现金	20.90亿	31.49亿	16.07亿	11.25亿	10.19亿
投资支付的现金	2000万	--	--	--	--
支付其他与投资活动有关的现金	1754万	2418万	3346万	1708万	8898万
投资活动现金流出小计	21.27亿	31.73亿	16.40亿	11.42亿	11.08亿
投资活动产生的现金流量净额	-18.05亿	-31.66亿	-16.29亿	-11.21亿	-11.03亿
筹资活动产生的现金流量					
吸收投资收到的现金	--	8.330亿	--	600.0万	1600万
其中:子公司吸收少数股东投资收到的现金	--	8.330亿	--	600.0万	1600万
筹资活动现金流入小计	--	8.330亿	--	600.0万	1600万
分配股利、利润或偿付利息支付的现金	240.9亿	201.2亿	164.4亿	89.05亿	83.51亿
其中:子公司支付给少数股东的股利、利润	27.04亿	18.54亿	26.24亿	3.794亿	5.321亿
支付的其他与筹资活动有关的现金	3651万	--	--	--	--
筹资活动现金流出小计	241.3亿	201.2亿	164.4亿	89.05亿	83.51亿
筹资活动产生的现金流量净额	-241.3亿	-192.8亿	-164.4亿	-88.99亿	-83.35亿

如表2-2-3所示，以贵州茅台为例，从现金流量的角度来看，现阶段的贵州茅台是否值得投资？从第一个维度来看，贵州茅台最近5年的现金流量表都表现出一点，就是经营活动产生的现金流量净额为正，但是投资活动产生的现金流量为负，融资活动产生的现金流量为负。通过对现金流量表的进一步分析可以看出，融资活动现金流量为负的主要原因是用于分配股利、利润或者偿付利息，这意味着贵州茅台最近5年实际上并没有进行融资，相反，因为现金流一直比较好，一直在给股东进行分红。投资活动现金流量为负值，主要原因并不是像某些公司进行权益资产投资导致亏损，而是由于购买固定资产。这与其在年报中解释的情况是一致的。对于白酒企业来说，尤其是高端白酒，扩大基酒的建设，是企业长久发展下去的关键。从最近5年

来看，贵州茅台每年的投资也相对稳定。可以看出，贵州茅台每年产生的经营活动现金流量净额，远远高于投资活动产生的现金流量和融资活动产生的现金流量，这意味着只要贵州茅台的经营不出现大的问题，企业就可以继续经营下去。

单位：元 币种：人民币

项目	本期发生额	上期发生额	本期比上年同期增减(%)
客户存款和同业存放款项净增加额	3,189,100,199.87	-437,417,306.80	不适用
收到其他与经营活动有关的现金	221,421,226.63	1,234,081,863.41	-82.06
购买商品、接受劳务支付的现金	7,230,646,129.19	5,521,948,744.75	30.94
客户贷款及垫款净增加额	2,978,755,728.00	13,000,000.00	22,813.51
存放中央银行和同业款项净增加额	-2,506,406,682.56	-4,503,181,198.43	不适用
支付利息、手续费及佣金的现金	107,241,768.26	175,423,942.78	-38.87
收回投资收到的现金	314,906,521.48		不适用
处置固定资产、无形资产和其他长期资产收回的现金净额	495,904.85	38,080.00	1,202.27
购建固定资产、无形资产和其他长期资产支付的现金	2,089,769,498.78	3,148,864,661.38	-33.63
投资支付的现金	20,000,000.00		不适用
吸收投资收到的现金		833,000,000.00	-100.00
支付其他与筹资活动有关的现金	36,507,157.75		不适用

（1）客户存款和同业存放款项净增加额增加主要是公司控股子公司贵州茅台集团财务有限公司归集集团公司其他成员单位资金增加额较上期增加；
（2）收到其他与经营活动有关的现金减少主要是公司控股子公司贵州茅台酒销售有限公司收取经销商保证金较上期减少；
（3）购买商品、接受劳务支付的现金增加主要是采购的原材料较上期增加；
（4）客户贷款及垫款净增加额增加主要是公司控股子公司贵州茅台集团财务有限公司发放集团成员单位贷款较上期增加；
（5）存放中央银行和同业款项净增加额增加主要是公司控股子公司贵州茅台集团财务有限公司存放央行准备金及同业存款较上期增加；
（6）支付利息、手续费及佣金的现金减少主要是公司控股子公司贵州茅台集团财务有限公司支付利息较上期减少；
（7）收回投资收到的现金增加主要是处置参股公司贵州茅台集团电子商务股份有限公司股权收到现金；
（8）处置固定资产、无形资产和其他长期资产收回的现金净额增加主要是本期收到处置固定资产的现金较上期增加；
（9）购建固定资产、无形资产和其他长期资产支付的现金减少主要是支付基本建设工程款较上期少；

图2-2-1　贵州茅台年报

从现金流量表表现的结果来看，经营风险是贵州茅台面临的最大风险。那么问题来了，贵州茅台的经营是否有风险呢？答案是显然的。虽然贵州茅台出台了抑制终端市场价格的各种政策，但是不可否认的事实就是，顾客还是买不到1499元的平价茅台。高端白酒供不应求是市场短期之内难以改变的现状，尤其是高端白酒基酒产能跟不上的情况下，这种供不应求的情况会在很长时间内维持。作为站在人性逻辑顶端的白酒行业，只要自己不作死，那么维持稳健的增长是大概率事件，所以茅台的经营是无虞的，这也意味着现在的茅台，依旧值得大家投资。

这算是正向推导得出结论的一个例子。接下来，可以通过研究现金流量表规避一些风险股。有时候，大家会发现A股的一些上市公司很有意思，总有一些上市公司出乎你的意料之外，不好好经营主业，反而喜欢炒股。在2015年那一波牛市行情中，就有这样一家公司叫上海莱士，本来主营业务不差，但是管理层看到股市上涨，耐不住寂寞了，开始入市炒股，结果2015年牛转熊之后，其业绩怎么上去的，就怎么下来了。那么是不是可以通过现金流量表窥测一二呢？

表2-2-4 上海莱士现金流量表

现金流量表	2016-9-30	2016-6-30	2016-3-31	2015-12-31	2015-9-30	2015-12-31	2015-9-30	2015-6-30	2015-3-31
经营活动产生的现金流量									
销售商品、提供劳务收到的现金	14.50亿	9.314亿	4.770亿	19.62亿	14.13亿	19.62亿	14.13亿	8.620亿	3.789亿
收到的税收返还	17.28万	7.520万	—	—	—	—	—	—	—
收到其他与经营活动有关的现金	5007万	2662万	1384万	4929万	3671万	4929万	3671万	2348万	609.2万
经营活动现金流入小计	15.01亿	9.581亿	4.908亿	20.11亿	14.50亿	20.11亿	14.50亿	8.855亿	3.850亿
购买商品、接受劳务支付的现金	4.994亿	2.985亿	1.394亿	6.294亿	4.493亿	6.294亿	4.493亿	2.935亿	1.391亿
支付给职工以及为职工支付的现金	2.145亿	1.493亿	9037万	2.442亿	1.760亿	2.442亿	1.760亿	1.218亿	7342万
支付的各项税费	2.174亿	1.427亿	8104万	2.730亿	2.114亿	2.730亿	2.114亿	1.441亿	8074万
支付其他与经营活动有关的现金	8660万	5986万	2923万	1.022亿	9439万	1.022亿	9439万	4352万	2171万
经营活动现金流出小计	10.18亿	6.504亿	3.401亿	12.49亿	9.310亿	12.49亿	9.310亿	6.029亿	3.150亿
经营活动产生的现金流量净额	4.828亿	3.077亿	1.508亿	7.624亿	5.186亿	7.624亿	5.186亿	2.826亿	6996万
投资活动产生的现金流量									
收回投资收到的现金	3.349亿	2.040亿	—	1.280亿	200.0万	1.280亿	200.0万	200.0万	200.0万
取得投资收益收到的现金	394.0万	430.9万	—	1092万	2301	1092万	2301	2301	2301
处置固定资产、无形资产和其他长期资产收回的现金净额	52.12万	51.72万	4.000万	1854万	1876万	1854万	1876万	1873万	1873万
收到的其他与投资活动有关的现金	740.0万	740.0万	—	5741万	4536万	5741万	4536万	4165万	—
投资活动现金流入小计	3.468亿	2.162亿	4.000万	2.149亿	6612万	2.149亿	6612万	6239万	2074万
购建固定资产、无形资产和其他长期资产支付的现金	1.162亿	8207万	3382万	1.454亿	1.044亿	1.454亿	1.044亿	4508万	3432万
投资支付的现金	7.373亿	6.880亿	6505万	8.739亿	8.739亿	8.739亿	8.739亿	6.939亿	4.960亿
支付其他与投资活动有关的现金	2.803万	2.803万	1.952万	1433万	26.22万	1433万	26.22万	20.82万	—
投资活动现金流出小计	8.536亿	7.701亿	9888万	10.34亿	9.786亿	10.34亿	9.786亿	7.392亿	5.304亿
投资活动产生的现金流量净额	-5.068亿	-5.539亿	-9884万	-8.187亿	-9.125亿	-8.187亿	-9.125亿	-6.768亿	-5.096亿
筹资活动产生的现金流量									
吸收投资收到的现金	—	—	—	6.808亿	6.410亿	6.808亿	6.410亿	6.410亿	—
其中：子公司吸收少数股东投资收到的现金	—	—	—	130.0万	80.00万	130.0万	80.00万	80.00万	—
取得借款收到的现金	3.000亿	3.000亿	—	—	—	—	—	71.48万	—
收到的其他与筹资活动有关的现金	887.3万	870.4万	3.578万	163.4万	161.6万	163.4万	161.6万	6.417亿	—
筹资活动现金流入小计	3.089亿	3.087亿	3.578万	6.825亿	6.426亿	6.825亿	6.426亿	—	—
分配股利、利润或偿付利息支付的现金	1.670亿	1.621亿	2016万	1.568亿	1.567亿	1.568亿	1.567亿	1.567亿	2016万
支付的其他与筹资活动有关的现金	—	—	—	177.3万	177.3万	177.3万	177.3万	177.3万	25.00万
筹资活动现金流出小计	1.670亿	1.621亿	2016万	1.586亿	1.585亿	1.586亿	1.585亿	1.585亿	2041万
筹资活动产生的现金流量净额	1.419亿	1.467亿	-2012万	5.239亿	4.842亿	5.239亿	4.842亿	4.833亿	-2041万

从现金流量表可以看出，从2015年一季报开始，上海莱士投资活动产生的现金流量就是负（-），与此同时，其经营活动现金流量和筹资活动现金流量为正（+），而在2015年一季度到2015年四季度这个期间，其现金流量都是维持这种状态。根据之前的现金流量分析表格（表2-2-1），当现金流量表现为（+，-，+）的时候，首先应该关注的就是企业的投资风险。那么这个阶段上海莱士的投资风险，是不是值得关注呢？通过对上市公司相关公告进行了解就可以佐证。上海莱士之所以出现这么大负值的投资活动现金流量，主要原因就是2015年1月公司开始炒股。当时其发布公告称“拟使用自有资金最高不超过10亿元用于风险投资，使用期限为2年。”恰逢2015年牛市行情，在公司炒股赚钱的前提下，公司提高了风险投资的限额。2016年，公司发布公告，将风险投资额度上限提升至40亿元，使用期限扩展至3年。这些信息无疑都佐证了上海莱士的投资风险。那么，在进行投资决策之前就要分析，这种投资风险是否可控？对于上海莱士的投资，答案显然是否定的。如果这种投资是用于上海莱士的主营业务血液制品，无疑是为提升未来的业绩作铺垫。但是，将这么多资金投资于股票市场，尤其是A股具有较强的不确定性，这种情况下，如果枉顾投资风险而选择买入，其后果可想而知。事实上也确实如此，2015年通过炒股，其投资收益增厚了利润，但是2015年后股市下行，其投资产生了巨额亏损，即使打着重组的幌子停牌了10多个月，但是依旧迎来了近10个一字跌停板。

上海莱士这个案例告诉大家，在专业财务知识不足的情况下，可以先从现金流量表出发，从宏观角度把握企业面临的风险，到底是经营风险，还是投资风险，抑或融资风险？然后再通过其他信息去进行证伪，从而提高投资的准确性。

当然，在运用财务分析手段进行投资决策的时候，一方面受限于财务分析的专业性，另一方面要考虑到财务分析的复杂性，所以大家要考虑用木桶原理来进行兜底。什么意思呢？就是在进行投资决策之前，如果拿不准或不确定，那就不要参与。没错，这种方法固然会错过一些优质股票，但是可以让投资者在复杂多变的市场中多一分活下来的概率，更重要的是，可能很大概率让我们规避踩雷！

3 从财务角度看一家企业是不是好公司

如何才能正确分析一家公司是否值得投资？下面从四个角度告诉大家如何分析一家企业是不是好公司。

3.1 产品是企业最好的护城河

产品分析，说到底是对行业进行分析。毫无疑问，具有垄断性的产品，自然比竞争激烈的产品在市场上更具有实力。从利润的角度来说，具有垄断性的产品，其产生的利润往往是其他非垄断性产品所不能比的。所以，产品优势是企业的天然优势。分析产品优势，可以从三个方面把握。

（1）产品的稀缺性。

物以稀为贵，需求量大而供给不足的情况下，必然会导致价格上涨。那么，如何确定产品稀缺与否？产品分析，可以使用波特五力分析法来进行研究。除了企业自身内部的竞争性，上游议价能力和下游议价能力以及行业门槛，这几个因素决定产品能否长远发展下去。举个例子来说，零售行业可能销售量很大，但是毛利率却不高，几乎赚多少花多少。这种企业在经济良好的情况下，本就不可能产生高利润，基本上就是花钱赚吆喝，一旦经济环境有点波动，亏损的概率就会比较大。

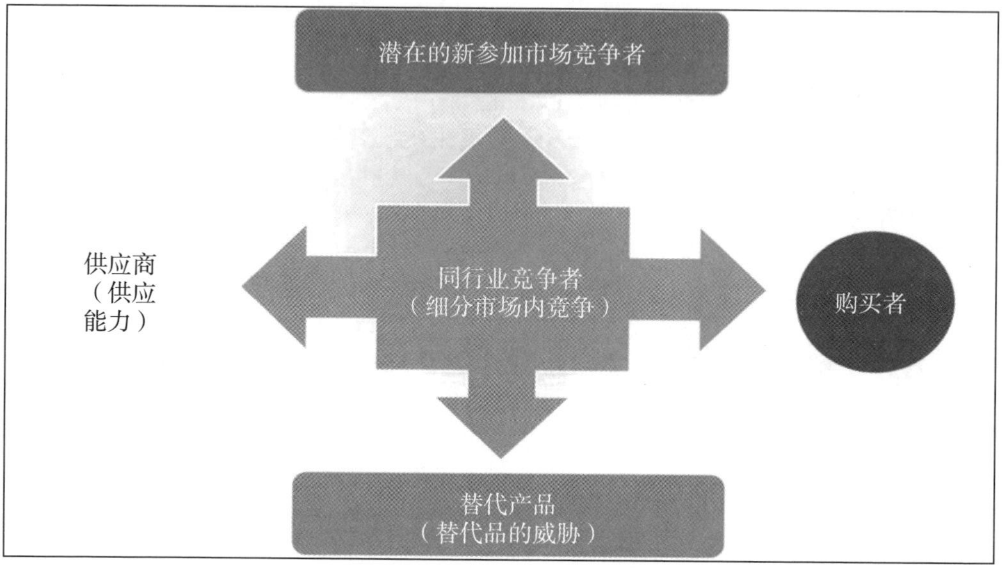

图2-3-1　波特五力分析模型

相比来说，有些产品进入门槛比较高，比如精耕医美的片仔癀，拥有国家保密级配方，比如东阿阿胶的阿胶，也是国家保密级配方。日常的白酒，贵州茅台和五粮液，是特殊的地理位置加上独特的水资源，造就了他们的独特性和唯一性。这些行业的门槛太高了，一般企业根本没法杀进来，所以，只要内部竞争不大，他们的寡头垄断地位就决定了非常强的议价权。为什么华为那么有底气？那是人家在5G领域的强大科研能力，用我的，早几年实现5G，不用我的，过几年，你们看看5G的影子就行了。所以，产品的稀缺性确立了企业强大的品牌效应，也决定了其长久的盈利能力。

（2）市场占有率。

对于市场占有率的分析，主要是表明企业产品在同行业中的地位。市场占有率越高，意味着产品的竞争力越强，企业发展的可持续性就越强，企业抵御市场系统性风险的能力就越强。

比如国内工程机械行业中的“芯片”压油缸、泵阀等液压系统供应商恒立液压，其2015年以后，就以全球市场占有率超过50%成为全球挖掘机用油缸第一品牌。更重要的是，在这些年技术不断迭代的情况之下，恒立液压的产品整体技术处于国内领先、国际先进水平，成功实现了国产替代。只要恒立液压自身不出现大的经营问题，其市场占有率构筑的护城河就会越来越坚固。

（3）企业经营理念。

在选股时，要优先选择那些主营业务突出的企业。国外的很多企业都是先做强后做大，但是国内很多上市公司都是先做大后做强。很多企业连主营业务都不明确，很多人会说，这样多好，都做点，分散风险。是的，业务众多确实分散了风险，但是也注定了这种企业的盈利能力和成长性不足。国内那些做得好的企业，都是主营业务非常突出的企业，如格力的空调、海尔的冰箱、海天的酱油、涪陵的榨菜，老百姓之所以能够脱口而出，是因为都知道他们的主营业务就是这些。相反，那些今天做这个，明天做那个的企业，股价往往大区间振荡。

3.2　财务分析，充分了解企业的一切

一般来说，大多数投资者看财务报表，就是看毛利率或净利率，但是只看这两个指标明显不够。大家在看报表的时候，还需要多关注以下几个特别的指标。

（1）存货。

存货这个财务数据非常重要。如果存货出现不正常的增加或者减少，就要高度重视了。比如，存货出现了异常增加，一方面可能是因为市场环境已经改变了，导致企业的产品销售不佳，虽然当期利润感觉增加了，但后期企业可能会面临库存压力太大的状况。这不仅意味着成本增加，还可能导致存货变成烂账，最后只能计提损失。

另一方面，存货增加可能是产能过剩导致的。在高速发展阶段，企业为

了抢占市场而大举生产，导致供大于求，过剩的产品就成了存货，最后可能就是坏账。

那是不是存货减少就是好事呢？并不是。因为在市场没有意外的情况下，存货突然减少，大概率是经营出现了问题，最后也会影响企业的利润。所以，在研究存货时，一定要用比较的方法，比较同期和环比的增长情况，一旦数据异常，就要引起注意。存货方面，在市场环境没有太大变化的情况下，维持相对稳定的动态波动是最佳的。

（2）应收账款。

应收账款也是大家一定要关注的一个焦点。从应收账款可以看出企业的持续盈利能力。如贵州茅台、五粮液这种知名品牌企业，明显是卖方市场，销售量非常好，所以一般渠道商都会提前订货。为了刺激销售商提高销量，一般五粮液、贵州茅台这些名酒企业会允许渠道商先拿货销售，在一定期间内回款就可以，所以白酒企业的应收账款一直很高，而且也视为白酒行业繁荣与否的一个指标。但是，如果应收账款过高，就会出现回款困难的问题，最后变成企业的坏账。一般来说，一年内还不能回款，基本上就是坏账了。具体应收账款的时间，一般年报上会有详细的数据。要提醒一点，应收账款也是最容易发生关联关系的，特别注意关联企业会不会利用应收账款进行资金转移，所以，对应收账款的分析要谨慎再谨慎。

（3）以公允价值计量且其变动计入当期损益的金融资产。

表2-3-1是最新会计准则下的会计科目，主要反映企业进行短期投资的资金情况。一般来说，短期投资就是指一年内到期的投资。之所以研究这个，是防止企业不务正业，拿着公司的钱去炒股票。一般来说，企业或多或少都会购买理财产品，这个可以理解，而且购买理财产品也是需要公告的。但是有些公司却不好好做实业，反而拿钱去炒股，这不符合企业的长远发展。

表2-3-1　最新会计准则下的会计科目

资产负债表	2018-12-31	2017-12-31	2016-12-31	2015-12-31	2014-12-31
流动资产					
货币资金	8.640亿	13.86亿	20.86亿	19.19亿	14.50亿
以公允价值计量且其变动计入当期损益的金融资产	3.271亿	31.36亿	21.57亿	16.13亿	--
应收票据	1.180亿	1.586亿	6.348亿	4.121亿	3.705亿
应收账款	8.381亿	9.575亿	3.649亿	1.203亿	1.137亿
预付款项	859.0万	1919万	1650万	1251万	1363万
应收利息	--	142.7万	549.3万	1090万	--
其他应收款	7296万	1.162亿	438.7万	337.0万	446.6万
存货	16.82亿	11.55亿	8.030亿	7.157亿	6.952亿
划分为持有待售的资产	--	--	--	--	1718万
其他流动资产	204.2万	1044万	62.52万	26.39万	200.0万
流动资产合计	39.12亿	69.39亿	60.73亿	48.07亿	26.67亿
利润表	2018-12-31	2017-12-31	2016-12-31	2015-12-31	2014-12-31
营业总收入	18.04亿	19.28亿	23.26亿	20.13亿	13.20亿
营业收入	18.04亿	19.28亿	23.26亿	20.13亿	13.20亿
营业总成本	15.93亿	12.03亿	12.07亿	11.59亿	7.518亿
营业成本	6.001亿	7.000亿	8.434亿	7.775亿	4.942亿
研发费用	9618万	9693万	--	--	--
营业税金及附加	1622万	1621万	1439万	773.1万	741.8万
销售费用	1.908亿	5551万	3515万	3257万	2204万
管理费用	3.752亿	2.553亿	3.174亿	3.389亿	2.154亿
财务费用	3705万	3546万	-1737万	-1304万	1361万
资产减值损失	2.777亿	4357万	1387万	1527万	-78.37万
其他经营收益					
加:公允价值变动收益	-8.695亿	-1.783亿	1.565亿	8.652亿	--
投资收益	-11.25亿	4.269亿	6.723亿	970.5万	3146万
其中:对联营企业和合营企业的投资收益	-1486万	146.4万	--	--	--

比如上海莱士，2015年牛市中其业绩翻番，但是业绩不是来源于主营业务血液制品的营业收入，而是来源于炒股。结果2015年下半年熊市，受业绩大减压力，其股价暴跌。

研究企业短期投资情况，目的就是判断企业是不是不务正业。再好的产品，不用心经营，最后的结果可想而知。

（4）三费（销售费用、财务费用、管理费用）。

三费（销售费用、财务费用、管理费用）的变动也是需要关注的重点。对于转型企业来说，在一定时期内，三费增加是可以理解的。毕竟转型需要新的人才、新的团队，所以销售费用、管理费用、财务费用增加是可以理解的。但是，如果三费持续增加，而且经营周期比较长，那么企业很可能是转型失败却没有公告，或者企业死不认账，这种情况就要注意，最后很可能会爆雷。其次，也要防止企业以三费的名义虚增或者隐藏利润。

此外，三费会计科目下还有其他具体科目，如果出现离奇增高，就可能存在问题。比如图2-3-2中的步长制药，其销售费用中的学术推广费用竟然

利润表	2018-12-31	2017-12-31	2016-12-31	2015-12-31	2014-12-31
营业总收入	136.6亿	138.6亿	123.2亿	116.6亿	103.3亿
营业收入	136.6亿	138.6亿	123.2亿	116.6亿	103.3亿
营业总成本	119.1亿	121.9亿	104.5亿	96.40亿	87.70亿
营业成本	23.52亿	24.48亿	20.73亿	20.06亿	20.24亿
研发费用	4.802亿	4.894亿	--	--	--
营业税金及附加	2.752亿	2.782亿	2.532亿	2.119亿	1.891亿
销售费用	80.36亿	82.87亿	68.50亿	65.73亿	59.72亿
管理费用	6.574亿	5.727亿	9.861亿	7.232亿	4.908亿
财务费用	7026万	4963万	1.427亿	1.144亿	6937万
资产减值损失	4175万	6792万	1.429亿	1158万	2481万
其他经营收益					

山东步长制药股份有限公司 2018 年年度报告

具体项目名称	本期发生额	本期发生额占销售费用总额比例（%）
市场、学术推广费及咨询费	7,485,669,480.69	93.15
职工薪酬	280,731,980.32	3.49
渠道及宣传费	176,924,128.75	2.20
其他	92,461,551.87	1.15
合计	8,035,787,141.63	100

图2-3-2　步长制药三费表

高达70多亿元，而步长制药的营业收入仅为130亿元，也就是说学术推广费用超过营收的60%。这种情况下，企业的利润怎么能得到保证，要么不爆出来，一旦爆出来就是天雷滚滚。

研究三费，一是三费突然异常波动，很可能会是一个大雷；二是如果三费持续过高，那么基本上就是挣多少花多少，这种企业根本抗不了风险，一旦市场有风吹草动，一定是死得最快最惨的。

（5）营业外收支问题。

营业外收支问题是财务分析中非常重要的一个问题，因为它会告诉你企业利润的来源。一般来说，分析企业的财务报表，都是看企业的毛利润或者净利润，但是我国股市经常会上演“不死鸟”行情，为什么？因为主板股票最多连亏三年，连续亏损超过三年就会被强制退市。一些企业为了摆脱退市的局面，第三年就会想尽一切办法进行保壳，所以经常会出现ST企业爆出利润大增，这时候一定要弄清楚企业业绩增长的来源是不是主营业务。如果是主营业务，说明企业的盈利情况发生了改变，这是利好。但如果是通过变卖固定资产等获得利润，就说明企业的利润是通过非正常渠道得来的，不具有可持续性，后市大概率还是会亏损，所以，这种企业的营业外收入会比较高。营业外收入会计入净利润，所以，通过净利润是看不出企业的利润真正来源于哪儿。如图2-3-3所示，作为奶粉生产企业的贝因美，其通过卖出杭州等地的房产来增加企业利润，如果不仔细阅读企业公告，就容易对企业经营业绩产生错误认识。所以，投资者一定要注意营业外收入的情况。

证券代码：002570 证券简称：贝因美 公告编号：2017-069

贝因美婴童食品股份有限公司

关于出售部分房产的公告

本公司及董事会全体成员保证公告内容的真实、准确和完整，没有虚假记载、误导性陈述或者重大遗漏。

一、交易概述

为盘活贝因美婴童食品股份有限公司（以下简称“公司”）资产，改善资产结构，提高资产运营效率，2017年12月20日公司第六届董事会第二十四次会议审议通过了《关于出售部分房产的议案》，公司董事会同意通过房产中介公司等机构将位于杭州、重庆、成都、武汉、深圳、广州、北京等地的22套房产公开出售给非关联方，并授权公司管理层办理本次出售房产事项相关的具体事宜（包括但不限于交易谈判、签署相应协议、办理转让手续等事宜）。

本次处置房产事项不构成关联交易，也不构成《上市公司重大资产重组管理办法》规定的重大资产重组。根据相关法律法规及《公司章程》等有关规定，本次出售房产事项经公司董事会审议通过，无需提交股东大会审议。

二、房产基本情况

公司本次出售的22套房产位于杭州、重庆、成都、武汉、深圳、广州、北京等地，建筑面积合计3398.47平方米，具体情况如下：

1、杭州市天目山路160号国际花园17层（17A-17J共10套），建筑总面积734.36 平方米，房产性质为非住宅，2000年购置，账面原值为650.10万元，评估总价为1326万元。

2、杭州市凤起路274-280号1-3层，建筑面积1592.59平方米，房产性质为非住宅，2007年购置，账面原值为3912.92万元，评估总价为6019万元。

3、深圳市中国凤凰大厦2栋505-507（共3套），建筑面积291.72平方米，房产性质为商务公寓，2009年购置，账面原值为642.72万元，评估总价为1312万元。

4、广州市海珠区宝岗大道268号2501-2503房（共3套），建筑总面积196.35平方米，房产性非居住用房，2006年购置，账面原值为172.34万元，评估总价为352万元。

图2-3-3　贝因美相关公告

3.3　一些看似无关却是致命的其他因素

笔者一直强调，投资与其说是一门技术，不如说是一门艺术，就算把所有要注意的点都告诉你，可能也无法保证投资成功。投资者本来就是与企业报表的提供者在进行博弈，他们负责隐藏，投资者则需要根据已有的报表寻找蛛丝马迹。这个博弈，一开始就注定了不会那么公平。所以，大家投资时要灵活分析财报，不要死读书。投资，尽信书不如无书。除了上述报表之外，其他的一些事项也需要特别注意，比如企业突然更换会计师事务所或者律师事务所。

按照我国目前的法律，中介机构服务企业是有一定年限的，如果一家企业突然公告更换中介机构，但明显不是因为这家机构服务年限引发的问题，那么大概率是企业和中介机构无法达成协议了。这种情况，很可能是中介机构已经包不住了，不抽身很可能把自己也折进去，所以中介机构不再提供持续服务，企业只能公告更换中介机构。所以，对于更换中介机构的情况，投资者一定要分析原因，要么没事，有事必然是大雷，而且可能是财务造假之类的天雷。

投资过程中，在分析企业财务报告的时候，就算这些点一一穷尽，也不一定能选出一家好企业，但是，如果这些点都不能满足，那么这家企业大概率会有问题。可能有人会说，那么不确定的时候怎么办呢？这不更简单，A股四千多只股票，不买它就不能活了？不能一棵树上吊死啊。

4　如何看一家公司的投资价值

不可否认，2018年、2019年让很多投资者重拾对价值投资的信心。很多之前不认可A股存在价值投资的人，也开始陆续相信A股竟然也存在价值投资！但是，很多人即便是开始使用价值投资方法对上市公司进行分析，结果也并不是很理想，仍旧没有摆脱投资亏损的境况。那么，问题到底出在哪儿？如何使用价值投资分析方法选择合适的投资标的呢？

这里先分析一下为什么会有投资者使用价值投资方法，结果却不理想呢？其实是因为很多人对价值投资存在一定的误区。最大的一个误区就是使用PE来判断股票的价值。PE估值适合一些行业，但不是所有的行业都可以用估值来判断企业的价值。但是很多人会自动屏蔽这些缺点，一味地用PE作为衡量企业投资价值的方法，然后美其名曰这就是价值投资，其实这是非常有问题的。PE估值法适合业绩稳定增长的蓝筹股，并不适合周期股等，所以一概用PE作为择股标准，肯定是要吃大亏的。

那么，如何通过价值投资分析寻找合适的个股呢？对于非业内人士来说，使用的价值分析方法就是自上而下分析法，分析国家的政策，主要是产业政策、货币政策和财政政策；然后进行行业分析，常见的行业分析方法有波特五力分析法、SWOT分析法和生命周期分析法等；然后进行微观分析，主要是指研究公司层面、上市公司财务分析和企业价值分析（这部分内容是价值分析的核心）。其实，在日常生活中，对于宏观分析和行业分析，通过国家的一些重要会议和政策就可以有一个宏观的认识，比如国家的五年计划、以旧换新的行业政策。虽然没有具体的数据支持，但是投资者对于市场接下来可能炒作的板块就基本上有一定的认识了。

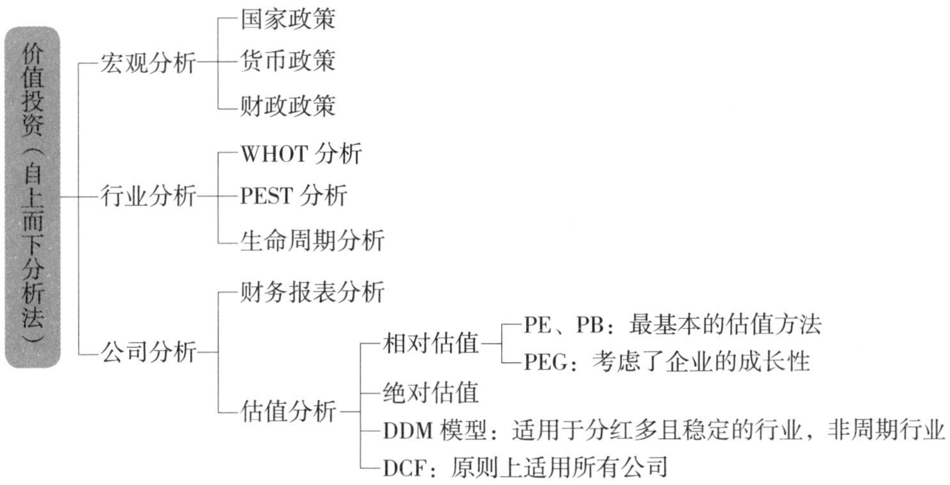

图2-4-1　自上而下分析法

其实价值投资分析的难点在于公司，因为无论是财务分析还是估值分析，其最根本的数据就是企业的财务数据。不同的是，研究企业的财务报表，是研究企业的负债能力、营运能力、盈利能力和成长能力。而投资者要做的是通过财务分析知道企业的盈利能力来源于哪儿，或者说通过财务数据研究企业的护城河在哪儿。很多投资者在年报或者中报炒作期，往往只是看业绩暴增百分之多少，却根本没有关注到这些突然增长的业绩是怎么来的。

比如有两家企业，A企业业绩增长200%，B企业业绩增长30%，单纯从这组数据来说，相信大多数人会认为A企业明显好于B企业。但是通过财务报表分析发现，原来A企业的业绩增长是来源于出卖设备或者房子，而B企业却是在过去三年里维持每年30%的业绩增长。A企业的业绩不具有可持续性，B企业的业绩却具有可持续性，很明显，B企业要优于A企业。所以在分析财务报表时，不能仅局限于看到业绩增长，还要深入研究企业业绩增长的背后，驱动业绩增长的动力是什么。一般来说，投资者应该偏重业绩维持稳定增长，并且主营业务比较突出，护城河比较明显的企业。

估值分析则是倾向于研究企业的价值与股价之间的关系，价值分析的基础是“价格围绕价值上下波动”。对于企业来说，公司的股价应该围绕企业的价值上下波动，研究企业的估值，就是看现在的股价与企业价值之间的关系。有一点要提醒大家，国内A股企业的估值普遍偏高，这也是很多人诟病A股不能进行价值分析的原因之一。A股企业上市之前一定会先进行定价，这个价格就是发行价。国内证券法规定，A股上市企业只能溢价发行或者平价发行，所以A股上市后，往往会有几个涨停板，这样短期业绩没有变化的情况下，股价大幅上涨，估值就明显提高了。

如图2-4-2所示，估值分析中，只有绝对估值法中的现金流估值法才适用于所有企业，这也是为什么很多人用PE研究企业估值经常会出现偏差的原因。但是，如果让投资者自己做现金流估值分析，估计大多数投资者是无法做到的。在做分析时，也不要为了研究估值分析而进行估值分析，对于普通投资者来说，这种估值没有意义，因为该方法实在太复杂了，对数学和会计知识要求太高了。下面可以简单地把估值原理给大家做一个分析。

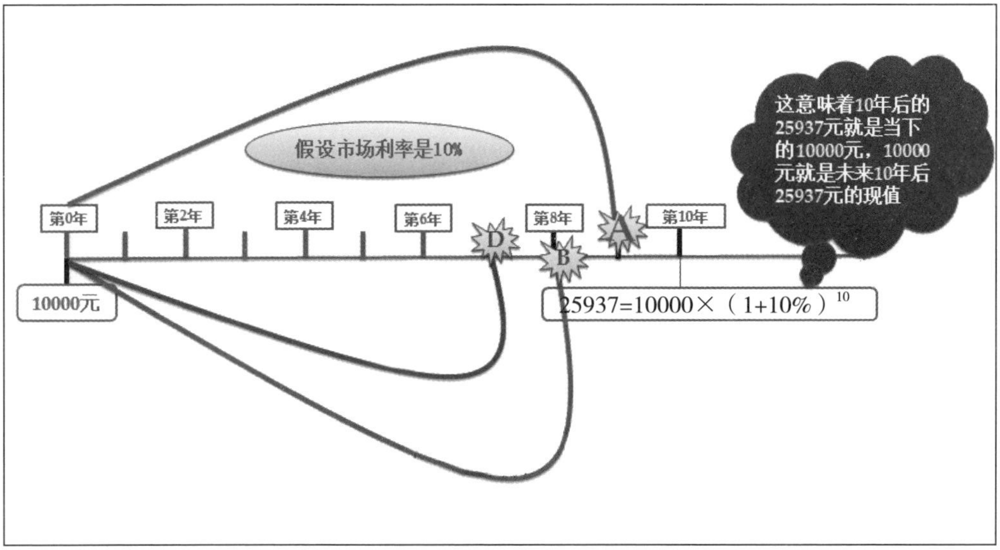

图2-4-2　现金流折现模型

常见的折现模型有固定股利模型（DDM）、自由现金流估值模型（DCF）等，这些估值模型的本质区别在于现金流来源不同和折现率不同。比如DDM模型，其现金流是每一期的股息，且每期的股息相同；而DCF模型下，其现金流就比较复杂了，它的现金流计算公式为：

FCFF=FBIT×（1-税率）+折旧-资本性支出-追加的营运资本

对于DCF模型，不仅现金流量计算比较复杂，其折现率也非常复杂。一般折现率往往采用5年期国债收益率或者10年期国债收益率，而DCF模型采用的是综合资本成本（WACC）。通过现金流量公式不难发现，这需要投资者具有非常深厚的财务知识。虽然现金流来源比较复杂，但是折现的基本原理是一样的，就是把未来每一期获得的现金流，通过固定的折现率折现到零时点的价值。如图2-4-2展示的折现模型原理，假设折现率为10%，在第7年获得的现金流为D，第8年获得的现金流为B，第9年获得的现金流为A，按照复利折现原理，第7年、第8年、第9年的现金流折现到零时点（就是当下这个时点）的现值，分别为：

$$P_7=\frac{D}{(1+10\%)^7}$$

$$P_8=\frac{B}{(1+10\%)^8}$$

$$P_9=\frac{A}{(1+10\%)^8}$$

以此类推，得到未来各期获得的现金流折现到零时点的总现值：

$$P=\sum_{t=1}^{n}\frac{D_t}{(1+r)^t}=\frac{D_1}{1+r}+\frac{D_2}{(1+r)^2}+\cdots\cdots+\frac{D_t}{(1+r)^n}$$

$$=\frac{D_1}{1+10\%^7}+\cdots\cdots+\frac{D}{(1+10\%)^7}+\frac{B}{(1+10\%)^8}+\frac{A}{(1+10\%)^8}+\cdots\cdots+\frac{D_t}{(1+r)^n}$$

由此可见，无论是财务知识储备，还是大量的计算问题，对于大多数投资者来说，难度都比较高，大部分人很难通过这种绝对估值方法对企业进行估值。

再次提醒，分析企业的价值，不要为了估值而估值。A股中大多数股票都有估值过高的情况，那些业绩稳定的白马股，因为每年的业绩增长会充分抵消掉估值的上涨。对于业绩蓝筹股，动态的PE是可以体现其价值的。一定要看清楚，是业绩稳定的蓝筹股，可以用PE估值。

这就是传统的价值分析方法，但是大家要明白一点，传统的财务分析方法和估值方法都是在历史数据的基础上获得的，也就意味着会存在滞后性。即使进行敏感性分析，这种数据预测的准确度也会有非常大的偏差。如何弥补这种数据上的不准确？费舍尔关于如何选择成长股的方法，完全可以弥补财务分析和估值分析带来的不足。费舍尔告诉投资者要学会访谈，与上市公司的上游供应商、下游提供商、业内竞争者、市场专业人士进行沟通和交流，这样就能发现一些蛛丝马迹。更重要的是，它会让我们真正了解一个企业的好坏与成长性。

图2-4-3　万华化学日K线走势图

大家都知道，烟台万华集团是世界级的寡头垄断企业，全球经济复苏也增加了市场对化工产品的需求。从宏观上来说，万华具有非常强的盈利能力，而且主营业务非常突出，主营产品就是MDI。所以，分析时要注意的就是市场上MDI的价格走势，这将直接影响企业的整体利润。从财务分析的角度来说，万华是值得关注的，但是大家不仅要关注企业现在稳健的业绩增长，还要重视企业未来的发展。相比其他行业来说，化工企业的研发能力将会大大制约企业的发展，所以，一家企业的研发能力如何，将会直接决定企业的未来。

相比其他人来说，笔者身边最不缺乏的就是化工方面的高材生，笔者的一个姐姐是大连理工大学的博士，本科在烟台读的大学，专业也是基础化学方面，所以对万华这个企业非常了解。笔者向她了解万华时，她告诉笔者，很多博士都想去万华化学工作，因为万华是化学行业中最好的企业，无论是发展前景还是福利待遇。这时笔者基本上可以确定万华的成长性是可期的。为什么？好的企业都会自带吸引人才的光环，化工博士都想去的企业，无疑可以肯定企业对高端人才的吸引力非常强，也暗示企业的研发能力会非常强大，这就意味着企业在未来的竞争中能够占据制高点。综合考虑，笔者认为万华化学这家企业的成长性是值得期待的，之后的股价上涨也确实证实了这一点。

从中可以看出，大家如果使用价值投资分析方法，除了传统的自上而下分析方法之外，建议可以选择费舍尔的访谈法，因为市场上的信息不对称，通过咨询行业专业人士，也许可以发现企业的一些暗伤，从而从源头上规避投资陷阱。

5 持仓有道：业绩支撑股价，估值捍卫持仓

2016年到2020年，A股市场出现了难得的“价值投资”潮流。2016年之前，因为估值过高的原因，很多人认为A股不具备价值投资的基础。随着2015年牛市去杠杆，越来越多的“好公司”走出了“好股价”。一些业绩稳定增长的企业，其股价也走出了翻倍行情，贵州茅台从2016年的200元走到2020年1800元的高价，四年时间股价翻了8倍。事实上，不仅贵州茅台如此，大家耳熟能详的那些好公司基本上都走出了翻倍甚至翻好几倍的行情。这些好公司股价的表现，似乎是市场认可了A股价值投资这一逻辑。不夸张地说，最近几年A股的走势，应该是三十年来最理性的状态，逐渐摆脱了以往的概念炒作，公司股价的涨跌完全交给市场。业绩持续稳定高增长，公司股价屡屡创出新高；业绩不佳，炒作概念，可能有一时反弹，但是长时间下来，终究会回归理性，最后股价一地鸡毛。

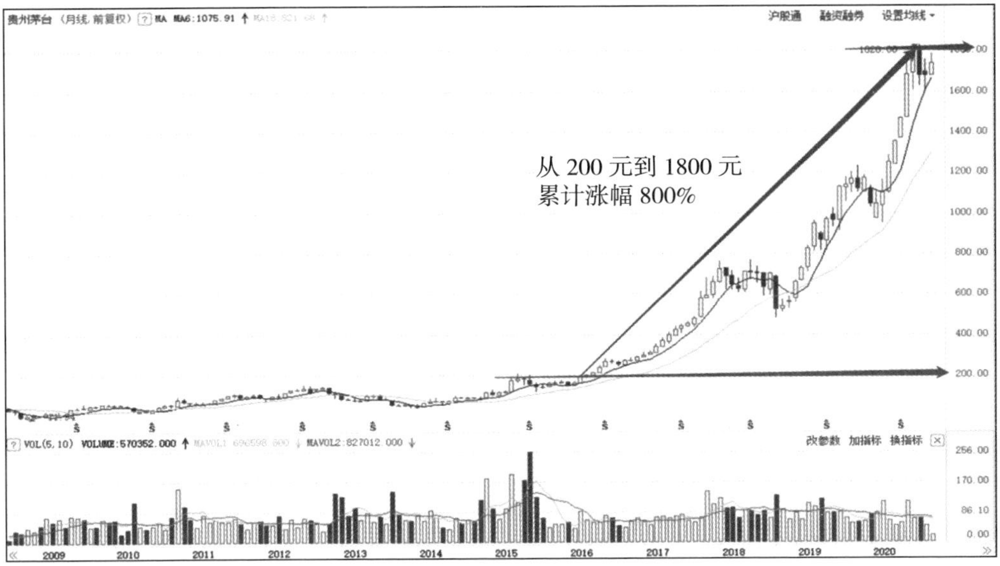

图2-5-1　贵州茅台K线走势图

5.1　A股的价值投资一直都在

这波行情之后，讨论A股市场是否有价值投资已经没有太大的意义，毕竟在很多人眼里，A股永远都是超高的估值，但是这并不影响好公司走出好股价。事实上，随着A股市场的发展，有些人跟上了，但是更多的人其实并没有跟上，很多人仍旧聚焦在10元以下的股票。不可否认，有些股票确实价格低、估值低，但是它们没有想象空间，也就意味着没有成长空间，所以市场给予现在的估值可能就是最合理的。以估值低、业绩稳定幻想股价迎来90度垂直拉升，显然不现实。与此同时，对于一些高价股，很多投资者表现得十分踌躇，过高的价格，涨起来可能赚很多，但是跌起来也不是每个人都能承受的，毕竟以前的明星股乐视网和暴风影音就是前车之鉴。作为一名散户投资者，笔者十分理解大家的心情。但是不可否认的现实情况是，当大家还在踌躇怀疑的时候，那些你认为的高价好公司的股价已经又蹭蹭地翻倍了。那种你明明在低位发现了却没有敢上车而踏空行情的心情，相信不用笔

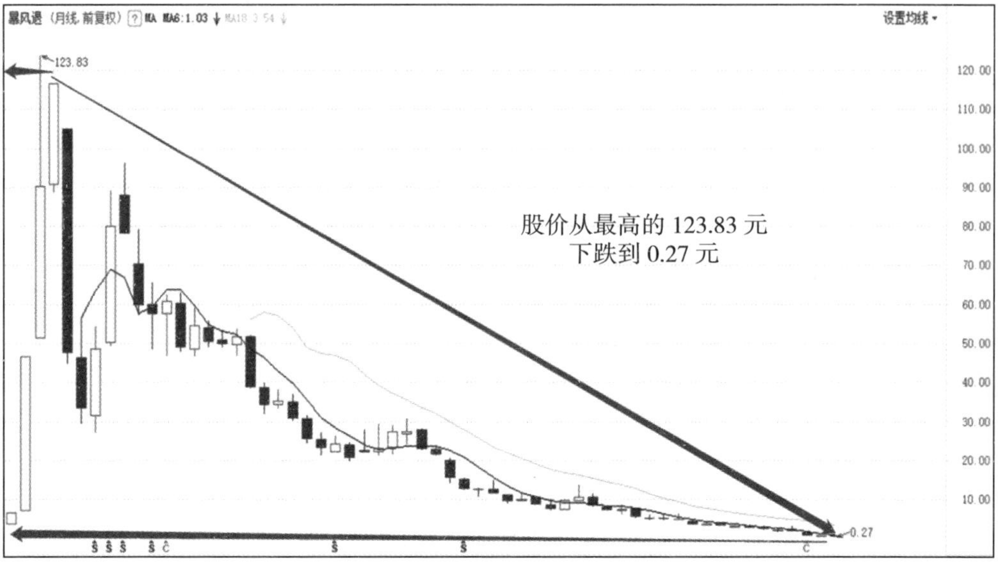

图2-5-2　暴风影音K线走势图

者在这里描述了。在这个市场，谁还没有踏空行情的时候，但是平心而论，这种感觉太不好了。这是因为我们眼中的高价股其实真的“不贵”，相反还可以说十分“便宜”，很多人就是被数字、被自己的眼睛给骗了。这说明当前的投资者需要一套方法、一个模型，来指引大家做好“便宜”高价股的买卖，让投资者知道什么时候该买，什么时候该卖。

5.2　用估值捍卫持仓

市场上有两种估值方法，即绝对估值和相对估值。绝对估值涉及现金流折现，并不适合大多数人，大多数情况下这种分析方法都被收藏于庙堂之上。相比而言，在二级市场上，相对估值更适合成为投资者使用的投资利器。相对估值方法有很多种，适用范围也不尽相同，这里只分享一种：用市盈率（PE）来进行估值。但是需要强调一点，市盈率估值法也有适用范围，就是企业必须是盈利的，如果企业亏损了，就不适合用市盈率来进行估值了。同样的道理，如果一个企业业绩持续稳定增长，那么用市盈率进行估值就变得非常合理，这种“好公司”无疑就是应该“买入并长期持有” 的标的。那么问题来了，如何规避涨一点就想跑，拿不住持仓呢？大家可以利用估值模型，粗略地估计一下某个企业未来的股价。当然，涉及预测，就必须做一些基本的假设。

假设1：公司在预测期间不增发新股。

假设2：业绩持续稳定地以某个增长率增长（可以认为这期间符合永续增长模型），一般来说，可以以公司最近3～5年ROE均值作为永续增长率。

假设3：市场给予的估值维持稳定。比如未来五年其PE稳定维持在50倍。

在这些假设条件下，投资者可以对企业未来的股价进行预测。

以泸州老窖为例，原因很简单，高端白酒的增长率相对稳健。作为一个有五千年酒文化的国家，百姓对高端白酒的需求是存在的，在高端白酒产能有限的情况下，未来的增长其实是肉眼可见的。当然了，如果白酒企业自己作死，再出现前些年的塑化剂事件，那就另当别论了。对于高端白酒，这种概率太小了，所以，可以认为未来几年白酒的销量稳中有升。有业绩，有想象空间，假设市场趋于保守，愿意给予白酒板块的估值是相对稳定的。以2019年泸州老窖的估值（当下市价÷去年每股收益）作为未来市场给予企业的估值，以三年期进行预测，可以得到表2-5-1。

从这个估值模型中，可以看到泸州老窖的股价未来三年仍会继续上涨。也就是说，在现阶段，如果你有持仓，就可以勇敢地持有下去。其实这个模型是符合逻辑的，假设现在的估值是60倍PE，随着业绩的公布，业绩增长，在不增发新股的情况下，每股收益会增加，而如果股价维持不变的话，估值会下降。所以，对于持仓，笔者觉得估值模型可以给予投资者最大的安全持仓空间。当然了，如果大家觉得年度级别大了，可以调低到季度，但是大前提不要忘记，就是业绩持续稳定增长。

表2-5-1　泸州老窖估值模型预测数据表

	2019年	2020E	2021E	2022E
税后利润（万元）	464200	557040	668448	802137.6
发行在外股份数（万股）	146475.25	146475.25	146475.25	146475.25
每股收益	3.17	3.802963299	4.563555959	5.476267151
现在股价	190	228.18	273.81	328.58
市盈率	59.95324752	60	60	60
①每股收益=税后利润÷发行在外的股份数				
②市盈率=每股市价÷每股收益				
基本假设:				
①在预测期间公司不增发新股				
②假定企业在预测期间以固定的增长率增长（按照最近3年的平均ROE=22.87%）				
③市场给予企业的合理估值在预测期间保持不变				

5.3　用量能修正持仓

估值模型有一个弊端，或者说价值投资有一个弊端，就是只有业绩公布了，才能验证估值模型得到的结论，而这个过程，可能伴随股价的大幅回落。如何解决这个问题？笔者觉得，量能是一个不错的修正目标。很多人会说，你不是价值投资吗，怎么能用技术分析呢？其实大家大可不必有这种门户之见。投资，永远都是有趣地亏钱不如无聊地赚钱，大家要的是赚钱技巧，不是为了有趣。从择时角度来说，技术分析确实有优势，干嘛不用？

所有技术分析指标中，量能是比较难作假的。股票价格上涨，说到底是股票数量上出现供不应求，机构持仓不动，只有散户交易时，股票数量少，散户抢筹，价格上涨。而一旦量能突然爆发，那无疑是主力在左手倒右手，开始出货了。所以，一旦成交量明显放大，高过前期的成交量，就说明主力在出货了，这个时候就可以减仓或者清仓了。比如2020年11月明星股比亚迪的走势，从基本面来说，继续持仓问题不大，但是从量能的角度来说应该减仓。再好的股票，也不可能一直上涨，不是吗？所以，用量能修正持仓，既可以让大家在相对高点逃顶，又可以在上涨过程中稳稳地拿住仓位，吃尽中间的涨幅，何乐而不为？

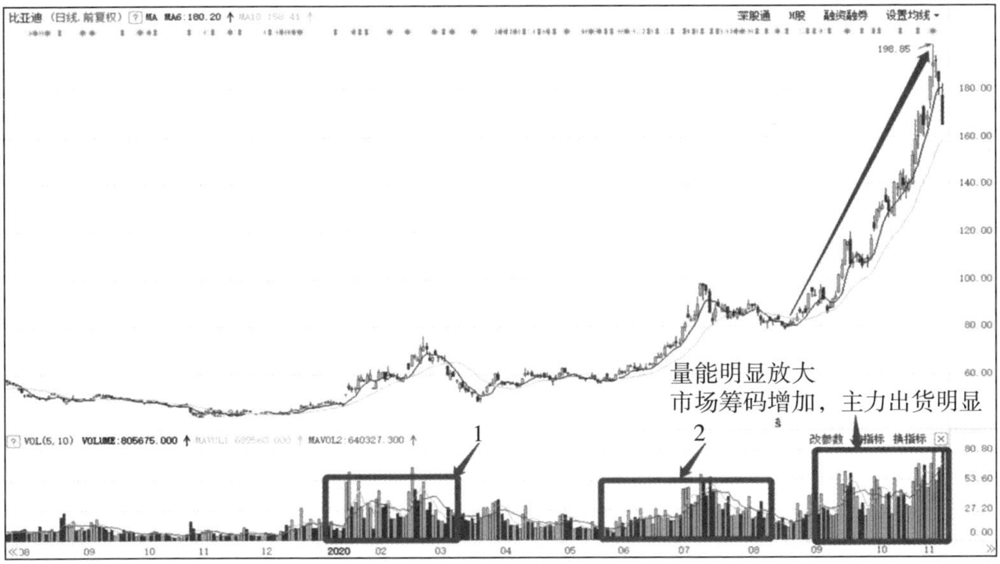

图2-5-3　比亚迪K线走势图

6　从宏观角度看如何操作医药股

“喝酒吃药”一直是A股存在的一种特殊行情，但是2018年、2019年，相比白酒板块节节登高的表现，医药板块的整体走势却不尽如人意。那么，医药股是不是真的不如白酒股？其实并不是。从正常的逻辑来说，炒作虽然无酒不欢，但是医药股的投资逻辑更明朗，这主要体现在人们对药物的硬刚需上，来也医院，去也医院。从这个角度出发，医药股应该比白酒股更强势才对。但是为什么医药股却没有走出白酒股的靓丽走势呢？笔者觉得可能是两个原因：首先，医药股要比白酒股更加复杂，在市场不明朗的情况下，投资者更倾向于简单的白酒板块。其次，医药行业正在经历深度变革，未来不确定性较大。这种情况下，市场资金会更倾向于安全边际更高的白酒板块。但是，医药板块的价值会随着时间的推移而慢慢被市场接受和认可。那么，在众多医药股中，如何选择成长性与价值并存的优质医药股？

考虑到医药行业的刚需情况和整个医药板块的复杂程度，一般分析股票的方法可能对于普通投资者来说效果不大。尤其国内的现状是，医药公司的业绩驱动往往来源于不同的几种药品，而这几种药品可能还有其他厂家生产，所以，单纯分析医药公司的财务报表，可能并不能抓住医药股的一些机会，相反，过度迷信财务报表，可能会让自己掉入数字陷阱中。这种背景下，大家唯有另辟蹊径，才有可能找到值得长期持有的医药股。这意味着投资者对整个医药行业要有一个比较清晰的认知，才能找到投资规律。医药股包罗万象，不同的细分赛道具有不同的特点，也就决定了择股时关注的焦点不同。

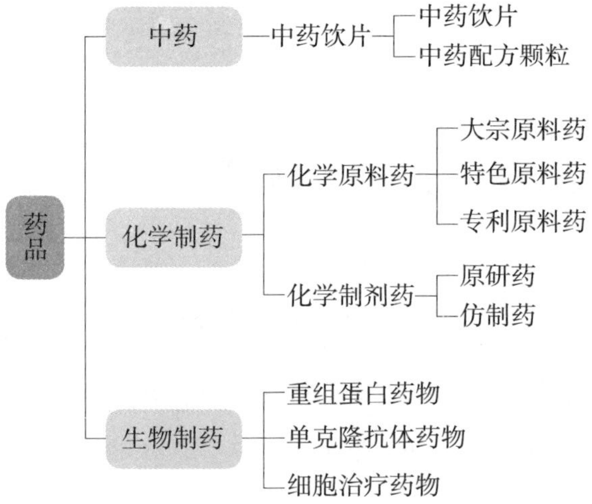

图2-6-1　药品的分类

6.1　中药、中成药

中药是我国的瑰宝，但是大家不得不面对一个事实，就是在很大程度上，目前医药市场还是西药的天下。当然，虽然中药市场受到了西药市场的强烈冲击，但是部分中药还是在市场消费者的认可下成功地存活了下来。对于中药方面的投资，个人觉得可以从三个维度甄选。

（1）稀缺性。

（2）国家级保密配方或者国家非物质文化遗产。

（3）“明星”药。

首先是稀缺性。正所谓“物以稀为贵”，中药更是如此。时至今日，能够在历史长河中存活下来的重要企业没有几家，但是留下来的家家都是老字号药企。这些药企都有一个非常明显的特征，就是精耕一个领域，并且在这个领域拥有其他企业不可比拟的中药产品。这些产品在历史的沉淀中已经被市场广泛接纳和认可，而其他企业却没有能力进入这个领域。在中药领域，“物以稀为贵”就是产品具有的天然垄断优势，所以，这种药企的成长空间是比较大的，后市也有足够的想象空间。

其次，国家级保密配方或者非物质文化遗产。这其实是从另一个角度暗示其产品的垄断性。无论是保密级别配方还是非物质文化遗产，都意味着市场的唯一性和独特性。这种软实力，其产生的护城河尤在知识产权之上。这意味着企业在这个产品上拥有独一无二的生产权，其他企业一方面没法生产，一方面是根本生产不出来。其唯一性会让企业拥有长久生存下去的能力，这种能力对于价值投资来说是非常重要的。企业长久存活下去，就为价值投资提供了足够的操作时间。

最后一点就是具有“明星”效应，其实就是所谓的品牌知名度。越是品牌知名度高的中药，说明其受众越多，暗示出群众基础比较好。在药品稀缺、市场需求扩大的情况下，药企就拥有足够的议价能力，可以在一定范围内提高产品的价格，从而夯实自己的利润空间。对于一些名不见经传的中药，治疗时可能有效，但是经过这么多年都没有名气，说明其局限性比较大。所以，在选择中药企业投资时，可以选择那些明星药企。在A股市场，诸如片仔癀、东阿阿胶、云南白药等，都是拥有知名产品的中药企业。

企业	品牌中药
云南白药	云南白药
片仔癀	片仔癀
福胶集团、东阿阿胶	福牌阿胶、参茸阿胶、东阿牌福字阿胶、复方阿胶浆
同仁堂	安宫牛黄丸、六味地黄丸
广州药业	陈李济、王老吉、敬修堂、潘高寿、中一、奇星、星群、采芝林
上海医药、开开实业	胡庆余堂、雷允上

图2-6-2　中药领域重点企业

6.2 化学制药

中国有95%的化学制药是仿制药，这意味着化学制药领域的竞争十分激烈。而竞争激烈，往往意味着利润空间也会被压缩。所以在投资化学制药公司时，要特别关注三个方面的数据。

（1）是否通过一致性评价。

（2）是否具备较强的科研团队。

（3）是否拥有研发原研药的实力。

首先是一致性评价。所谓一致性评价，就是仿制药必须和原研药一样具备“管理一致性、中间过程一致性、质量标准一致性等全过程一致”的高标准要求。如果企业没有获得一致性评价，意味着这个企业将无法生产这个药品。一致性评价有利于提高药品的质量，也是对医药行业进行了一次洗牌，所以投资医药股要关注那些通过一致性评价的药企。从这个角度来说，药品获得的一致性评价越多，意味着企业可生产的药品越多，未来的利润成长空间越大。因此，对于一般的仿制药企业来说，一致性评价就是最好的选择标准。在选择个股时，要注意这个企业的产品有哪些通过了一致性评价，有哪些产品大概率会通过一致性评价，通过一致性评价的药品是否是公司的主营产品等。

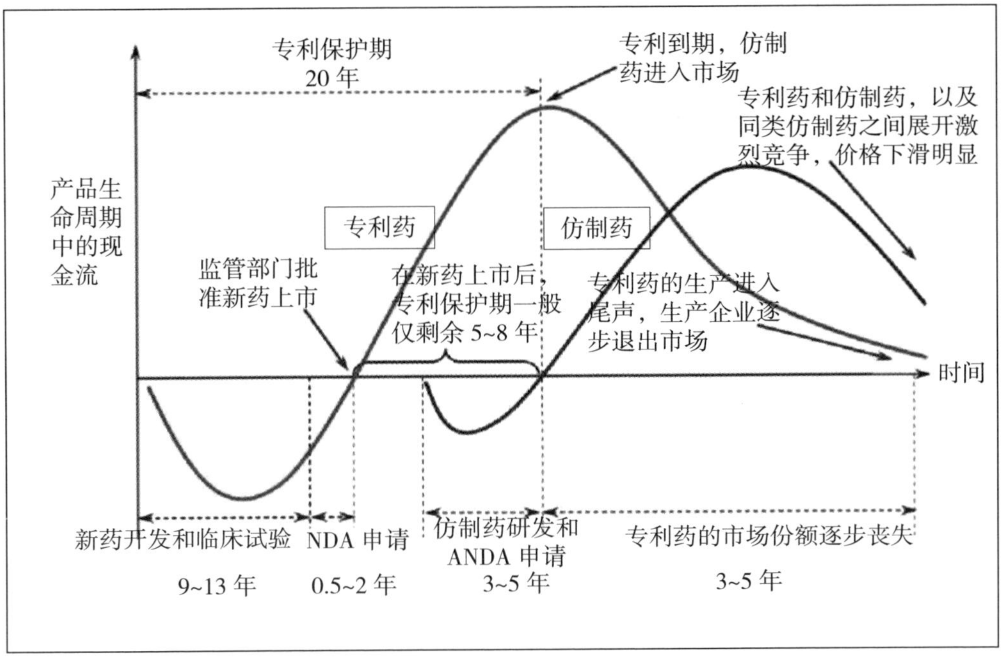

图2-6-3　新药从开发到上市的流程

其次，科研团队的实力。化学制药和生物制药一样，对于科研实力的要求比较高。一般企业根本养不起科研团队，这意味着这些药企或者成为代工企业，或者成为医药商用企业，利润会被大大地摊薄。举个例子，大家都看过《我不是药神》这部电影，其中有一种“神药”格列宁，是治疗慢粒白血病的，当时在国内售价4万元/瓶，而印度过来的售价仅仅2000元/瓶。从这个价格就可以看出来原研药和仿制药的利润空间差距有多大。产生这种差价的主要原因是，对于研究专利药来说，研究成本十分高昂，从新药开发到临床试验，基本上会用去9～13年的时间，申请NDA需要0.5～2年的时间。也就是说，新药上市后，从申请专利到最后上市销售，真正能够创造业绩的时间只有5～8年。所以，一般药企成功上市新药后，会以高昂的价格在短期内收回研究成本。而对于一般仿制药，有利润，但是没有想象空间，从成长性角度来说，就不具备投资价值。

科研团队的实力如何量化？一方面是博士队伍的数量以及他们的研究领域，一方面是公司的科研成本和最后的科研成果。花了钱没有成果，那还是没有意义。

最后是原研药的研发情况。从成长性的角度来说，拥有原研药的企业，就拥有了这个药品的专利权。相比仿制药来说，利润空间就会大很多。当然，原研药的研究也要充分考虑市场的需求。比如，生产治疗肺癌的原研药，市场需求大，也就意味着一旦上市，给企业带来的利润空间会比较大。相反，如果是小众原研药，带来的利润空间就很有限，因为整体的受众群体比较小。当然，一般企业也不会投入大量的人力、物力和财力去研究这种小众的药物。

对于原研药来说，投资者需要关注的焦点是原研药治疗的疾病是否属于高发疾病，市场是否拥有同类原研药，原研药的研制进度怎么样，药物研制处于什么阶段，是否已经到了临床试验期。相比仿制药来说，原研药的研发成本比较高昂，所以很少有企业能够做到这块，国内目前做得比较好的企业主要就是恒瑞医药。

6.3 生物制药

生物制药在很大程度上与化学制药的原研药是相同的。不同的是，化研药用的是化学合成的方法，而生物制药则是利用生物本身的组织和器官进行研制。原始合成物质可能会有所不同，但是大多数生物制药基本上都是走原研药的路线，所以，生物制药也免不了有一个药品研发的生命周期。

国内生物制药现在处于百花齐放的状态，有血液方面、免疫球蛋白方面、疫苗方面，还有靶向治疗方面。从国内实际情况来看，有一些生物制药公司已经独具规模，这种企业相比中药和仿制药企业来说，其想象空间和成长性都是巨大的。这是因为随着医学的发展，生物医药在治疗一些重大疑难疾病方面具有不可比拟的优势。

生物制药已经开始崛起，在投资上可以从宏观上把握以下几点。

（1）规模效应。

如果企业已经具有一定的规模效应，说明在成本控制方面做得比较好，市场需求存在的前提下，企业具有规模效应，未来的业绩就非常值得期待。一般来说，生物制药公司如果具有一定的规模，不仅说明供给端有保证，同时暗示这种产品已经获得了市场的认可。比如疫苗企业，虽然长生生物事件让市场对疫苗行业充满了不确定性，但是国产疫苗已经初具规模。而作为不可或缺的一种“药物”，疫苗就是一个兼具成长性与盈利性的制药细分子行业。

（2）市场占有率。

产品一旦具有了一定的规模，产能没有问题，接下来就是抢占市场了。毫无疑问，谁的市场占有率高，谁就占据了天然优势。对于生物制药来说，国内厂家几乎都是在同一起跑线上，所以，那些已经拥有市场稳定占有率的生物制药企业，就非常值得投资者关注。比如在血液制品方面，上海莱士和华兰生物几乎占据了血液制品整个市场的所有份额。这时候的市场占有率，不仅仅只是占据市场份额的大小，还意味着他们用产品修筑了自己的护城河。血液制品关系到成千上万人的人身健康，国家的采血站基本上都是行政审批，这种批文对于未进入这个领域的企业来说，可能就是一道不可逾越的天堑。可以说，只要两家公司的产品不出问题，从中长期来看，两家公司会继续占据血液制品行业的大量市场份额，这样股票就有了足够的市场预期和炒作空间，只要“东风”到了，股价涨起来是自然而然的事。

（3）市场刚需情况。

当然，最后还是要落脚到市场的刚需上。再好的产品，没有市场需求，就算不上好产品。市场需求大小是检验产品最好的试金石。生物制药之所以获得市场的青睐，主要是因为其生产的药物理论上来说副作用小，效果比其他药物更好。但是大家也要清晰地认识到，目前国内虽然有企业涉及如靶向治疗、干细胞等方面的研究，但是大多数都处在研究阶段，甚至连临床试验都达不到，所以，市场虽然有刚需，却没有产品。短期来说，市场可能会受到消息的影响而出现股价波动，但是没有产品支撑，最后股价还会回到初始点。比如2010年跨界做乙肝疫苗的重庆啤酒，2011年11月24日公告其研究没有统计学意义，宣告乙肝疫苗研发失败，几年的投入打了水漂，其股价怎么涨起来的，又怎么跌回去了。

目前来说，对于生物制药领域，投资者既要保持积极的心态，同时也要关注其产品研发的进度以及产品的治疗领域。选择那些大概率会上市，并且治疗领域属于刚需药品的企业，这样大概率会有不错的结果。目前就国内的企业来说，血液制品、基因检测和疫苗是最值得关注和投资的领域，其他领域风险略大。

根据不同赛道的特点，在传统分析的基础上，重点关注属于这些赛道的独特焦点，或许能够帮投资者甄选到一些有价值、值得长线持有的医药股标的。当然，长生生物事件犹如一把达摩克里斯之剑，告诫投资者，在医药行业，其他条件相差不大的情况下，优先选择企业实控人是国资委或者地方国资委的，因为国有控股企业在生产安全方面更具有优势。

产品线	企业
血液制品	华兰生物、上海莱士、天坛生物
重组蛋白药物、多肽药物	海王英特龙、四环生物、长春高新、双鹭药业、安科生物、翰宇药业、舒泰神、通化东宝
抗体药物	中信国健、百泰生物、华神集团
疫苗	海王英特龙、华兰生物、智飞生物、沃森生物、天坛生物、辽宁成大
诊断试剂	科华生物、达安基因、迪安诊断
干细胞生物工程	ST中源
兽用生物制品	天康生物、瑞普生物、大华农、中牧股份、金宇集团、升华拜克

图2-6-4 生物制药领域重点企业

7 未来十年值得买入并长期持有的行业

如果2019年有人问笔者，未来十年最看好的行业是什么，笔者的回答非常简单：喝酒吃药。但是，作为散户你问笔者买什么，笔者会回答：酿酒行业（白酒）。为什么呢？道理非常简单：信息不对称。酿酒行业主要是指白酒板块，与其他行业不同，它最适合散户介入，因为它是最简单的行业，商业模式非常简单，不像其他行业的商业逻辑那么复杂。更重要的是，白酒行业最大的利空已经出尽了，所以，在市场信息极度不对称的情况下，白酒板块无疑是最适合散户投资的。相比白酒板块，医药板块就复杂多了，即使是专业的医药行业研究员，也不敢说自己完全掌握医药股的商业逻辑甚至一家药厂的情况。医药行业的复杂性，对投资者的要求非常高，基于此，笔者以为，散户最值得投资的领域是白酒行业。

问题是，白酒板块的股价这么高了，还能继续买入吗？不可否认，经过2018年到2019年的上涨，白酒板块的价格确实出现了大幅上涨。那还可以追吗？如果你问笔者，笔者会说，可以追。道理非常简单：合理的估值，合理的股价，合理的业绩增长。大多数投资者诟病白酒板块，无疑是有两个担心，一方面是“感觉”年轻人不喝酒，另外一方面则是担心白酒行业未来的增速。但这完全是杞人忧天。

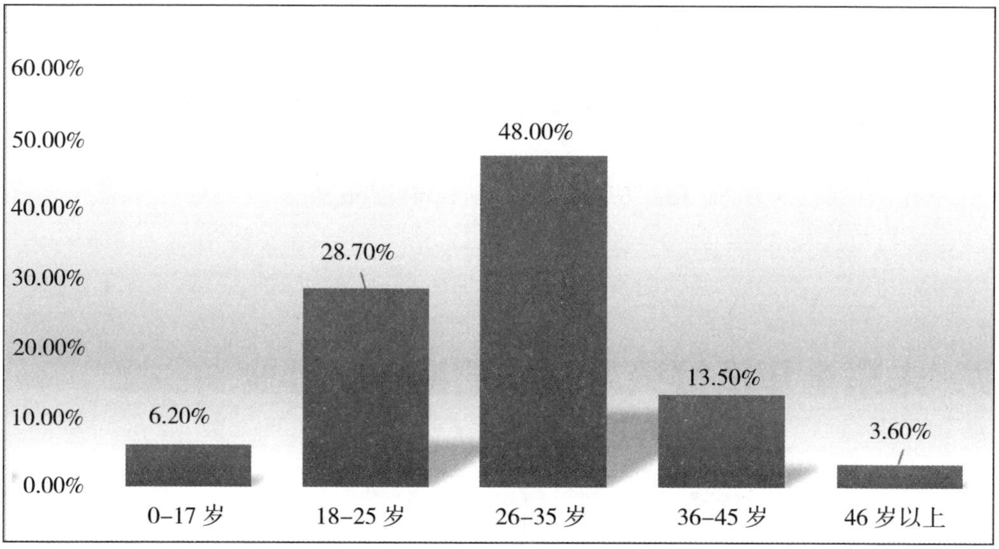

图2-7-1　白酒消费人群年龄构成

很多人可能会觉得白酒行业的高速发展期已经过去了，其实并非如此。白酒行业最大的利空，是2011年国家对“三公”消费的控制，直接导致白酒行业迎来了两年的深度调整。但是从另外一个角度来说，这也是白酒行业最大的利好。因为消费升级后，白酒行业迎来了全民喝“好”酒的时代。最近几年，白酒行业出现迸发式的高速增长。当然，很多人会觉得现在的年轻人都不喝白酒了，事实果真如此吗？数据告诉我们，并不是这样。根据互联网平台浏览到的白酒消费信息（如图2-7-1所示），大家可以发现，18岁到45岁是白酒的消费主体，占据所有消费人群90%以上的份额。而18岁到25岁的年轻人，也就是大家说的90后、00后，占比接近30%，你还敢说年轻人不喝白酒吗？

白酒在我国不仅是一种烈性饮料，更是一种文化传承。中国五千多年的酒文化，是融在骨子里的血脉。从图2-7-2可以看出，学历越高，白酒的消费量越大，而且整体偏向中高端白酒。这就好比抽烟，香烟上每每提醒“吸烟有害健康”，但这并没有影响烟民的消费。同样的道理，人人都知道过量饮酒有害健康，但是我国每年消耗的中高端白酒的数量都在创新高。

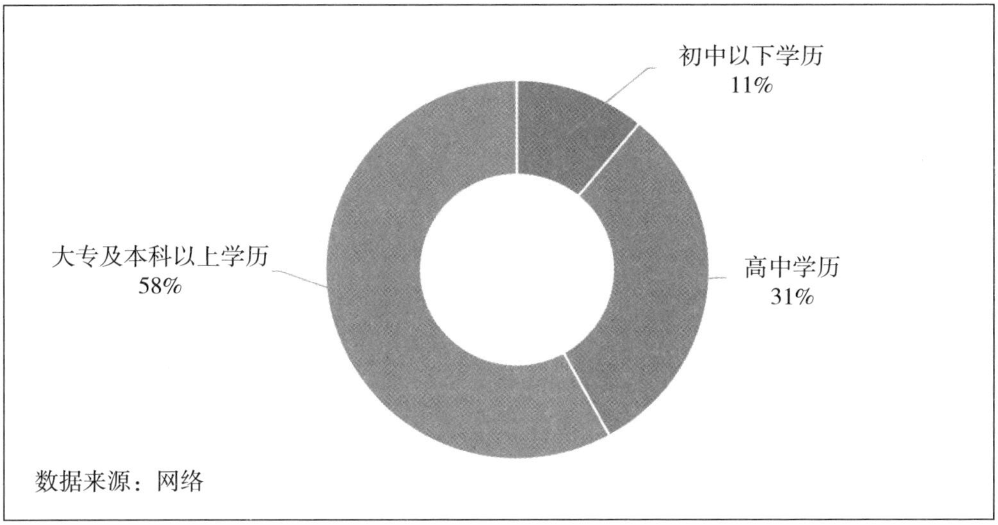

图2-7-2　白酒消费人群学历构成

数据调查显示，年轻人才是白酒消费的主力军，高端白酒才是年轻人消费的主战场。大众感觉身边的年轻人不喝酒了，是因为年轻人不再喝老一辈在超市买的十几块钱的白酒了，而是追求口感和品牌的高端酒，这也折射出中国白酒文化的变革。从喝酒消愁，发展到现在喝酒纯粹是一种消遣，一种享受，消费者不再追求饮酒数量，而是更追求品质。所以，未来白酒行业就是高端白酒的市场，中低端白酒会随着时代的变迁而退出历史舞台，而口感更好、价格适中的中高端名酒，将会成为市场主流。

白酒行业虽然不能一直保持飞一般的业绩增长，但是在一个较高的水平维持稳定的增长，是大概率事件。这意味着白酒行业会面临重新洗牌，而这种洗牌来源于市场的需求。国内白酒主流的香型有三种，即酱香型、浓香型和清香型。根据行业统计数据，酱香型白酒市场占有率最低，大概是15%左右，而浓香型和清香型白酒占据了大部分市场份额。这是有历史原因的，在我国白酒发展历史上，以前是山系白酒（清香型）的天下，但是因为塑化剂事件，导致山系白酒出现了没落，并直接促成了川贵两系白酒的崛起。在市场份额方面，川系白酒（浓香型）占据最大的市场份额，主要原因大家都知道，川系名酒多，头部白酒五粮液、泸州老窖，此外还有郎酒、沱牌舍得、水井坊等。相比川系白酒来说，贵系白酒（酱香型）就是贵州茅台一家独大。但是，为什么市场占有率低的酱香型茅台酒，却成了市值最大的白酒企业呢？主要是源于当年周恩来总理指定茅台酒作为招待外宾的专用酒，虽然没有说茅台是国酒，甚至贵州茅台几次向商标局申请国酒的商标专利，最后都被商标局驳回，目的是不想引起白酒行业不合理的竞争，但是这并不影响茅台酒在百姓心中国酒的定位。

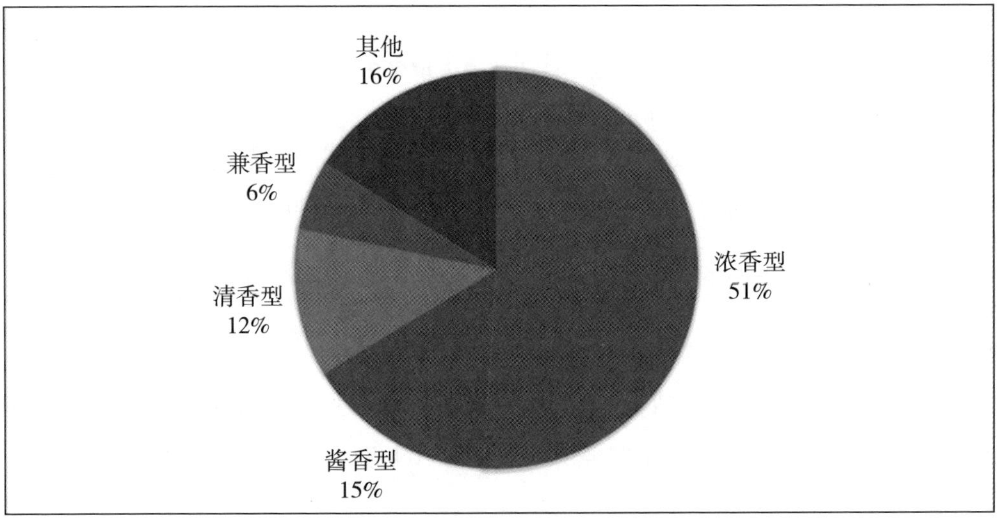

图2-7-3　白酒行业细分产品市场份额

另外，收藏市场也在炒作茅台，使得茅台酒不单单是白酒，还具有了一定的金融属性。加之茅台的营销策略，让五星茅台和飞天茅台的牌子深入人心。这是茅台的优势，但是未来可能会成为一种劣势。因为经销商捂着当年的贵州茅台不卖，等到来年炒高价格，导致茅台现在一瓶难求。“喝茅台的人不买，买茅台的人不喝”，这种情况势必造成茅台的开瓶率不高。也就是说，酒在市场上流通，但是因为不消耗掉，最后势必会影响茅台的销量。但是969元的出厂价和3000元的终端市场价格，也显示出茅台企业巨大的利润空间。如果量价齐升，那么贵州茅台的增长率完全不输一些高成长股的业绩增速。从长远来看，贵州茅台仍旧值得上车。

当然，相比之下，笔者更看好清香型龙头山西汾酒和浓香型龙头五粮液。清香型白酒的崛起是必然的，塑化剂事件的影响已经渐行渐远了，作为中国第一古酒和名酒，王者归来是大概率事件。稍微了解白酒的人就知道，中国四大名酒（山西汾酒、贵州茅台、泸州老窖、西凤酒）之首就是山西汾酒，也是中国白酒里第一家获得巴拿马白酒大赛金奖的品牌。所以，当利空出尽，自然强势归来。拥有良好群众基础（北方爱酒的汉子主要喜爱此香型）的山西汾酒，2019年的成绩不负所望。2019年前三季度，山西汾酒实现营业收入约为91.27亿元，与上年同期的72.59亿元相比，增幅在26%左右；归属于上市公司股东的净利润接近16.96亿元，相较2018年前三季度的12.72亿元，增幅在33%以上。山西汾酒目前的价格带布局很合理，高端的有青花30年复兴版、青花40年、青花50年，中端的有青花20年，500元以下价格带则有年份玻酒，100元以下是黄盖汾酒、红盖汾酒，更低端的市场则有杏花村系列，保健酒方面也有知名度较高的竹叶青。合理的布局，有利于汾酒的业绩持续稳健地爆发。

其次是浓香型龙头五粮液。五粮液和山西汾酒是2019年白酒销售业绩最好的，主要原因就是主打产品普五价格的提高和管理层营销策略的转变。以前五粮液大概有76个白酒品牌和贴牌系列，有人说，一年喝一种五粮液，需要一辈子才能喝完五粮液所有品种的酒。这种营销策略，大大折损了五粮液的品牌价值和收藏价值。笔者认为这是五粮液最不如茅台的地方，没有突出其拳头产品普五的战略地位。五粮液新一代管理层重新提出价值回归，实行“1+3”产品策略，突出普五这个大单品。普五更新换代，变相促进了价格的提高。根据官方价格，七代普五收藏版已经达到1699元的高价，而八代普五的出厂价定在了1399元。从目前市场的销售情况来看，大众的接受程度比较高。五粮液优于茅台的一点就是开瓶率比较高，这就意味着买五粮液的人会消耗掉，这样就不用担心市场存量过大，影响销售。所以，营销策略的改变，加之浓香型受众之大，无疑会大大提高五粮液的经营业绩。

白酒只要不出现质量上的幺蛾子，国内经济不出现系统性风险，人们的生活水平越来越好，酱香型茅台、浓香型五粮液和清香型山西汾酒都具有可持续发展性，从价值投资的角度来说，可以买入并长期持有。

8 六大要点选出强势“消费股”

在A股市场，消费股一直是长牛股的聚集地，贵州茅台、伊利股份、海天味业等消费股已经成为穿越牛熊的典范。从这些牛股的上涨逻辑中，可以寻找到以下六个共同点，作为投资消费股时需要权衡的要点。

8.1 价格弹性系数小

在投资时，要选择那些价格需求弹性小的品种，这意味着是刚需品，经济环境的改变对其销量情况的影响不大。只要产品本身不出问题，作为生活必需品，其需求端不会有任何问题。这种企业就算是在市场不好的情况下，销售量可能会减少，但是因为其具有不可或缺性，业绩也能保持盈利，所以，这类消费品具有不可比拟的优势。那么，哪些是必需品呢？柴米油盐酱醋茶这些必需品，无论是经济条件好还是经济条件不好，消费者的消费都一直保持稳定。所以，价格需求的弹性越小，其盈利空间就越大。

8.2 业绩持续稳定增长

业绩持续稳定增长，是股价持续走高的必要条件。因为业绩增加，会摊薄股价上涨带来的估值提高，这样才能给股价提供持续上涨的空间。这种情况在白酒板块特别明显，虽然贵州茅台、五粮液的股价一再创出历史新高，但是相比其他很多股票，它们仍旧是“便宜的”。很多人觉得它们的股价太高了，不可否认，以五粮液和贵州茅台的价格来说，确实有点高，但是从价值来说，它们的估值很合理。贵州茅台的动态PE只有30倍，五粮液只有17倍。从2019年1月1到2019年6月30日，五粮液从50元上涨到最高130元，涨幅高达160%。但是五粮液的动态估值一直维持在40倍以下。其实在一季度报之前，五粮液的估值是30多倍PE，一季度报其业绩增长，导致动态PE重新回到20倍以内。所以，只有业绩持续稳定增长，估值处于合理区间，股价才有持续上涨的空间。在选择消费股时，投资者要选择那些具有较强持续盈利能力的标的。

8.3 行业进入门槛高

门槛是行业非常重要的护城河之一。越高的门槛，往往意味着这个行业的垄断性越强，也暗示其超额利润越高。对于企业来说，声望是门槛，生产技术也是门槛，知识产权更是门槛。在投资时，要选择那些新进企业门槛多且高的行业。以贵州茅台为例，其有天然的门槛。首先是生产正宗的茅台酒，必须要用贵州生产的高粱和赤水河的河水，加上独特的环境所提供的特殊细菌，才能最终生产出正宗的茅台酒。离开了贵州这个地方，就难以生产出正宗的茅台酒，口感会有明显的差别。

茅台这些年并购了很多酒厂，有习酒厂、保健酒厂、黄河大曲酒厂，更多的是技术开发的酒厂。贵州茅台旗下的技术开发集团有限公司出产的茅台酒，就是超市那种包装精美、价格在200元～500元不等的礼盒。这种酒厂生产的白酒，品质和真正的贵州茅台股份有限公司出品的飞天五星，差别不是一点半点，其中一个重要的原因就是产地不同。对于白酒来说，贵州的茅台、宜宾的五粮液、山西的汾酒，这不仅仅是一种称呼，更是暗示了只有这些地方出产的酒才是最正宗的。离开了贵州的"茅台酒"，无论什么技艺，都造不出大家认可的茅台酒。贵州的水、贵州的粮、贵州的土地、茅台独特的酿制手法，造就了茅台酒的独一无二，这就是茅台最大的壁垒。在选择消费股时，这种有行业强壁垒的企业，意味着其盈利能力比较强，是值得投资的。

8.4 产品具有较强的下游议价能力

有些行业虽然内部竞争比较激烈，但是却拥有比较强的下游客户议价能力。这些消费行业虽然没有达到垄断的程度，但是因为市场需求比较大，企业对产品有一定的议价空间，比如牛奶行业。不同于白酒行业，牛奶的生产壁垒没有那么严重。

国内牛奶市场的需求近些年一直是增长的，观研网数据显示，国内鲜奶的市场规模到2024年将会达到472亿元，这意味着国内奶制品市场目前还处于不饱和状态，市场需求仍旧是存在的。目前国内奶制品市场的竞争还是比较激烈的，整体来说，伊利、蒙牛、光明这三家拥有的市场份额最多，也拥有足够的议价能力。牛奶价格最近几年都是在缓慢增加的，而且随着产品的改变，牛奶提价也是大概率事件。

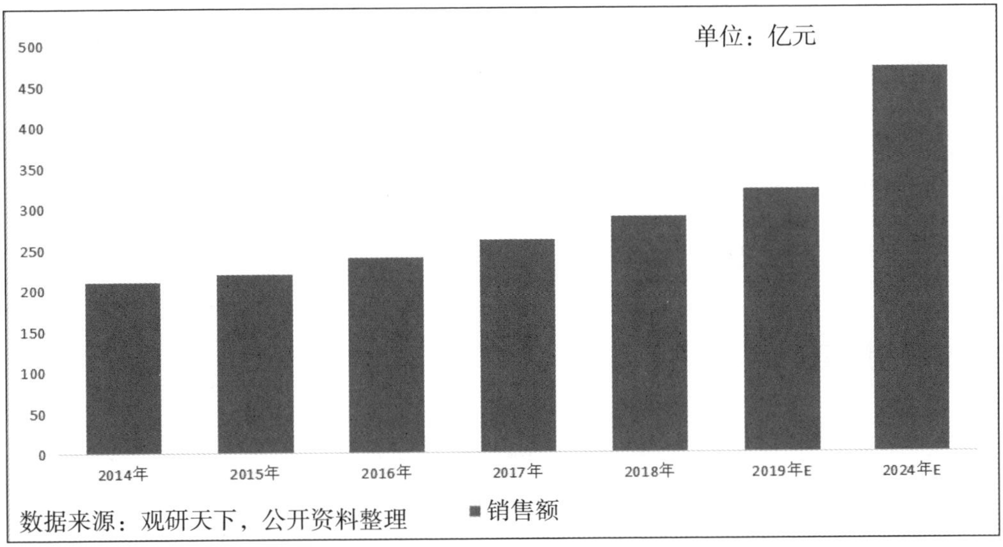

图2-8-1　2014-2024年中国鲜奶销售额及预测

目前的几大主流消费品，如白酒、酱油、醋、牛奶等，头部企业都拥有议价能力，这种议价能力会大大提高消费品的竞争力。择股时要考虑企业的议价能力，毕竟这种议价能力往往代表的是行业的成长空间。

8.5　远离二三线，只做头部

很多投资者在选股时总是会有这种考虑，既然最大的龙头已经涨起来了，其他的应该也会跟涨。理论上确是如此，尤其是牛市行情，这种现象特别明显。但是实战中，很多行业都是只涨龙头，龙头节节登高，次龙头却不见什么涨幅。这是为什么？

首先，强者恒强，赚钱效应会比较明显，而赚钱效应会吸引更多的资金进入，这种正向循环会使龙头股的股价接连创出新高。

其次，市场资金有限。所有人都是希望赚钱的，大家都不愿亏钱。在资金有限的情况下，一旦一个领域的龙头崛起，势必会引起羊群效应，散户追涨的热情会进一步推动股价走高。

要注意的是，这里强调的龙头是细分行业的龙头。比如，酱油行业的龙头是海天酱油，醋业的龙头是恒顺醋业。白酒领域要特别注意，从大方向来说，龙头是贵州茅台，但是细分龙头来说，贵州茅台只是酱香型白酒的龙头，而浓香型白酒的龙头是五粮液，清香型白酒的龙头则是山西汾酒。投资时要选对龙头，这是非常关键的。

8.6 估值相对合理

即使是价值投资，股价也不可能一直上涨，企业的盈利也不可能一直都是上涨的，所以一旦估值过高了，股价就会自然而然地回调。另外，经过一个业绩增高阶段，估值到了一定程度后，必然会面临一个大阶段的回调。举个例子来说，贵州茅台在价格涨到800元高价时，就回调到了500元，这波回调跌幅接近30%。

投资者要做的是追求合理的估值。再好的消费股，一旦估值过多偏离合理的估值，必然会面临调整，而且是深幅度的调整。如果估值超出合理的区间，那么这种消费股短期就不要再介入，以防止高位接盘。如何评价合理的估值区间？可以研究最近三年标的的估值水平。

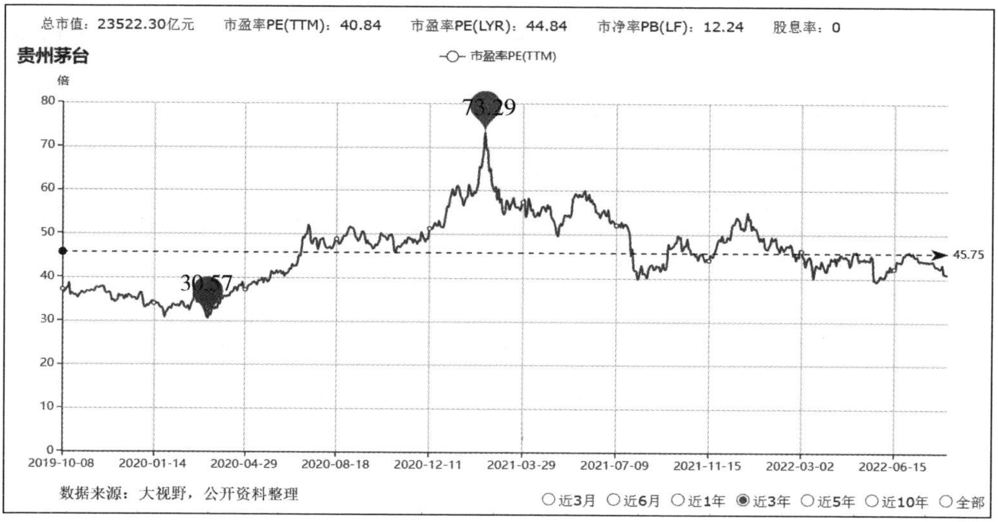

图2-8-2　贵州茅台最近3年PE（TTM）走势图

以上几点是笔者在选择消费股时重点权衡的几点。如果大家觉得比较麻烦，那么简单点，就一句话，只买最强的，不买第二。这种方法看似简单，其实有非常强的选股逻辑。在大多数情况下，第一已经代表了很多，行业、财物、估值、产品、经营、商业模式等，所以，最简单、最直接并且最有效的方法，就是选择行业龙头股！

9　四大指标评估保险股

作为金融四大支柱之一的保险行业，在国内投资市场可能没有券商和银行那么有名气，究其原因，是国内散户对保险公司的认知非常有限。大家接触保险公司，往往都是通过保险公司的销售员才知道，而销售员的焦点多数并不关注公司本身，而是关注自己销售的保险产品。这种情况下，大家不仅没有充分了解保险公司的情况，相反会因为买的保险产品不合适而对保险公司深恶痛绝。也正是如此，相比银行业和证券业来说，保险行业就显得落寞了。但是不可否认，相比银行业和证券业，保险行业的投资价值可能更大，因为保险行业作为社会保障的重要一道防线，有着天然的护城河。在2007年次贷危机期间，友邦保险和雷曼兄弟同时面临破产，但是美国政府没有拯救全球知名的投资银行雷曼兄弟，反而拯救的是友邦保险。所以，在同等情况下，保险公司的护城河强于其他公司。

那么，投资者如何评价一家保险公司的好坏，又如何从众多的保险公司中选出最值得投资的保险公司？这需要结合保险公司的特点，除了通过一般的分析方法了解企业的财务状况之外，更需要往前一步，去了解决定保险公司经营业绩的几个关键因素。根据监管机构对保险公司的监督角度，有四个维度非常值得投资者关注，这四个维度可以让大家选出业绩稳定又兼具成长性的保险股。

9.1 服务评级

保险公司的服务评级是非常值得关注的一点，也是投资者第一个要关注的重点指标。之所以重要，是因为这个服务评级是监管机构根据保险公司的方方面面进行分类的。根据《保险公司服务评价管理办法（试行）》，监管机构给予保险公司的评级，是根据其销售、承保、保全、理赔、咨询、回访、投诉等所有服务环节和渠道进行评价的。所以说，不要小看这个服务评级，它能帮助投资者排除很多中小型或者是初创期的保险公司，这些公司可能有机会逆袭，但是出现问题的概率也更大。

目前来说，国内销售保险产品的保险公司有70多家，如何从这些保险公司中筛选出值得投资的保险股？通过服务评级进行“减法”操作非常有必要。根据法律的相关规定，保险公司的评级分为4大类10个级别。从投资的角度来说，可以直接排除B、C、D这三个分类，只保留A类。A分类中又分为AAA、AA、A三个级别，在必要的时候，可以只看AAA类。当然，如果所有保险公司的最高评级是A，那就只看A类。通过服务评级，可以构筑第一个股票池。

第五章　服务评级

第十六条　根据得分高低，保险公司总公司服务评级分为A、B、C、D四大类，具体包括AAA、AA、A、BBB、BB、B、CCC、CC、C、D共10级。

（一）A类是指总体服务质量优秀的公司。其中95分（含）以上为AAA，90分（含）-95分为AA，85分（含）-90分为A。

（二）B类是指总体服务质量较好的公司。其中80分（含）-85分为BBB，75分（含）-80分为BB，70分（含）-75分为B。

（三）C类是指总体服务质量较差的公司。其中65分（含）-70分为CCC，60分（含）-65分为CC，55分（含）-60分为C。

（四）D类是指总体服务质量差的公司。55分以下为D。

第十七条　对保险公司分公司的服务评价只评分，不评级。

图2-9-1　保险公司的服务评级

9.2 偿付能力高低

确定服务评级之后，留下来的保险公司基本上都是保险行业的翘楚了。如何强中选强？这时候需要使用第二个监管指标——偿付能力。这是一个很特殊的指标，很大程度上来说，直接决定了业务相对成熟的保险公司的好坏情况。可以说，投资保险股，必须要知道的一个指标就是偿付能力。那么，什么是保险公司的偿付能力呢？根据银保监会的规定，保险公司的偿付能力应该满足两个条件。

（1）核心资本充足率≥50%；

（2）综合偿付能力充足率≥100%。

单纯以这样一个数字作为标准，大家可能没有什么概念。实际中存在这样一个事实：如果保险公司的综合偿付能力充足率不足100%，那这家公司就危险了，就会上银保监会的黑名单，银保监会会一直盯着你，直到充足率重新站上100%。一家保险公司天天被监管机构盯着，你觉得能是好事吗？说明这家企业随时都有危险。前面说过，保险是社会福利救济的一道重要防线，为了不出问题，银保监会肯定会严格监管，这时候被盯上，只能说明一个问题，这家公司处于悬崖边上。所以，在判断一家保险公司的好坏时，一定要看偿付能力充足率。为了更加稳妥，建议大家在选择保险股时，选择偿付能力充足率在200%以上的。

很多人可能不知道如何计算偿付能力充足率，这个计算难度确实有点大。但是因为银保监会会对这个数据进行监管，所以保险公司在其年报中都会写清楚自己的偿付能力充足率。

一般来说，上市公司的偿付能力越高，保险公司越好。但是，并不是说偿付能力越高，保险公司就一定好，比如初创型或者小型保险公司，偿付能力可能也很高，这就需要用服务评级筛选一遍，选择同时符合这两个标准的公司。

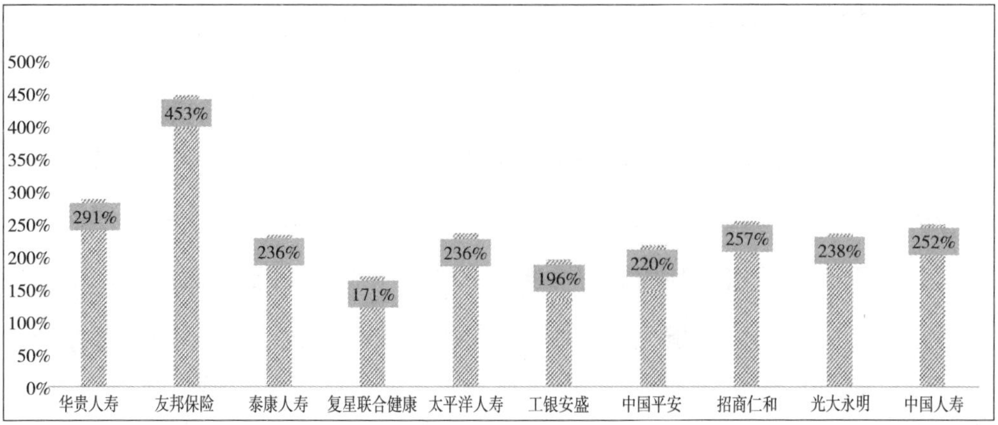

图2-9-2　实力最强的10家保险公司的偿付能力情况

9.3　保险公司的投诉情况

对于保险公司来说，投诉情况会直接影响保险公司的业绩。一方面，投诉率高，会大大影响潜在客户对公司的印象，最终影响公司产品的销售，进而降低公司的营业收入。如果投诉率一直居高不下，远远高于同行，那么，保险公司获得新客的能力就会大大下降，新增保费收入就会受到影响。另外一方面，如果投诉率过高，说明客户退保的人数比较多，会影响原保费收入情况。所以，稳定的投诉率对一家保险公司的业绩增长非常重要。

一般来说，保险公司的投诉情况可以通过三个指标来测度，分别是亿元保费的投诉量、万张保单的投诉量和万人次投诉量。如何使用这些指标来筛选投资标的？记住，在服务评级和偿付能力的基础上，用投诉情况对已选择的股票池进行排除。在既有的股票池中，把投诉率比较高的企业排除，稳妥起见，把投诉率三个维度中的保险公司剔除，即可获得相应的标的股票池。

三个维度投诉率最高的10家保险公司								
公司名称	亿元保费投诉量	排名	公司名称	万张保单投诉量	排名	公司名称	万人次投诉量	排名
华汇人寿	35.63	1	信美相互	1.82	1	汇丰人寿	1.03	1
安邦人寿	21.27	2	新光海航	1.16	2	华汇人寿	0.74	2
和谐健康	18.81	3	汇丰人寿	1.11	3	新光海航	0.35	3
新光海航	9.89	4	华汇人寿	1.01	4	信泰人寿	0.19	4
人民健康	5.88	5	中德安联	0.7	5	复兴保德人寿	0.19	5
中美联康	3.83	6	爱心人寿	0.63	6	富德生命	0.18	6
君德人寿	3.21	7	长生人寿	0.47	7	天安人寿	0.17	7
复兴联合	2.83	8	陆家嘴国泰	0.41	8	中德安联	0.17	8
瑞泰人寿	2.82	9	百年人寿	0.39	9	招商信诺	0.15	9
信美相互	2.77	10	工银安盛	0.37	10	合众人寿	0.14	10
三个维度投诉率比较低的10家保险公司								
公司名称	亿元保费投诉量	排名	公司名称	万张保单投诉量	排名	公司名称	万人次投诉量	排名
君康人寿	0.03	1	和康人寿	0.01	1	平安养老	0	1
中融人寿	0.05	2	中荷人寿	0.01	2	泰康人寿	0	2
宏康人寿	0.08	3	宏康人寿	0.03	3	东吴人寿	0	3
交银康联	0.09	4	平安健康	0.03	4	中国人寿	0.01	4
招商仁和	0.1	5	太平养老	0.04	5	信美相互	0.01	5
前海人寿	0.1	6	君康人寿	0.04	6	瑞泰人寿	0.01	6
中荷人寿	0.11	7	中国人寿	0.04	7	太平养老	0.01	7
上海人寿	0.13	8	上海人寿	0.05	8	和康人寿	0.01	8
复兴保德人寿	0.15	9	吉祥人寿	0.05	9	利安人寿	0.01	9
恒大人寿	0.16	10	太平人寿	0.05	10	珠江人寿	0.01	10

图2-9-3　三个维度投诉率排名

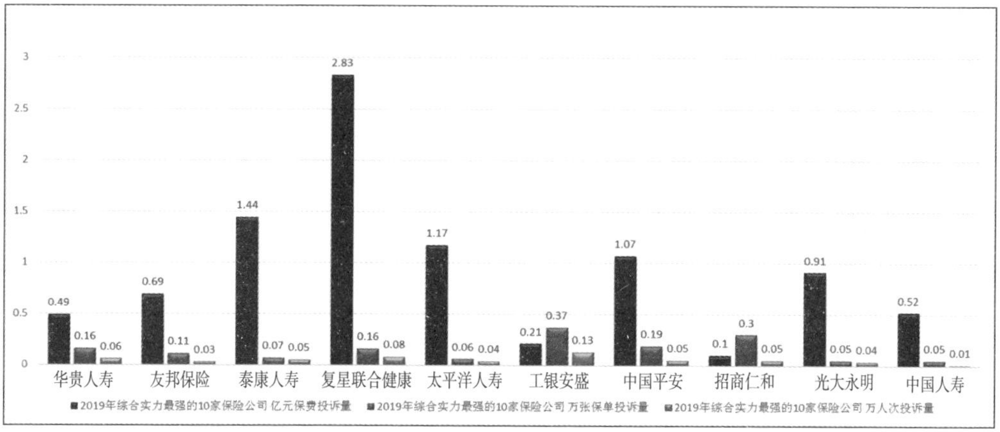

图2-9-4　综合实力最强的保险公司的投诉情况对比分析图

9.4　原保费收入情况

与投诉情况一样，原保费收入情况也是在偿付能力充足率较高的情况下，对已经选择的保险股股票池进行排除的一个重要标准。如何测量原保费收入情况？如果单纯地通过数字衡量，大家可能没有什么概念，为了更好地量化，可以用退保率来衡量。

退保率=当期退保金/（上年末长期险责任准备金+本年长期险保费收入）×100%

上市公司的年报中也会有这个数据，所以可以直接通过上市公司的年报获取这个数据。退保率高低直接影响保险公司的原保费收入，如果退保率高，意味着保险公司的产品有问题，那么原保费的收入也会打折扣。这不仅会使保险公司的现金流出现缺口，更重要的是，其偿付能力充足率也会受到严重的挤压。所以，保险公司都会尽自己最大的努力，降低或者维持相对稳定的退保率，从而确保自己的原保费收入稳定。毕竟，在新增保费收入相对稳定的情况下，如果原保费收入出现较大波动，对于保险公司的业绩来说影响非常大。所以，投资者在选股时，必须关注退保率的相对大小和稳定情况。

在其他数据相对稳定的情况下，退保率增高，会大大影响偿付能力。因此，在选择的股票池中，可以把退保率比较高的股票剔除，这样就可以得到一个新的股票池。表2-9-1为服务评级都是A类，综合偿付能力充足率大于200%，投诉率相对比较低的7家保险公司。

总结来说，如何选择真正的业绩优良兼备成长性的保险股？先通过服务评级，只保留服务评级是A类的。如果A类的超过10家，可以选择只保留AA类或者AAA类的。然后研究备选股池中保险公司的偿付充足率，从大到小排序。最后用投诉率和退保率作为两个特别的要素，对已经选出来的股票池进

表2-9-1　综合实力最强的7家保险公司的情况

保险公司	主要股东	偿付能力	风险综合评级	亿元保费投诉量	万张保单投诉量	万人次投诉量
友邦保险	友邦控股	453%	A	0.69	0.11	0.03
泰康人寿	泰康保险集团	236%	A	1.14	0.07	0.05
太平洋人寿	太平洋保险	236%	A	1.37	0.06	0.04
中国平安	香港中央结算	220%	A	1.67	0.19	0.05
招商仁和	招商局集团	257%	A	0.1	0.3	0.05
光大永明	光大集团、加拿大永明人寿	238%	A	0.91	0.05	0.04
中国人寿	国务院、证监会、香港中央结算	252%	A	0.52	0.05	0.01

行最后的排除。如此操作选出来的保险股，可以说无论是在业绩收入还是服务等级等综合方面，都具备“好”保险公司的潜质，是值得投资的保险股。

10　巧借票房效应抓住影视传媒股的波段行情

古语云：活到老，学到老。在投资市场更要如此。这种学习不仅是接触新的知识，更重要的是能够在学习成长的过程中，对于不同的股票可以找到不同的投资策略。有时候，亏损一方面是因为选股选错了，另外一方面则是因为使用的方法错了。比如，二十多年前买入贵州茅台并长期持有，现在肯定乐开花，但是如果买入的是中国石油并长期持有，现在估计郁闷得要吐血。所以，在A股复杂多变的市场形态下，合适的炒股策略，对于最后能否在市场中盈利是非常重要的。

A股有一个独特的板块，就是影视传媒板块。之所以说它特殊，一个重要的原因就是从资产结构来说，这些企业往往都是轻资产企业。一般来说，轻资产企业的风险会远高于重资产企业，尤其是大环境不好的情况下，轻资产企业更容易面临破产风险。所以，长线操作传媒股，个人觉得并不是什么好的投资策略。但是影视传媒股存在的“票房效应”非常明显，所以投资者可以充分利用“票房效应”来操作影视传媒股，获取波段收益。

所谓的“票房效应”是什么呢？下面来看这样几组数据：2017年7月27日，《战狼2》公开上映，在天时地利人和的条件下，该片冲击了56亿元票房，成为当时中国电影票房的冠军。《战狼2》热映，不仅给吴京带来了丰厚的回报，也给资本市场带来了丰厚的回报。最明显的就是投资出品方北京文化，其股价在不到一个月的时间内上涨幅度达57.6%，振幅更是达到了近70%。也就是说，如果在电影上映前买入该股（可以大大降低你的持仓时间

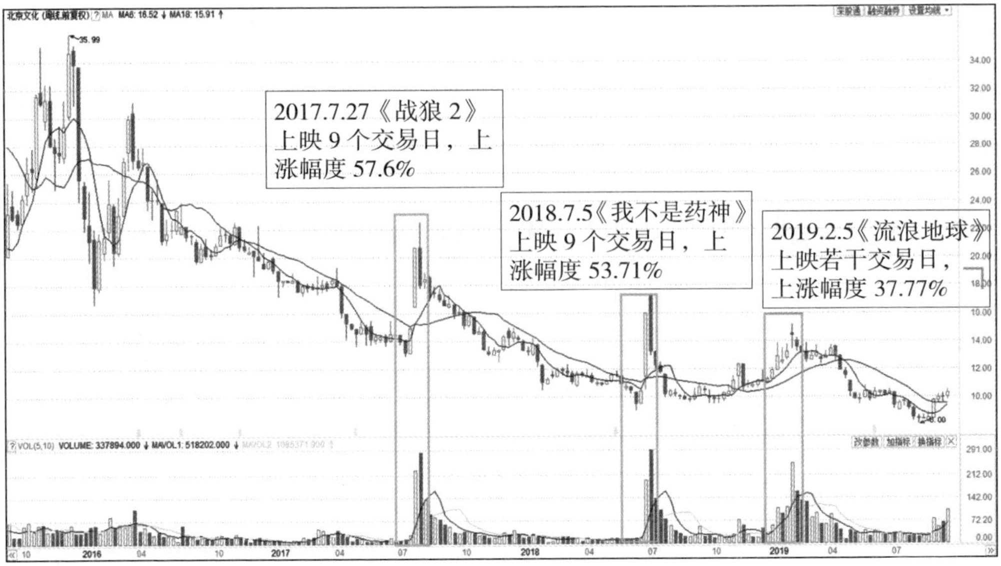

图2-10-1 北京文化K线走势图

成本），那么不到1个月的时间，你的收益率将达到50%左右。无独有偶，2018年7月，《我不是药神》票房大爆，达到34亿元，成为2018年暑假票房最高的影视作品，也成为当时中国电影历史上的第三高票房。其投资出品方仍旧是北京文化，其再现“票房效应”，股价在不到一个月的时间内上涨超过50%，区间涨幅高达53.71%。故事还没有结束，奇迹仍在续写。在2019年的春节档，没错，出品方同样又是北京文化，其投资发行的《流浪地球》票房再度大爆，46亿元的票房成为当时中国国产电影的第二高票房。虽然受春节假期的影响，股价上涨幅度不及之前两次，但是短期内仍有30%以上的涨幅，远超同期的其他股票。

如果说北京文化出现的“票房效应”，在规律层面来说略显单薄了点，那么，在2019年暑假档，另外一家影视传媒公司光线传媒，则是用另外一部电影佐证了“票房效应”在影视传媒行业的发展规律。2019年7月26日，光线传媒上映了一部动漫电影《哪吒之魔童降世》，成为2019年暑假档票房冠军。该片以迅雷不及掩耳之势，票房直接拉超50亿元，超过《流浪地球》，成为当时华语电影的第二高票房。虽然光线传媒不是直接出品方，只是一个间接出品方，但是完全不影响票房效应带来的股价波动。受益于《哪吒之魔童降世》票房大爆，光线传媒在二级市场的股价大幅上涨。在同期A股大幅回调的时候，光线传媒的股价不到一个月的时间上涨超过40%，再度验证了影视传媒股的确存在所谓的“票房效应”。当然，对于电视剧来说，同样存在“收视率效应”，如之前的热播电视剧《花千骨》《琅琊榜》等。只是目前来说，电影的票房效应更加明显。

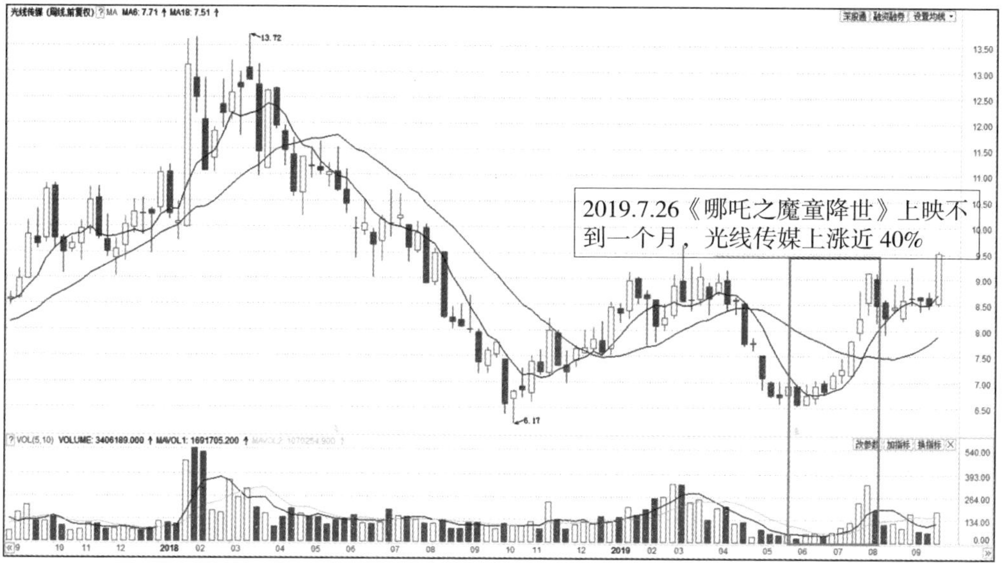

图2-10-2　光线传媒K线走势图

当然，“票房效应”背后则是揭示了影视行业存在的经营困境。对于影视行业来说，企业的营收基本上来源于票房。但是影片投资成本高，一部作品失败足以让影视公司一年的营收成为负的。一方面是国内影视演员动辄千万的片酬，另一方面是高昂的后期制作费用，国内很多影视剧之所以被吐槽五毛钱特效，究其原因是大多数出品公司都把钱砸在了演员身上，忽视了后期的特效制作。无论如何，如果一部作品出问题，就很有可能影响企业一年的收入。以北京文化为例，其2017年的影视营业收入，有24%都是来源于《战狼2》的票房分账，可见一部影视剧作品对于一家影视制作公司多么重要。由此也可以看到，利用“票房效应”的规律来研究背后资本市场的价格变动规律是靠谱的。从某种程度上来说，“票房效应”可以说是一个先行指标，大家可以通过上市公司年报获得相关的影视剧信息，从而预测未来的电影票房。

那么，如何研究影视类上市公司的影视作品能不能产生票房效应呢？

第一，在公司年报中寻找其投资的影视作品。投资者可以通过年报了解这家上市公司有哪些影视剧正在制作，有哪些已经获得上映许可，有哪些待上映，上映的时间是什么时候。只有知道这些，才能进一步研究这些作品是否有爆出票房的可能。

第二，研究影视作品的导演和演员。不可否认，有些人真的很旺票房，这也说明影视剧作品的演员很重要。其次是导演，导演的实力是一部影视剧大爆的重要保证。有些导演的实力比较强，拍出来的片子质量就有保证。比如拍《画皮》和《鬼吹灯之寻龙决》的乌尔善导演、《战狼》系列的吴京导演等。所以，在编剧不出大问题的情况下（因为投资者很难知道编剧的剧情），导演和演员就在很大程度上决定了片子的质量。

最后确定上映的时间，因为投资者需要通过上映时间来确定买入股票的时间。为了尽可能降低持仓的时间成本，在经过多次数据的验证下，大家不难发现，基本上影视剧上映前的一个月左右股价会开始发力，这意味着上映一个月前买入，虽然可能不是最好的买点，但也是一个相对好的买点。这样操作虽然不能完整地把握全部的波段行情，但是吃一大段波段行情还是可能的。

很多人可能纠结减持的问题。考虑这个问题就有点多余了，看看传媒股的走势，如果不减持，难道拿着等下跌吗？人家减持与你买入股票没有多大

《诗眼倦天涯》	2018.05	待定	取得拍摄许可证	投资	导演/编剧：徐浩峰 主演：陈坤、周迅、宋佳等	后期制作
《岁月忽已暮》	2016.04	2019	取得拍摄许可证	投资、宣发	导演：秦小珍 监制：张嘉辉 主演：张子枫、姜潮、宋威龙	后期制作
《封神三部曲》	2018.09	2020-2022	取得拍摄许可证	投资、宣发	导演：乌尔善 编剧：冉平、冉甲男、乌尔善	拍摄中
《琴操》	待定	待定	取得拍摄许可证	投资、宣发	监制：乌尔善	筹备中
《大漠行》	待定	待定	取得拍摄许可证	投资、宣发	监制：乌尔善	筹备中
《封神演义：龙之战》	待定	待定	取得拍摄许可证	投资、宣发	导演：乌尔善	筹备中
《大卡司》	2019.06	待定	待定	投资、宣发	导演：林育贤 编剧：陈舒	终稿剧本完善中
《记得少年那首歌》		待定	取得拍摄许可证	宣发	导演：叶京 主演：叶京、刘芮麟、柳明明	后期制作

北京文化的半年报数据

图2-10-3　北京文化半年报批露的相关信息

关系。这里特别强调一点，票房效应不在于追逐长线，而是巧借票房这个炒作点，利用票房影响股价的规律，把握一段波段行情。这意味着投资者在分析的时候，应更看重影视作品是否有票房爆发的可能，而不是将焦点聚焦在传媒公司的基本面上。事实上，大部分传媒公司的业绩都没有想象中那么理想。

11　这条优质赛道或将领衔未来十年

逻辑之美，在于可以看透现象，直击本质，从而把握事物发展的规律，提高自己的认知，扩大自己在投资市场的盈利。从消费的角度来说，成瘾性+垄断性的医美、白酒，无疑都是值得买入并长期持有的优质赛道。那么，除了它们，还有值得投资者长线持有的优质赛道吗？毫无疑问，肯定是有的。本小节将揭秘另外一条值得投资者拥抱的优质赛道：新材料。

所谓值得长线持有的优质赛道，其意义在什么地方呢？笔者觉得最大的意义就是这种优质赛道可以让投资者模糊择时。对于有些赛道，可能在某个时间区间内会出现一波比较犀利的上涨行情，但是对于择时不好的投资者来说，一旦买错了位置，可能在未来十几年内都难以解套，中石油就是一个比较典型的例子。但是如果是一条值得长期持有的优质赛道，那就意味着无论你在什么位置上车，长期来说都不会被套，因为随着时间的发展，这种优质赛道的股价总能创出历史新高。其结果只有一个，就是你可能会输时间，但是不会输钱。所以，找到这种优质赛道，买入并长期持有，就是在这个市场“活”下去的最大筹码。

11.1 一个简单粗暴的逻辑

为什么“新材料”是值得长线持有的优质赛道呢？这里有一个非常简单却又十分粗暴的投资逻辑，就是资源的有限性。换句话说，只要大家生存在地球，即使有些资源对社会进步具有不可替代的作用，也不可能把地球都掏光了。在这个逻辑下，极具替代性的“新材料”就成为未来投资逻辑的焦点。关于这个逻辑，下面会用更翔实的数据来印证。

首先，新能源好不好？毫无疑问，好！在全球碳中和、碳达峰的背景下，普及新能源已经成为趋势，这是大势。从国内政策来说，十四五规划提出了“能源革命”的重要决策，直接在A股市场引爆了一场锂电和光伏的上涨热潮。在这波上涨中，只要与锂电池或者光伏概念搭点边儿，不管企业是否真的是新能源企业，也不管新能源业务对企业业绩的贡献有多少，其股价往往就能有几倍的疯涨，3倍不算多，5倍不算少。就2021年来说，低于5倍涨幅的，都不好意思说自己是新能源概念股。比如西藏矿业，从2021年来看，短短几个月的时间，其涨幅竟然高达5倍之多。要知道，在2015年牛市，当时的牛市执旗手证券股也不过是涨幅5倍左右，可想而知这波新能源炒作是何其疯狂。

如此大的涨幅，是不是有足够的基本面支撑呢？炒完概念后，业绩将会是股价的试金石，没有足够的业绩支撑，股价往往都是怎么上去的，未来就怎么下来，这是事物发展的基本规律。注册制的推进，无疑已经在加速推进这个规律。一旦追高买在山顶，那么未来十年可能只有山顶的凄凉，所以，这波新能源炒作无论涨到什么程度，要想继续下去，只有一个前提，就是业绩必须得跟上股价的上涨。

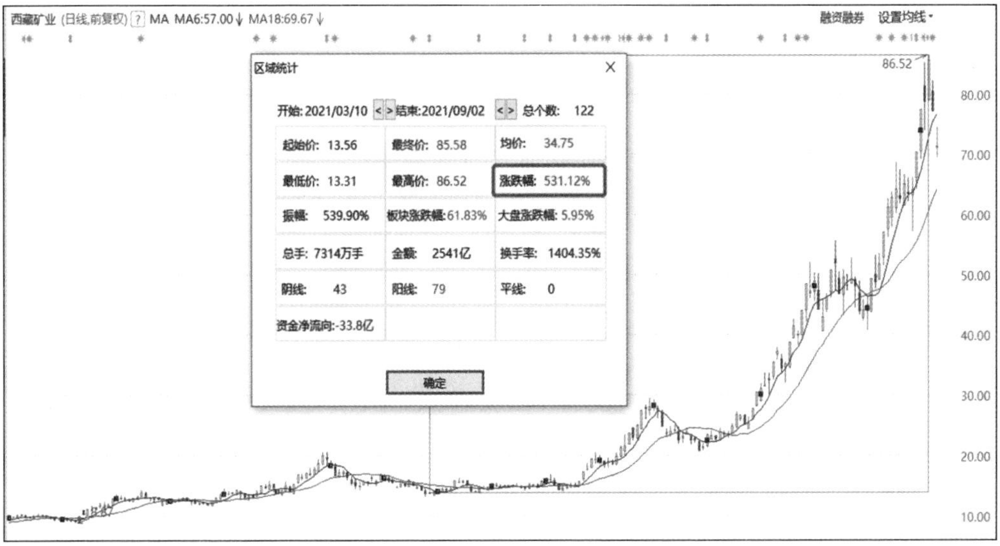

图2-11-1 西藏矿业K线走势图

那么，新能源的锂电和光伏的业绩能不能跟上呢？在回答之前，先用数据来说明一个简单的逻辑：在资源有限的情况下，资源不可能完全被开采出来。这种背景下，企业的业绩是有上限的，现在股价的暴涨实际上是透支了未来多年的利润。那么，根据现在的产能，一年需要消耗多少锂资源呢？中泰证券做过这样一个数据推测，利用的是2018年1—4月份新能源汽车对锂资源的使用情况。假设电池的类型为NCM，那么1kwh电池容量对应碳酸锂的用量为0.73kg。基于这个推断，笔者查到这样一个数据，来源于

《2019年—2020年中国汽车动力电池和氢燃料电池产业发展年度报告》，关于锂资源的装机情况：2019年全年三元锂电池装车量累计40.5GWh，占比65.2%。假设剩余的也是三元锂电池，则全年装车量为62.12GWh（40.5÷65.2%）。据此测算，2019年全年装机电池消耗碳酸锂的数量是45347.6吨（$62.12\times10^6\times0.73\div1000$）。这个体量看着不大，从全球的储量来说也不大。有数据显示，2020年全球锂资源储量约为2100万吨锂金属当量，折合碳酸锂1.1268亿吨。

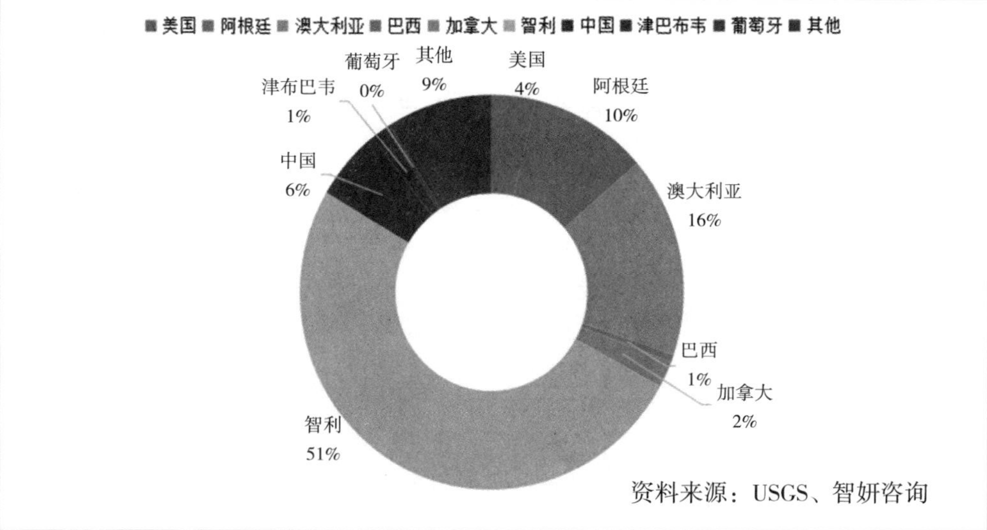

图2-11-2　2019年全球各国已探明锂矿资源量

但是大家不能忽视的一个重要问题是，我国锂资源储量并不丰富，根据之前的数据，国内已探明的储量在600多万吨左右。国内锂资源储量比较丰富的西藏，主要是西藏的扎布耶盐湖，看着挺多的，但是根据数据显示，真正可开采的锂资源很有限。锂资源最丰富的天齐锂业，也仅仅只有319万吨，在不增加需求的情况下，按照每年4.5万吨的需求量，只能使用70.8年，如果未来新能源汽车全国普及，对锂的需求量可能暴增。实际上，已经有研究机构表明，到2030年，全球锂需求缺口会达到50%。所以，供不应求的供需矛盾将会在锂资源上持续很长时间。

表2-11-1　各大公司锂资源储量统计

公司	拥有的锂矿或者盐湖资源	碳酸锂产能现有（万吨/年）	碳酸锂规划（万吨/年）	合计	储量合计（万吨）	备注
西藏矿业	扎布耶盐湖	0.5	0.65	1.15	93	折算为碳酸锂
西藏城投	龙木措盐湖等	0	4	4	156	提取难度大
盐湖股份		0	1	1	357	涉及1万产能
天齐锂业	Greenbushes	3.81	0	3.81	319	
江特电机	宜丰矿区	0.2	0.6	0.8	58	
雅化集团	李家沟锂矿	2.46	0	2.46	94.5	折算为碳酸锂
赣锋锂业		3.6	0	3.6	29.35	折算为碳酸锂
数据来源于网络						

很多投资者会说，这不是挺好的吗？锂资源可以涨价啊。没错，确实可以涨价，实际上，锂的价格近期一直在涨价。拥有锂资源的企业，确实在这波涨价潮中收益颇丰。根据蓝科锂业的数据，公司盐湖提锂电池级碳酸锂的生产成本大约为4万元/吨，考虑到隐性成本，放宽到5万元/吨，则盐湖提锂每吨碳酸锂的毛利润为11万元。假设按照这个数据来计算，西藏矿业每年可开采的产能是1.15万吨，其毛利润大概有1.265亿元，按照以往毛利与净利之比，其净利润不会特别高。那么问题来了，在没有特别大的利润增长预期下（需求预期可能比较大，但是产能预期不大），不到一年，市值增长5倍多，也就说，即使全部开采出来，甚至考虑可以给予更高的价格溢价，也难以抗住这几百亿的市值。这意味着，现在的股价已经很大程度上透支了未来的股价上涨空间，现在股价的高点可能是未来很长一段时间的高点。更重要

的是，涨价不可能一直持续下去，一旦价格达到某一个临界值，则会反过来倒逼技术升级，那么寻找可替代的新材料就是必然的结果。当然了，不可否认，数据推导可能存在较大的误差，但是这个例子足以支撑这样一个逻辑，在资源有限的情况下，在碳中和的背景下，指望用不可再生资源来支撑人类的清洁能源梦，显然是不靠谱的！这个资源不仅指锂资源，也包括硅资源。

11.2 逻辑上的必然结果

市场需求还在，甚至未来会更加旺盛，而我们不可能用尽所有的不可再生资源来支撑需求。那么，在这个逻辑背景下，发展新能源、光伏等清洁能源，找到可以替代不可再生能源的“新材料”，就成为社会发展的必然结果。所以，新材料已经站在了逻辑的高点，这种高点是势不可挡的，是未来发展的必然趋势。投资者要做的，就是顺应这个趋势，选择伟大的新材料公司，与其一起成长，分享其成长过程中带来的股价上涨。

11.3 新材料的方向在哪儿

新材料的方向有很多，有些新材料的出现，会促进社会的发展，但是并不是发展的终极形态。对于这个“选择”问题，笔者觉得原则上有两条路径可以把握。

第一条路径是站在未来发展方向制高点上的新材料。未来是清洁能源的天下，在化石能源向清洁能源转型的过程中，那些推动新能源快速发展的新材料，就值得投资者高度关注。比如国内在新能源领域做得比较好的高分子新材料企业联泓新科，其主营业务就是高分子化学材料，通过对甲醇进行化学反应，获得VA，而不同含量的VA，其产品可以广泛用于新能源和光伏领域。至少在未来几年内，该企业有望维持高景气度。因为存在市场稀缺性，股价回调或是不错的上车良机，相比资源类企业，这种新材料企业或更值得投资。

VA含量（%）	最终应用	一般性质
1%-6%	常用膜（烘烤食品袋、冷冻食品袋、冰袋、尿布包装袋等）	韧性、透明性好
6%-15%	农膜、吹塑、挤出层压膜、泡沫模塑成型、注塑、拉伸包装、电线电缆	低温性能、拉伸性能好
15%-20%	粘合剂、涂层、挤出发泡鞋材	耐应力开裂性、低温性能好
20%-40%	热熔胶、地毯背衬、光伏胶膜	快速粘结性能好

资料来源：北极星太阳能光伏，安信证券研究中心

图2-11-3 不同VA含量EVA产品的特性与应用

第二条路径则是新技术的突破。这种变革性的技术突破，带来的可能是划时代的影响。这种技术突破带来的新材料，或是可以直接利用清洁能源、催化清洁能源，亦或是可以在很大程度上降低对现有化石资源的消耗，总之，其产生的替代效应是十分明显的。比如现在1kwh储能需要0.73kg的碳酸锂，但是在合适的新材料催化下，可能1kwh储能对碳酸锂的需求量仅仅是0.00000000073kg。这种几何级数的提高，即使在现有锂资源匮乏的情况下，也可以支撑新能源有一个美好的未来。

目前来说，以“碳基”为基础的石墨烯或是一个不错的方向。因为石墨烯具有优异的光学、电学特性，可以作为锂电池的负极材料。而碳酸锂作为锂电池的正极，提供锂离子即可。唯一可惜的是，目前国际国内对石墨烯的研究还没有取得理想的突破，但是可以想象，基于石墨烯的优良特性，未来其在材料学、微纳加工、能源、生物医学和药物传递等方面都会有重要的应用前景，它将是一种未来革命性的材料。

就笔者个人而言，更倾向于第二条路径，虽然目前的技术还没有取得理想的突破，但是大家要相信，在不久的未来，这种革命性的技术必然会被人类攻破。所以，在选择投资方向的时候，可以优先选择那些以“碳基”为基础而有望实现突破的石墨烯、碳纤维、碳纳米等先进高分子材料。尤其是国内目前这块还是空白，处于蓝海领域，一旦出现这种新材料公司，未来的成长不可限量。

11.4 如何把握未来A股的新材料企业

那么，在未来A股的二级市场上，如何选择值得长线关注的新材料企业呢？从本质上来说，新材料的出现意味着技术进步，以前的尼龙，现在的EVA，直至未来攻克石墨烯技术，都可以充分印证这一点。

笔者认为，三个维度是选对新材料企业的关键。第一个维度就是高质量的研发团队。如此高难度的技术难题，高质量的研发团队是项目研发成功的基础，也是企业持续发展下去的灵魂。相比来说，博士团队执导的管理团队，其成功的概率更高。所以，对于新材料企业来说，高质量的博士研发团队是必要条件而不是充分条件。

第二个维度，这种“新材料”企业大概率会在两创（科创板和创业板）上市。因为这种新技术往往伴随着较大的风险，在主板上市的概率不大，这就要求投资者在未来要多关注在两创上市的“新材料”企业。

最后一个维度，从发展逻辑的角度，将“新材料”的研发范围限定在“碳基”领域。目前来说，“碳基”的广泛性和稳定性为新材料的研发提供了良好的基础。事实上，已经有多家企业布局“碳基”领域的碳纤维、碳纳米和石墨烯材料，但是就目前的上市公司来说，没有明显的优势，只能期待还未上市的相关企业。但是，选择的方向要明确，未来只要满足这三个维度，或许又是一个十倍机会的崛起。

12 防雷有术：六大法则帮你规避“天雷滚滚”

巴菲特说过，投资成功的秘诀有三条：第一，尽量避免风险，保住本金；第二，尽量避免风险，保住本金；第三，坚决牢记第一、第二条。这也说明投资要规避风险。有时候多笔成功的投资，其盈利可能都抵不过一次失败的投资。因此，对投资者而言，不仅要看怎么选到好股票，更重要的是要能规避雷区。尤其是随着监管趋严，一些财务造假、业绩爆雷等问题相继爆出，规避踩雷就成为投资成功的关键因素。怎么规避？下面从六个角度给大家提供参考。

12.1 重财务报表却不能尽信财务报表

说到企业排雷，很多人第一个想到的就是财务报表。但是，你觉得靠谱吗？个人觉得，说起来很简单，但是做起来太困难了。对于大多数人来说，且不说不懂财报分析，就是懂财务报表的，又有多少人能看出企业的问题？要知道，企业的关联交易等，可不是三张报表就能看出来的。

所以，财务报表要看，但是单纯地把财物报表作为排雷手段，对于大多数人来说，明显是不够的。还是那句话，尽信财务报表，不如不看财务报表。但是，财务报表毕竟是一家企业的真实写照，对于一些“天雷”还是可以起到一定的排除作用。考虑到多数人无法深入分析财务报表，大家可以重点关注两个点。

（1）杜邦分析的ROE。正常来说，如果一家企业连续3～5年盈利维持相对稳定，那么这家企业的经营状况就是比较好的。考虑到国情不同，大家可以看3～5年的盈利，也要关注一下5～10年的情况。数据稳定或者稳中有升，基本上可以确定企业业绩稳健。但是总会有例外情况，比如东阿阿胶就出现了异常情况，这个就需要单独分析。

（2）寻找企业业绩的驱动因素。主要是确定企业的业绩是否来源于主营业务收入，很多企业的盈利来源于变卖资产。找到企业业绩的驱动因子，才能真正了解企业的盈利来源于哪儿，从而把握企业的经营模式，确定企业面临的风险。

对于财务报表来说，与其把它当作筛选部分企业的工具，不如把它当作排除业绩雷区的工具。一旦对业绩有疑问，不妨先等等，等质疑被证伪之后再考虑介入。

12.2 一招鲜吃遍天，不做朝三暮四的企业

优秀的企业都是精耕一个领域，如格力空调、茅台酒、海天酱油。在甄选股票时，如果一家企业这个也做，那个也做，虽然会分散风险，但是也会分散利润。而且，没有自己的核心产品，大概率会被市场慢慢淘汰。所以，对于那些业务朝三暮四的企业，敬而远之方为上策。当然了，正处于转型阶段的企业可能不太适合这个策略。但是，退一步讲，企业转型有几个能成功的？至少对于做投资来说，企业未来发展不确定时，你可以选择不做。

总之，一个企业长久精耕一个领域，其在这个领域的底蕴，本身就是企业的护城河。其经营的渠道、声望、知识产权等，都会成为其他公司进入这个领域的壁垒，而且这种底蕴也会成为企业抵御市场风险的有力武器。

12.3 强者恒强，只做龙头

很多散户投资者特别喜欢买低价股，因为他们感觉从2块钱涨到10块钱会比从200元涨到1000元更容易。实际上来说，都不容易。很多低价股往往

都是行业的非龙头股，不可否认，这些股票确实存在超额利润，但是，超额利润也意味着超额风险，而且风险的概率大于利润。这些风险爆发出来，往往就是天雷滚滚。所以，在择股方面，一定要选择行业的龙头股，有些行业只能做老大，老二都不能做。

当然了，现在很多行业龙头股的股价确实比较高，动辄七八十元甚至上百元，这对于已经习惯买低价股的投资者来说，无疑是痛苦的。但是，换个角度，普通人不愿意买的，不正是机构买的吗？事实也是如此，基金、保险等机构往往都会配置优质的白马蓝筹股。所以，想躲开天雷，就要做“股价高且处于合理价值区间”的龙头股。一句话，强者恒强，买龙头股可以让你规避一大批的“地雷”。

12.4　兼听则明，多渠道调查企业的运营情况

《如何选择成长股》一书中提到了一种方法，叫做访谈法。在国内来说，实行起来比较困难，尤其是对普通投资者来说，因为有些信息我们是无法获得的。相比来说，机构在这方面具有优势。但是，感谢互联网的发达，让投资者可以了解很多隐性的信息。

在打算选择非龙头股时，要多关注该企业各方面的信息。如果有同学或朋友在这个领域，不如多求教一下，信息越多，越有助于你作出正确的判断。如果最后确实无法判断，那就果断放弃。在投资市场，不踩雷活下来，要比冒险赌一把重要得多。兼听则明，大胆假设，小心求证。如果证真，可以慢慢建仓，如果证伪，一定要远离。

12.5　远离“猪系”队友

远离“猪系”队友，在投资市场显得尤为重要。在一家企业IPO的过程中，必不可少的就是会计师事务所和律师事务所。正常来说，这两类机构承

担着重要的职责，他们是对一家公司财务和法律的审计，直接影响着投资者的利益。但是有些律师事物所和会计师事务所却没有做到尽职尽责，相反，可以说是不作为。如瑞华会计师事务所爆雷后，其辅助的IPO企业接连出现问题，导致33家正在IPO的项目暂停了，同时已经被辅助上市的318家企业也在瑟瑟发抖。出问题的概率如此之高，市场也会担心其他还没有爆雷的早晚也会爆雷。所以，对于这种已经显露出来的“天雷引线”，你为什么还要去点火呢？千万别抱有侥幸心理，你的侥幸就是在把你推入火坑。

12.6 兜底性原则：无法确定就请远离

当然了，即使全部按照上述方法选股，也不能完美地规避所有的“地雷”。市场本来就是一个博弈场，指望完全排雷也不现实。因为市场是变化的，白马可以变垃圾，乌鸦可以变凤凰。以上五个角度，基本上可以规避大多数天雷。但是，实践中投资者可能还会遇到其他情况，只要你不心存侥幸，感觉不对的时候，或者有一些你不太确定的情况，就先远离观望，等待市场明朗之后再作出抉择。投资应该是这样一种状态，就是未有定论之前，应该慎之又慎，一旦做出决定，就果断地操作。

真的不幸踩了雷，别抱怨，在可以操作的时候大幅减仓或直接清仓。如果有融资融券，同时有券可融的情况下，可以做对冲，锁定亏损。总之，不踩雷是幸运，真踩中了，那就冷静应对。

第三篇

投资策略

1 垄断的万华，业绩会不会爆冷

对于世界级寡头垄断企业万华化学，笔者一直抱持比较乐观的看法，初次建仓是在2018年7月份，平均成本在35元左右。股价上涨到54.95元后，便开启了一路下跌模式，一度下跌至26.80元，跌幅超过50%，可谓惨不忍睹。股价的大幅波动，主要源于2018年三季度业绩不达预期，尤其是在2018年10月19日万华公布三季度报，业绩不及预期被验证，股价直接一字跌停。一时之间，各种不利信息甚嚣尘上，一会儿核心产品受到中美贸易摩擦的影响，业绩可能还会继续下降；一会儿又是存货非理性增加，财务暗藏危机等。真实的情况是怎么样的？下面从万华的护城河角度来看看，万华是否有足够的底气拒绝业绩爆冷？

1.1 行业角度

首先来看看万华化学的主营业务是什么。万华化学，也就是以前的烟台万华，其主营业务是聚酯类产品，主要产品是MDI、TDI、多元醇以及液化产品，还有部分小型产品。从公司财务报告不难看出，万华的主营业务特别突出，就是化工产品，占营业收入的90%以上。万华的核心产品是MDI和TDI，那么万华核心产品MDI在业界处于一个什么样的地位呢？

数据表明，目前全球MDI市场形成了寡头垄断格局，而且随着欧美地区的经济复苏，MDI出现了全球供不应求的局面。这是因为在全球范围内，能够生产MDI产品的企业只有5家，万华化学占据了全球24%以上的份额，处于绝对的寡头垄断地位。只要大家稍微研究就不难发现，其他4家寡头企业采取的是牺牲价格扩大产量的策略，想挤占万华的市场份额。但是实际上，万华化学的市场份额并未受到太大的影响，毕竟万华的市场一半在国外，一半在国内。另外，牺牲价格换量的策略大概率不会长久持续，一旦量价齐升，万华化学的寡头地位将更加坚固。

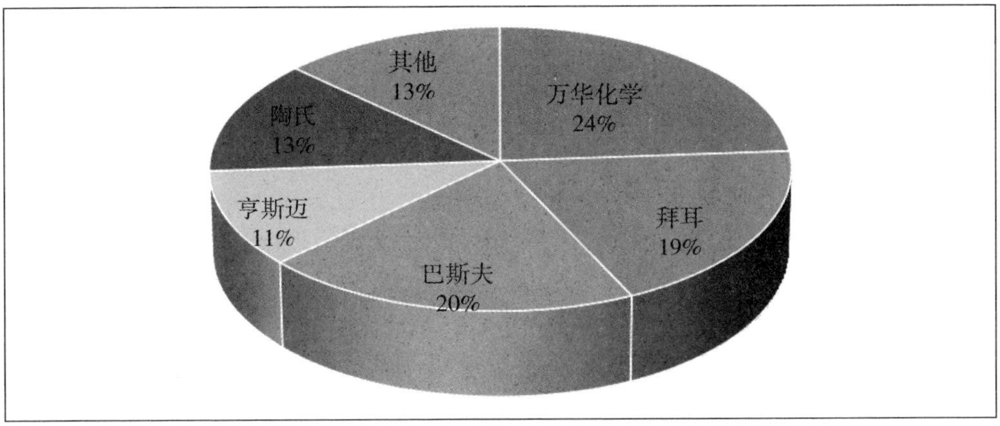

图3-1-1 全球范围内MDI企业竞争格局

此外，虽然国外几家企业以价换量，但是MDI的生产设备检修期每年至少有1个月的时间，还是会限制其产能的过分扩张。加之MDI生产技术的壁垒是非常高的，可以说现在新进入企业的概率几乎为0。这意味着，万华化学在MDI、TDI领域以最大的寡头姿态独占市场份额鳌头，短时间内难有企业能够与之匹敌。这种寡头垄断形成的护城河，为万华未来的业绩上涨奠定了强劲的根基。

1.2 财务角度

从行业分析的角度来说，万华无疑是一个寡头垄断企业，那么，其财务数据如何？

首先，从偿债能力方面来分析一下万华化学债务偿还能力的强弱。图

3-1-2为万华化学2017年二季度—2018年三季度的流动比率和速动比率情况。一般来说，国际上使用的流动比率标准为2，速动比率为1。考虑到我国的土地是国家所有，企业只有使用权，银行方面一般不会给企业长期贷款，基本上都是以新债还旧债的局面，国内一般使用流动比率的参考标准为1.5左右。大家可以看到，万华化学的流动比率基本上在0.8～1左右，速动比率基本上是在0.6左右，不能说特别好。但是对于一家制造企业来说，考虑到存货问题，这个数据不好也不坏，只能说短期偿债能力一般。

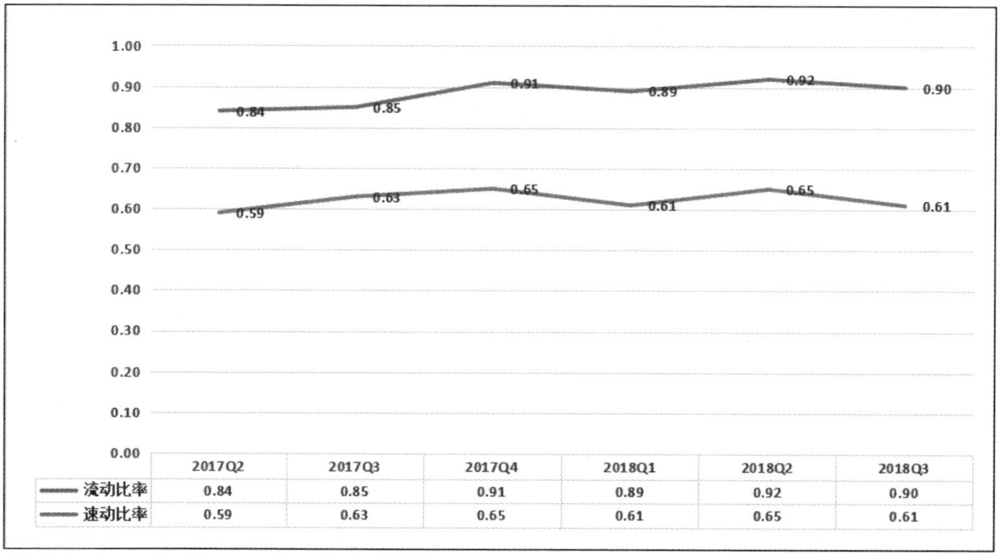

图3-1-2　2017Q2—2018Q3万华化学偿债能力分析

其次是营运能力方面，这方面特别强调一下应收账款。一般来说，应收账款的回收周期越长，成为坏账的概率越高。可以说对应收账款的处理，可以看出一家企业的内部控制能力。虽然会计准则对应收账款有兜底性的规定，但是一些好企业为了控制应收账款带来的坏账风险，往往会采取比会计准则更为严苛的标准。这是因为标准看似严苛，实际上是利好企业的，因为应收账款收回和计提坏账，都会影响当期损益。如果前期计提了坏账，后期又收回账款，可以增厚企业的利润。万华化学在这方面的做法比较严苛，从其2018年的半年报可以看到其对应收账款计提坏账的情况。如图3-1-3所示。

组合中，采用账龄分析法计提坏账准备的
√适用 □不适用

账龄	应收账款计提比例(%)	其他应收款计提比例(%)
1年以内（含1年）	5	
1—2年	10	
2—3年	30	
3—4年	50	
4—5年	100	
5年以上	100	

图3-1-3　万华化学应收账款计提坏帐情况

从财务数据来看，2017年二季度—2018年三季度的应收账款回转天数，基本上维持在2个月以内回款，这个回款速度对于企业来说是比较好的，也就说明万华化学在应收账款方面的坏账率很低，其在应收账款方面控制得非常好。从存货数据可以看出，一般是第一季度的周转天数比较长，主要是受春节传统节日的影响。从第二季度开始，存货的周转天数一直下降，说明从第二季度开始公司销售持续发力，提高了存货的周转率。2018年第三季度的存货周转率和周转天数，相比2017年来说，周转率有所提高，周转天数下降，说明万华化学的存货管理也是不错的。如表3-1-1所示。

表3-1-1　2017Q2—2018Q3万华化学营运能力分析表

		2017Q2	2017Q3	2017Q4	2018Q1	2018Q2	2018Q3
营运能力分析	应收账款周转率	7.57	12.75	17.44	4.16	9.42	29.71
	应收账款回收天数	48.24	28.64	20.92	87.82	38.74	12.29
	流动资产周转率	1.08	1.59	2.11	0.54	1.17	3.49
	流动资产周转天数	337.96	229.56	172.99	675.93	311.97	104.58
	固定资产周转率	0.89	1.43	1.92	0.49	1.10	3.34
	固定资产周转天数	410.11	255.24	190.10	744.90	331.82	109.28
	总资产周转率	0.4	0.61	0.80	0.20	0.43	1.28
	总资产周转天数	912.50	598.36	456.25	1825.00	848.84	285.16
	存货周转率	2.72	4.12	4.99	1.18	2.61	7.92
	存货周转天数	134.19	88.59	73.15	309.32	139.85	46.09

再次是盈利能力分析。作为一个寡头型垄断企业，万华化学的盈利能力如何呢？如图3-1-4所示。在2017年二季度—2018年三季度这6个季度内，可以看到，万华的毛利率一直维持在25%～35%。净利润也保持得非常好，在过去的一个年度周期内，基本上保持在20%上下。也就是说，净利润占据毛利润的80%以上，这是国内很多企业做不到的。可以看出，万华化学的毛利润和净利润都保持得比较好，盈利能力非常强。

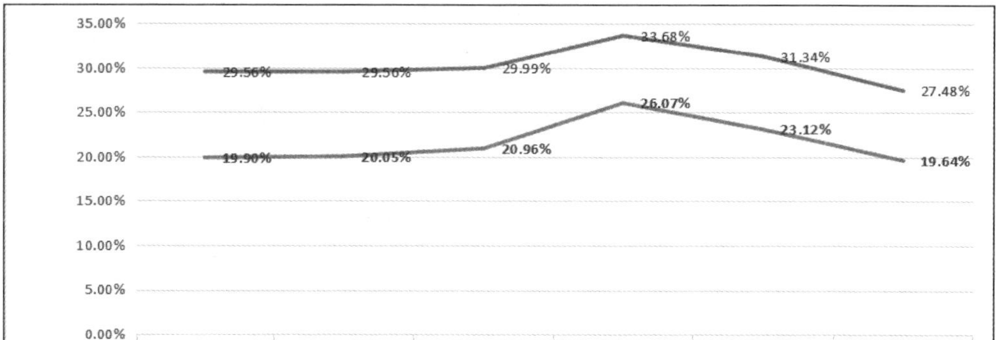

	2017Q2	2017Q3	2017Q4	2018Q1	2018Q2	2018Q3
毛利率	29.56%	29.56%	29.99%	33.68%	31.34%	27.48%
净利率	19.90%	20.05%	20.96%	26.07%	23.12%	19.64%

图3-1-4　2017Q2—2018Q3万华化学盈利能力分析

最后再看看企业的发展潜力。这里主要分析了万华化学两个非常重要的财务指标，就是ROI和ROE。如图3-1-5所示，从数据来说，完全符合之前的分析，基本上来说，第一季度处于一年周期的低估，从二季度开始，ROI和ROE陆续增加。从2018年的三季度报可以看出，万华的ROE竟然高达56%，这个数据已经高过2017年同期水平15个百分点以上，可见其成长能力之强。考虑到全球格局以及未来全球对MDI的需求量，这个增长率有望继续保持。

总体来看，除了偿债能力没有特别突出之外，万华化学的盈利能力和发展能力都保持得非常好，应收账款管理得非常到位，应收账款的回款能力较强，坏账风险较低。发展能力强，杜邦分析的核心指标ROE（净资产收益

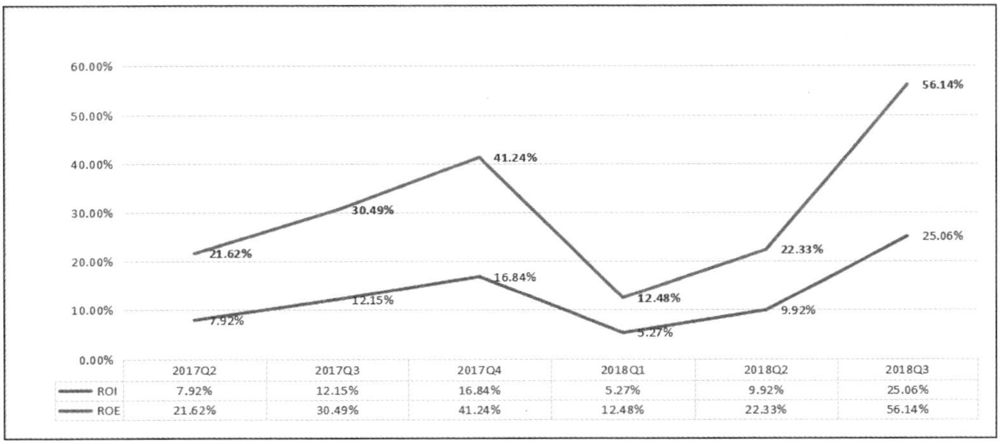

图3-1-5　2017Q2—2018Q3万华化学投资回报分析

率）维持高位，高达56%，可以看出，万华整体的财务维持得非常良好，并没有出现问题。也就是说，其基本面不仅没有恶化，相反，相比去年同期还有更好的表现。

那么问题来了，基本面没有问题，股价却出现大跌，这是为何？首先，万华化学的重组由预期变为了现实，但是重组的优势还有待时间的验证。其次是指数大跌，带来了白马蓝筹股的补跌，投资者避险情绪高涨，加之机构换仓等，引起股价振荡。更重要的一方面，则是一些舆论的不客观引导。

市场上关于万华存货的质疑声音较多，那是不是真有问题呢？从历年的数据来看，基本上每年的存货都是以10亿元的体量在增加，而2016年到2017年的存货增加了接近30亿元。

在2018年的三季报中，可以看出存货是增加了，从74亿元增加到84亿元，存货增加10亿元。从以往的历史情况来看，这个也没有什么特别，而且考虑到欧美经济体的复苏，企业增加存货，可以说有备无患。还有就是MDI的生产设备每年都要检修，这对本就供不应求的MDI市场来说是雪上加霜，所以企业常备存货，对MDI企业来说是件好事，毕竟有存货要比因意外情况断货而无法供应更合理。

表3-1-2 2013年—2017年万华化学资产负债表

(单位：亿)					
	2017-12-31	2016-12-31	2015-12-31	2014-12-31	2013-12-31
流动资产					
货币资金	30.63	19.87	20.66	10.25	9.83
以公允价值计量且变动计入当期损益的金融资产	-	-	-	0.0756	-
应收票据	113.1	36.08	12.24	23.45	33.1
应收账款	28.33	17.15	12.14	13.42	10.63
预付款项	4.82	2.39	3.71	3.47	4.76
其他应收款	2.46	1.26	1.42	1.28	0.86
存货	70	43.37	41.94	30.10	22.65
数据来源：东方财富公开数据					

表3-1-3 2017Q4—2018Q3万华化学资产负债表部分数据

(单位：亿)				
	2018-9-30	2018-6-30	2018-3-31	2017-12-31
流动资产				
货币资金	43.71	28.96	27.13	30.63
应收票据	**95.36**	**105.7**	**103.6**	**113.1**
应收账款	30.92	32.87	32.58	28.33
预付款项	5.2	4.94	4.97	4.82
其他应收款	1.56	1.71	1.74	2.46
存货	**84.14**	**74.11**	**78.98**	**70.00**
数据来源：东方财富公开数据				

其次，有消息说受中美贸易摩擦的影响，万华出口MDI受影响较大，可能会影响其业绩。事实真是如此吗？没错，国内出口的MDI主要流向美国，也在美国征税范围之内，作为国内MDI的龙头企业，万华或多或少会受到影响，但是影响真的很大吗？

如表3-1-4所示，万华出口至美国的MDI数量维持相对稳定：2017年是产量的近20%出口到美国，2016年是13%，基本上万华出口到美国的MDI维持在20%以内。实际上，万华化学旺季的时候始终控制在40%左右的产量出口，淡季的时候，出口量会大降，优先保证国内市场的供给，因为国内才是主战场。所以，关税会对万华化学构成一定的利空，但是影响非常有限。如果考虑国际FOB运输规则，“买家办理进口，卖家办理出口”，那么在MDI供不应求的情况下，万华甚至可以通过提价来降低关税的影响。

表3-1-4 2016—2017年万华出口到美国MDI的数量统计情况

（单位：吨）										
2017年	1月	2月	3月	4月	5月	6月	7月	8月	9月	平均
出口到美国	13547	4751	11105	10282	16952	19313	14896	22196	12282	13924.89
总产量	68727	68727	68727	68727	52714	79036	82473	67009	80703	70760.33
占比	**19.7%**	**6.9%**	**16.2%**	**15.0%**	**32.2%**	**24.4%**	**18.1%**	**33.1%**	**15.2%**	**19.68%**
2016年	1月	2月	3月	4月	5月	6月	7月	8月	9月	平均
出口到美国	4170	1899	13135	8927	10250	3936	15948	12794	6410	8607.67
总产量	59000	56000	68313	68313	68313	68313	68313	68313	68313	65910.11
占比	**7.1%**	**3.4%**	**19.2%**	**13.1%**	**15.0%**	**5.8%**	**23.3%**	**18.7%**	**9.4%**	**13.06%**
数据来源：天天化工网整理										

因此，整体来说，处于全球寡头垄断地位的万华化学，有底气拒绝业绩爆冷。投资者应该做到全面了解，不能听信网络上一些不可靠的言论和分析，更不能因为网上一些断章取义的分析而自乱阵脚。套用巴菲特的一句话：如果你没有长期持有这只股票的打算，那就一股都不要买！换句话说，万华化学这种优秀的企业，是绝对值得投资者买入并长期持有的。

2 符合“三好”逻辑的东阿阿胶或迎上车良机

东阿阿胶2019年二季报预告中显示其业绩下滑70%～80%，一时间，整个证券市场炸锅了，很多人认为东阿阿胶“爆雷”是价值投资的没落。整个市场都沉寂在这场爆雷之中，很多投资人谩骂诅咒。除了抱怨之外，大家更应该去研究一下整个阿胶行业怎么了？东阿阿胶是不是出了什么问题？是不是还可以继续持有？

2.1 阿胶是不是一个“好”产品

东阿阿胶是国家非物质文化遗产代表性传承企业，拥有无可替代的品牌资

东阿阿胶股份有限公司

2019 年半年度业绩预告

本公司及董事会全体成员保证信息披露内容的真实、准确和完整，没有虚假记载、误导性陈述或重大遗漏。

一、本期业绩预计情况

1、业绩预告期间：2019 年 1 月 1 日至 2019 年 6 月 30 日

2、 预计的业绩：□亏损 □扭亏为盈 □同向上升 √同向下降

项目	本报告期	上年同期
归属于上市公司股东的净利润	比上年同期下降：75%—79%	盈利：86225.27 万元
	盈利：18110 万元—21560 万元	
基本每股收益	盈利：0.2769 元/股-0.3297 元/股	盈利：1.3184 元/股

图3-2-1 东阿阿胶2019年半年度业绩预告

源优势，经过时间的沉淀，其药用价值已经获得了市场消费者的认可。根据行业对消费者做的影像分析，目前东阿阿胶的消费者偏女性，而且年龄有下降的趋势，说明阿胶已经开始得到年轻女性的喜爱。正常来说，只要产品质量没有出现问题，消费者不太会轻易放弃已经验证过的产品。阿胶的生产有点类似茅台酒，是特定的地理环境、特定的水资源加上驴皮，在特定的环境下熬制成胶，这样方是正宗的阿胶。所以，这些年东阿阿胶一直被认为是市场上最正宗的阿胶生产企业，同时也是行业标准的制定者。东阿阿胶以其高品质的质量，已经赢得了市场消费者的认可。

质量没问题，那么制约东阿阿胶盈利能力的，是不是产能呢？目前阿胶市场是双寡头——东阿阿胶和福牌阿胶垄断的格局，二者占据全国产能的60%左右，每年的产能大约在8000吨。考虑到原材料驴皮的供应问题和行

表3-2-1　部分阿胶品牌市场占有率

类别	市场占有率	主要市场
东阿阿胶	32.24%	四省两市为主（山东、广东、浙江、江苏、北京、上海），全国部署
福牌阿胶	34.81%	华东为主，全国部署
同仁堂	6.50%	华北
太极集团	5.32%	西南
佛慈制药	3.26%	西北
数据来源：前瞻产业研究院整理		

业打假的现实情况，在产能利用效率不高的情况下，2018年的产能在6000吨左右。根据前瞻行业数据统计，东阿阿胶占据32%左右的市场份额，也就是2000吨左右的产能。从市场需求的角度来说，目前市场的产能并不足以满足市场的需求。那么，季报公布的下游渠道在减库存，说明市场上有其他阿胶在挤压市场份额，导致渠道商的货物卖不动了。消费者选择购买其他阿胶，一方面是因为不懂阿胶的真假，另一方面则是价格因素。因为其他阿胶都是用牛皮、猪皮等熬制的“鱼”胶，其价格自然比用驴皮熬制的正宗阿胶低。这说明行业的乱象已经影响到了正宗阿胶的销售，所以整顿行业乱象已经势在必行了。从目前情况来看，阿胶市场仍旧处于供不应求的局面，现在就是需要把东阿阿胶的产品销售出去，让产品成为盈利。只有整顿那些“黑”作坊，才能让阿胶的价格坚挺起来。

2.2　东阿阿胶是不是有一个“好”销路

在东阿阿胶的季度报告中，解释业绩变动的原因是由于公司下游传统客户主动消减库存，这说明东阿阿胶的终端销售渠道出现了一定的库存压力。一般来说，渠道商都会有一定的库存，尤其是市场认可度比较高的商品。而阿胶最近几年几乎每年都在涨价，所以有渠道商大量囤货并不稀奇。这在一定程度上说明渠道商还是比较认可东阿阿胶的产品的，市场销售情况也是比较好的，因为没有企业或者商家会去囤积一些销量不好的产品。

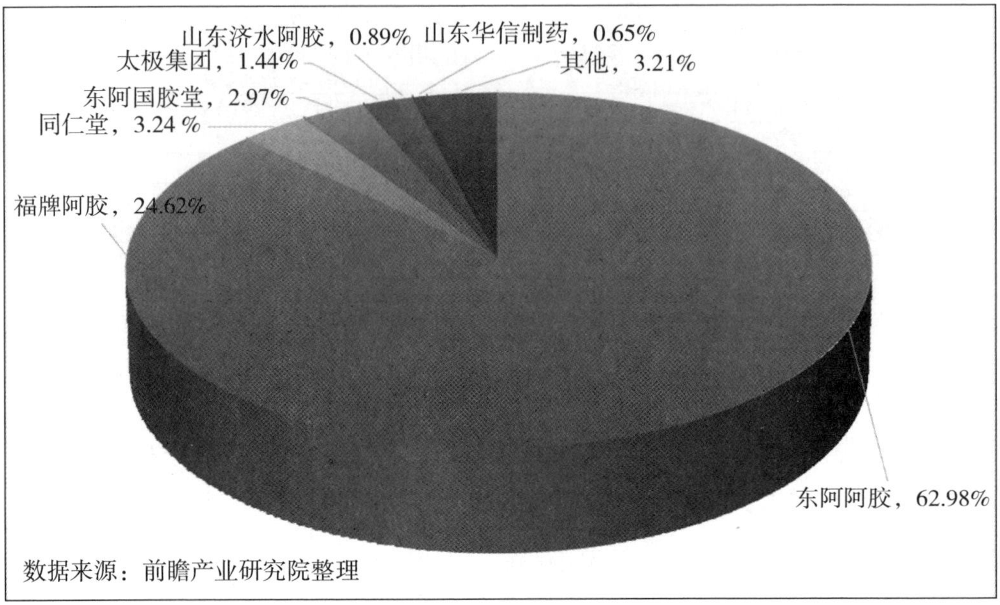

图3-2-2　2016年中国阿胶行业城市零售药店终端竞争格局

根据前瞻产业统计院关于2016年中国阿胶行业城市零售药店终端竞争格局的数据（如图3-2-2所示），在终端方面，东阿阿胶有着不可比拟的渠道优势，以62.98%的市场占有率领先其他阿胶企业。这个数据足以反映出市场对东阿阿胶的认可，也说明东阿阿胶的渠道优势仍旧存在。这意味着市场并没有抛弃东阿阿胶，其随时都可能重新回到销售巅峰，目前的业绩下降，并不是因为产品质量。业绩下降并不可怕，怕的是产品有问题，怕的是失去潜在客户。目前来看，东阿阿胶并没有面临这种窘境。

2.3　东阿阿胶能不能卖个“好”价格

产量仍旧是供不应求，终端销售渠道也不存在特别大的问题，那是不是价格存在问题呢？最近几年东阿阿胶的销售价格一再提升，是不是这个原因影响了终端销售呢？其实，虽然东阿阿胶每年都有一定程度的涨价，但是整体来说，市场还是能够接受的。毕竟按照清朝白银购买阿胶的价格，换算成今天的物价，差不多6000元一斤，而现在的市场价格也就是2700多元一斤。关键问题是，阿胶涨价是有重要的现实原因的。阿胶最重要的成分是驴皮，只有好的驴皮加上好的水，才能熬制出好的阿胶来。但是，随着时代的发展和城镇化建设的推进，生驴出现了严重的供不应求。根据山东阿胶协会给出的数据，2010年驴皮的价格不足500元，但是到2015年时，驴皮的价格已经翻了4倍多，每张驴皮的价格竟然超过2600元。而每张驴皮生产阿胶的数量大概在1.5～2.5公斤左右，也就是说，仅仅驴皮的成本就是1200元/公斤。

即使是驴皮价格高涨，但是市场缺口依旧非常大。根据中商产业研究院的数据，按照每年差不多6000吨阿胶的产量计算，市场大概需要400万张驴皮，但是目前市场的供应量不足180万张，缺口高达200多万张。而且关键问题是生驴的存栏量严重下滑，目前市场差不多存栏542万头，每年还在以30万头的数量锐减，所以驴皮的价格仍旧会维持高位甚至上涨。作为终端产品的阿胶，也必然会因为原材料价格的上涨而上涨。这也是为什么这些年阿胶的毛利不如以前，主要是产品价格的上涨跟不上原材料价格的上涨。东阿阿胶提价，也是因为驴皮价格上涨太快了，在保证质量的前提下，只能提高终端产品的价格。

也就是说，驴皮的价格直接制约着阿胶产品的价格。为了解决原材料持续涨价的问题，东阿阿胶公司管理层携手精准扶贫，大力开展生驴养殖，建立了生驴养殖基地，从源头上把握生产成本。从东阿阿胶2018年年报中可以看出（如图3-2-3所示），东阿阿胶的生驴养殖项目已经产生盈利，这说明东阿阿胶从生驴养殖到最后的阿胶成品，已经形成了一个完整的产业链。这意味着随着生驴养殖上游原材料产业链的完善，东阿阿胶受制于驴皮供不应求的情况将会大大缓解。这种情况下，阿胶的毛利率提高是大概率事件。市场没有大变化的情况下，东阿阿胶在原材料上具有优势，这也为日后东阿阿胶产量的大幅增长奠定了基础。

11. **在建工程（续）**

重要在建工程2018年变动如下：

	预算	年初余额	本年增加	本年转入固定资产	本年转入无形资产	年末余额	资金来源	工程投入占预算比例（%）	工程进度(%)	本年利息利息资本化率
驴皮原料搬迁项目	76,710,000.00	17,342,861.51	23,546,549.60	-	-	40,889,411.11	自筹	53.30	62.00	-
驴屠宰加工项目	118,029,200.00	8,756,703.73	29,163,060.17	-	-	37,919,763.90	自筹	32.13	44.00	-
养驴场	42,260,000.00	32,835,866.07	2,609,285.56	-	-	35,445,151.63	自筹	83.87	93.00	-
技术中心综合楼	28,645,000.00	5,469,313.50	15,603,229.23	-	-	21,072,542.73	自筹	73.56	85.00	-
原料基地建设项目	144,490,700.00	7,986,036.32	12,286,847.06	-	-	20,272,883.38	自筹	29.98	75.54	-
阿胶科技产业项目	1,598,890,000.00	44,712,702.04	168,282,963.71	104,666,514.83	90,239,230.70	18,089,920.22	募集+自筹	80.16	100.00(一期) 87.00(二期)	-
IT 核心网络升级及机房建设	15,400,000.00	3,813,254.99	7,537,300.44	-	-	11,350,555.43	自筹	73.70	76.00	-
毛驴交易中心工程项目	54,706,500.00	3,048,131.03	6,938,588.60	-	-	9,986,719.63	自筹	69.38	96.00	-
东阿阿胶养殖基地扩建工程	30,000,000.00	8,286,044.57	1,055,250.41	-	-	9,341,294.98	自筹	76.90	83.00	-
毛驴博物馆装修、展陈项目	7,987,000.00	-	6,560,398.23	429,827.59	-	6,130,570.64	自筹	82.14	87.00	-
东阿阿胶聊城博物馆	7,525,400.00	6,057,645.83	8,092.26	-	-	6,065,738.09	自筹	80.60	87.00	-
旅游服务区景观	28,610,000.00	9,630,375.62	8,514,449.77	13,248,439.68	-	4,896,385.71	自筹	63.42	70.00	-
生产制造执行（MES）系统	6,000,000.00	3,205,128.27	-	-	-	3,205,128.27	自筹	53.42	60.00	-
老厂房改造项目	54,900,000.00	24,843,382.63	6,976,033.53	30,140,636.39	-	1,678,779.77	自筹	57.96	68.00	-
东阿阿胶乐活中心	45,753,000.00	5,111,187.50	7,809,892.08	11,694,369.56	-	1,226,710.02	自筹	90.27	99.00	-
财务共享集成项目	8,890,000.00	5,113,979.20	1,500,000.00	-	5,721,980.33	891,998.87	自筹	74.40	89.00	-

图3-2-3　东阿阿胶2018年年报数据

既然东阿阿胶的产量、销售渠道和价格没有问题，那问题到底出在哪儿呢？笔者认为是行业问题。阿胶是个好东西，也是一个毛利较高的行业。在高额利润下，在驴皮供应不足的情况下，很多小企业用猪皮、牛皮和马皮来熬制阿胶。根据中国药典的记载，只有用驴皮熬制的阿胶才是真正的阿胶。但是市场上很多阿胶是用猪皮熬制的，效果不佳，以次充好。对于普通消费者来说，他们没有能力分辨哪些是真正的阿胶，这种行业乱象已经不是一天两天了。现在阿胶行业龙头的利润出现大幅回调，也许会倒逼阿胶行业进行整顿，从源头上治理阿胶行业，从而保护真正的阿胶，惠及百姓，让真正需要阿胶的人买到正品阿胶，而不是市场上以次充好的“鱼”胶。行业整顿需要经历阵痛，但是去除毒瘤以后，拥有正宗阿胶产品和良好销售渠道的东阿阿胶势，必然会强者归来。阵痛之后，阿胶行业的涨价空间也会打开。

所以，对于阿胶市场具有近乎寡头垄断地位的东阿阿胶来说，回调或许正是上车的好时机。在2017年到2019年长达两年的杀跌之后，市场有望重回理性。随着东阿阿胶基本面向好，其股价与估值有望迎来双赢的格局。因此，在市场利空导致股价大幅回调的时候，投资者要敢于贪婪，毕竟具有垄断性+稀缺性的阿胶龙头，给大家这么便宜筹码的机会并不多，要抓住低吸的机会。

3　把握规律，尽掌ST板块的翻倍股

说起ST股，大家并不陌生。根据现行的交易规则，对于主板上市的公司，如果连续两年业绩亏损，将会在股票代码前加“ST”，用以提醒投资者该上市公司业绩有亏损，投资者在决策时，要注意企业的业绩风险。为了降低投资风险，交易所规定对ST股实行涨跌幅限制，从±10%变为±5%。按照正常的逻辑来说，这种风险企业应该加以规避。

2020年之前，国内IPO实行核准制，上市之路没有那么通畅，很多企业会选择通过借壳上市，业绩不佳的ST企业就成为这些企业选择借壳的通道。比如2016年贝瑞基因借壳ST仪表，ST仪表2016年6月14日开始停牌，到2016年12月19日一字涨停复牌，然后连涨10天走出了10连板的行情，涨幅高达159%。正是这个原因，A股市场形成了独有的“ST股不死鸟”行情。如图3-3-1所示。

2020年6月12日起，我国股市开始试点注册制，这是核准制向注册制的一个转变，随着时间的推移，A股迎来全面注册制几乎是必然的事。在这个大背景下，ST股的“不死鸟”或面临深渊，这也是为什么前些年受到热捧的资产重组突然不香了。以前很多ST股能够保住自己的“壳”，一个重要的原

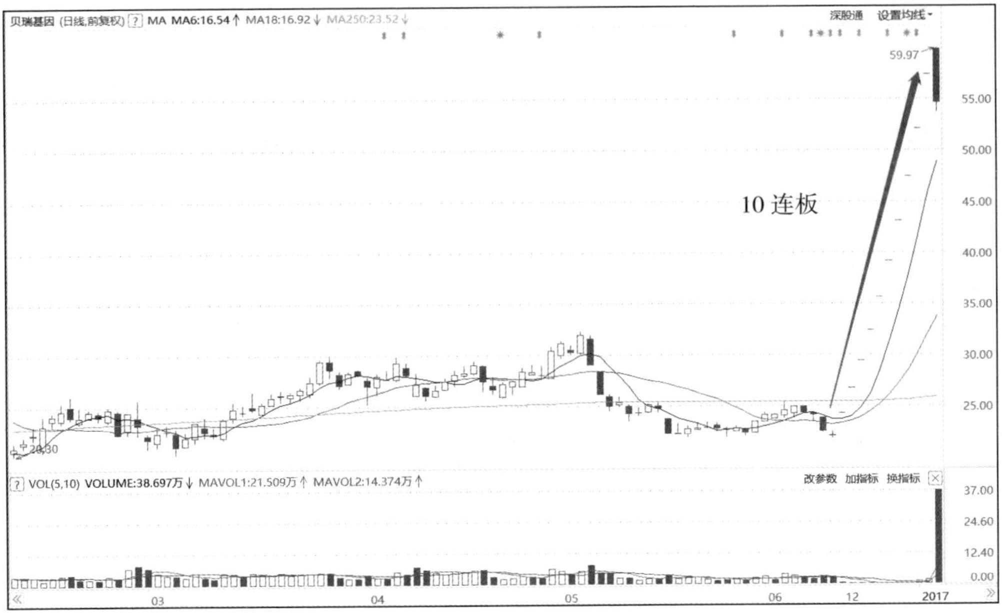

图3-3-1　贝瑞基因日K线走势图

因是可以给那些不想排队上市的企业借壳上市的机会，哪怕一个空壳子，市场估值也得三五十亿元。但是实行注册制后，壳不再值钱，或者说不是那么重要了。这种情况下，ST股退市的概率就非常高了，所以最近几年炒作ST股的风气就弱了很多。

相比之下，炒作ST股的风险大大提高了。那么，是不是ST股就没有机会了呢？并不是，只是说以后炒作ST股的难度会大大提高。但是，如果大家能够发现一些不为人知的市场规律，就有可能获取别人得不到的市场超额收益。比如ST舍得，这个公司的故事就很有意思。

ST舍得是指上市公司舍得酒业。2020年9月20日，舍得酒业突然发布公告，宣布在9月22日带帽，股票名称变为“ST舍得”。这个消息一出来，舍得酒业的股价直接一字跌停。大家可以看到，舍得酒业的业绩虽然下降，但是也不到“带帽”的境地啊。查阅舍得酒业的半年报不难发现，在2020年半年报中，虽然业绩出现下降，但是上半年的净利润也是1.4亿

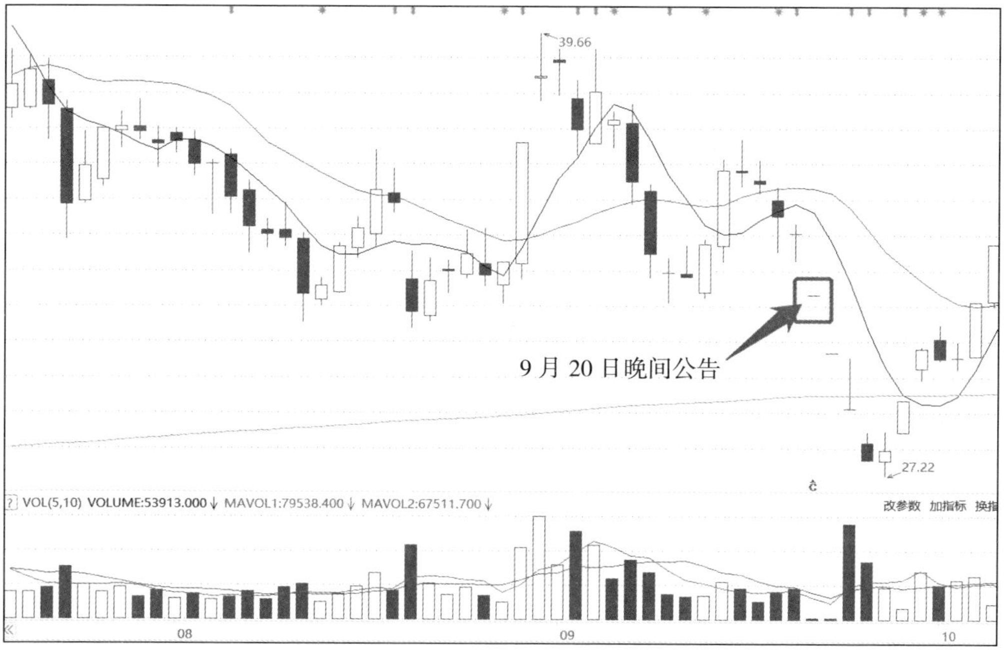

图3-3-2 舍得酒业K线走势图

元，根本不是连续两年业绩亏损啊，怎么突然“加帽”了呢？随着舍得酒业发布公告，市场知道了舍得酒业带帽的原因，因为“天洋控股及其关联方非经营性占用公司资金且未在2020年9月19日前的承诺期限内及时归还本金及利息高达4.35亿元。”估计很多人根本不在乎舍得酒业为什么突然带帽，但是笔者希望大家从现在开始培养敏感的投资嗅觉。舍得带帽的原因，竟然不是因为主营业务亏损，这会不会有什么其他我们没有了解的内幕？

事实上确实有内幕，可以说，ST舍得是第一个因为非“业绩亏损”而变成ST股的上市公司。这是怎么回事？不是说连续亏损两年才会变成ST吗？正是因为舍得酒业的这个特殊情况，笔者重新研究了《上海证券交易所股票上市规则》的相关规定。

其他风险警示
13.4.1 上市公司出现以下情形之一的，本所对其股票实施其他风险警示：
（一）被暂停上市的公司股票恢复上市后或者被终止上市的公司股票重新上市后，公司尚未发布首份年度报告
（二）生产经营活动受到严重影响且预计在 3 个月内不能恢复正常；
（三）主要银行账号被冻结；
（四）董事会会议无法正常召开并形成决议；
（五）公司被控股股东及其关联方非经营性占用资金或违反规定决策程序对外提供担保，情形严重的；
（六）中国证监会或本所认定的其他情形。

图3-3-3　上交所股票上市规则的其他风险警示

根据《上海证券交易所股票上市规则》13.4.1的规定，舍得酒业是因为“其他风险警示”中的第（五）条规定（如图3-3-3所示），控股股东侵占上市公司资金，在风险没有解除之前，要对上市公司带帽，以提示投资风险。因为带帽，舍得酒业的股价接连下跌。那么问题来了，舍得酒业会顺利摘帽吗？从上市公司公告信息来看，舍得摘帽是板上钉钉的事情。为何这么说呢？根据舍得酒业公告（如图3-3-4所示）：公司已经向四川省遂宁市中级人民法院采取保全措施，遂宁市中级人民法院已经冻结天洋控股集团有限公司6.7亿元的资金。天洋控股集团有限公司违规占用资金的本息为4.35亿元，可以说，从司法上就保证了舍得酒业能够顺利收回这笔资金。

基于这个逻辑，完全有足够的理由相信业绩稳健的舍得酒业有足够的底气把“帽子”给摘了。换句话说，因“特殊原因”带帽而导致股价大幅回调的舍得，终究会随着“特殊原因”去除之后，股价重新回到原来的价格，甚至随着业绩稳健上涨，其股价更上一层楼也不是难事。所以，投资者应该有信心在这个位置借危机入市。

二、控股股东及其关联方间接占用资金的解决进展情况

截至本公告日，公司尚未收到天洋控股及其关联方资金占用的本金及利息。公司全资子公司四川沱牌舍得营销有限公司已就上述资金占用事项向四川省

遂宁市中级人民法院申请对天洋控股集团有限公司、三河天洋城房地产开发有限公司财产采取保全措施。四川省遂宁市中级人民法院裁定对天洋控股持有的沱牌舍得集团70%的股权予以冻结，冻结金额以6.7亿元为限，冻结日期为2020年8月18日至2023年8月17日。具体内容请见公司披露于上海证券交易所网站的《舍得酒业关于全资子公司涉及诉讼的公告》（2020-050）。目前暂时无法判断该资金占用事项对公司期后利润的影响。

公司董事会将密切关注天洋控股及其关联方的及时还款情况，敦促天洋控股及其关联方继续通过多渠道努力筹措资金，并制定切实可行的还款计划，偿还占用的资金及利息。

数据来源：舍得酒业官方公告

图3-3-4 舍得酒业相关公告

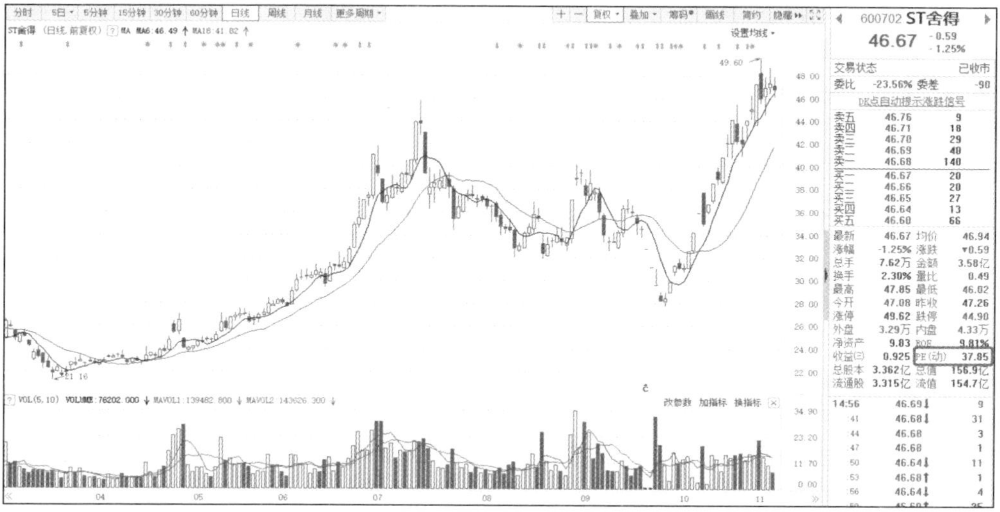

图3-3-5 ST舍得日K线走势图

ST舍得可能是第一个实施“其他风险警示”的案例，但绝对不是最后一个。舍得酒业这个事情，应该对大家有所警示。投资市场，活到老，学到老，唯有不断学习，提高自己的认知，才能扩大自己的盈利界限。即便错过了舍得酒业，但是对于一些国有企业，尤其是业绩大白马，一旦出现“特殊情况”导致股价非理性下跌时，往往就是借危机入市的良机，一旦把握住，

可能会有意想不到的超额收益。关键时，可以通过综合各方消息，将这种不确定性变为确定性，提高投资决策的胜率。随着A股信息披露越来越成熟，一些企业的问题也陆续暴露在大家面前，利用交易规则给予投资者的信息误差，或许是短期实现收益暴涨的一种方式。

4　可比估值，聊聊为什么要买金龙鱼

2020年10月15日，金龙鱼正式上市交易。因其知名度高，上市之初就受到了市场的高度关注。因为正好持有这只股票，所以这里想和大家分享一下笔者为什么买它。

笔者深入研究了金龙鱼之后，发现它真的是一个不可多得的宝藏。很多人可能不明白，一个做粮油的为什么在创业板上市？几千亿元的营收，结果净利润不足百亿元，比海天味业差远了。事实真是如此吗？这里用可比公司估值的方法，来具体分析一下这两家公司。

对于一个行业内两个差不多的公司，用可比估值的方法进行分析，可以让大家比较清晰地了解一家公司的股价波动空间，从而让投资者有勇气在股价回调的时候坚定地持有，在大跌的时候敢于逆势加仓。调味品和粮油领

表3-4-1　2020年上半年调味品和食用油公司渠道布局

行业	公司	渠道深度		渠道广度	
		省级市	地级市	经销商数（家）	终端网点数（个）
调味品	海天味业	100%	100%	6433	500万+（注1）
	中炬高新	-	87.7%	1254	-
	千禾味业	-	-	1233	-
	恒顺醋业	-	-	1294	-
食用油	金龙鱼	100%	100%	4406（注2）	140万+
	道道全	-	-	1032	60万+
	西王食品	-	-	800	20万+

资料来源：金龙鱼招股说明书，各公司2020半年度经营数据公告，渠道调研，益海嘉里官网，光大证券研究所（注1：海天终端网点数为2019年调研数据所得；注2：金龙鱼招股说明书中经销商数据只更新到2019年）

域，目前做得比较大的两家公司，一家是调味品酱油龙头海天味业，一家是粮油龙头金龙鱼。之所以用它们两家对比，一是处于相同行业的细分领域，二是两家公司都是上市企业，在使用可比公司估值的时候，可以简单用其市值进行估值；第三则是两家公司的渠道布局非常相似，都是贯穿省级、地级市，在全国范围内布局，打造属于自己的品牌。

4.1　海天好，但是金龙鱼更好

首先要强调一点，这里用海天味业作对比，不是说海天不好，而是笔者认为金龙鱼从多方面来说比海天更好。

（1）产品占有率更高。

表3-4-2　2019年海天主营产品营业收入占比情况

主营构成	主营收入（元）	收入比例
酱油	116.29亿	58.74%
蚝油	34.90亿	17.63%
调味酱	22.91亿	11.57%
其他	13.52亿	6.83%
其他（补充）	10.35亿	5.23%
数据来源：公开资料整理		

海天味业的主营产品是酱油和蚝油，这两项占据海天味业营业收入的75%左右，这也符合大家对海天味业的认识，因为大多数人都是通过生抽和蚝油认识海天这个品牌的。但是在酱油和蚝油领域，特别是酱油领域，海天味业的市场份额只有18%，其他比较强劲的竞品公司有李锦记、加加、千禾等。整体来说，酱油市场的竞争还是比较激烈的，这意味着即使酱油行业集中度提高，海天味业可争夺的市场份额也相对有限。因为在一定的价格范围内，消费者对酱油的价格敏感度是比较低的，这意味着品牌知名度对企业占

有率的影响比较大，无论是李锦记、千禾还是加加、厨邦，它们的品牌效应已经形成，海天想抢占它们的份额，还是有一定难度的。也就是说，在酱油这一块，量能的天花板是可见的。

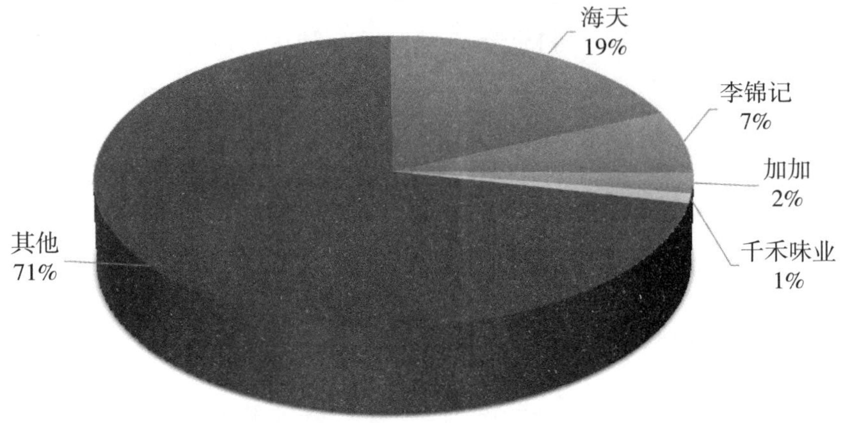

数据来源：前瞻经济学人，中泰证券研究所

图3-4-1　2018年中国酱油行业集中度统计情况

相比之下，金龙鱼的市场占有率则是又高又稳。2019年，金龙鱼包装食用油的市场占有率是33.7%，远超其他品牌，龙头地位十分明显。可以说，在这个高市场占有率下，只要食用油市场维持合理的理性增长，金龙鱼的霸主地位会越来越稳固。相比竞争激烈的酱油市场来说，金龙鱼的优势可见一斑。

（2）相对利润空间更大。

笔者认为，金龙鱼最大的优势在于其相对的利润空间更大。之前说过，金龙鱼几千亿元的营收收入，但是只有不足百亿元的净利润，净利非常低。这是为什么呢？这里其实有一个经济学的问题，就是最高限价问题，简单来说，就是政府对某种商品规定的最高价格。相比酱油，食用油是不可或缺的，是事关民生大计的。在这个背景下，如果油价上涨过高，势必会影响百姓生活，因此，在过去这些年，食用油不涨价的根本原因是国家有意调控。事实上，在2008年、2010年和2012年，发改委调控过3次食用油的价格，

表3-4-3 2019年包装食用油市场份额统计表

序号	品牌	所属公司	市场份额
1	**金龙鱼**	**益海嘉里**	**33.70%**
2	福临门	中国粮油	13.50%
3	鲁花	山东鲁花	6.80%
4	海狮	上海良久	3.20%
5	长寿花	长寿花食品	2.70%
6	西王	西王食品	2.70%
7	**欧丽薇兰**	**益海嘉里**	**2.30%**
8	多力	佳格食品	2.20%
9	**胡姬花**	**益海嘉里**	**1.90%**
10	鹰唛	广东鹰唛	1.50%
11	四洲	四洲集团	1.50%
12	盛洲	盛洲控股	1.40%

数据来源：欧睿数据、开源证券研究所

历次调控金龙鱼都在其中。油价不能上涨，原材料价格却在上涨（豆粕来源于进口），这是金龙鱼高营收低毛利的根本原因。当然了，这个局面以后大概率还是会维持。所以，金龙鱼如果想在食用油这块突围，唯一的方法就是提高食用油的压榨技术，用相同的原料生出更多的食用油，从而变相降低成本。

在价格方面，海天味业的优势比较明显，就是可以在一定程度上提高售价。事实上，过去这些年，海天确实在提高价格。之前强调过，在一定的价格范围内，消费者对于调味品的价格是不敏感的，涨跌几块钱，消费者可能没有什么感觉。但是，当超过一定的价格范围后，消费者就会变得敏感。酱油价格接连上涨之后，消费者已经对价格出现了一定程度的敏感，这也是其他酱油品牌市场份额扩大的一个原因。

所以，从相对的利润空间来说，相比海天味业，笔者认为金龙鱼更胜一筹。

（3）厨房调味品领先其他竞品。

其实，无论是海天味业还是金龙鱼，它们都知道，厨房调味品才是业绩持续发力的领域。能否在这个领域占据份额，决定它们能否找到新的业绩增长极。在这一点上，金龙鱼明显比海天具有优势。

①金龙鱼抢占海天酱油赛道，这一点是金龙鱼最大的优势。金龙鱼可以轻松抢占海天的赛道，因为目前酱油领域还处于多品牌竞争的状态，没有绝对的龙头。但是，海天无法抢占金龙鱼的赛道，食用油市场的格局已经形成，海天进入的难度太大了。现实情况是，金龙鱼已经和百年老字号丸庄酱油达成合作，进军酱油领域。事实上，对于酱油领域来说，金龙鱼是具有优势的，第一是在价格方面并不比海天差；第二则是成本问题，毕竟坐拥金龙鱼这个国内最大的粮油商，其原料方面更具有优势。所以，从这一点来说，金龙鱼在厨房调味品的布局优势胜过海天。

②金龙鱼在厨房调味品的竞争优势逐渐凸显。坐拥渠道优势和品牌优势的金龙鱼，在厨房调味品领域取得了显著的成果，其厨房调味品的芝麻油已经达到了世界级别的水平，2019年公司芝麻油市场占有率达到15%，坐稳行业前三。从目前的发展情况来看，金龙鱼在厨房调味品领域的布局越来越强，厨房调味品成为其业绩新的增长极只是时间问题。

表3-4-4　2019年国内芝麻油业务市场格局

序号	品种	所属公司	市场份额
1	**金龙鱼**	**益海嘉里**	**15%**
2	燕庄	安徽燕庄油脂	15%
3	李锦记	李锦记	7%
4	福达坊	武汉福达	7%
5	崔字牌	潍坊瑞福油脂	7%
6	鲁花	山东鲁花	7%
7	太太乐	内蒙古金格勒	7%
8	其他	其他	35%

数据来源：中国油脂网、东吴证券研究所

也就是说，相比海天味业来说，金龙鱼既可以在现有的粮油业务领域通过规模优势降低成本，提高利润，也可以在厨房调味品领域持续发力。金龙鱼在一些细分领域的布局，已经初见成果，随着时间的推移，成为金龙鱼新的增长极是大概率事件。

4.2　可比公司估值，金龙鱼值得盘它

还是那句话，海天是好，我们要承认，但是金龙鱼更好。基于这个逻辑，大家不难发现，目前市场给予海天味业的估值是比较合理的，至少不会有太大的泡沫。截至2020年12月9日收盘，海天味业的市值是5966亿元，而同期的金龙鱼市值仅有3744亿元，其对应的收盘价是69.05元/股。按照可比公司估值来说，保守估计，其达到海天味业的估值水平，也能达到5966亿元的市值，这就意味着金龙鱼的股价将会达到110元（69.05×5966÷3744）。12月9日不到70元的金龙鱼，难道不值得你买它吗？这里还有一个重要的点，就是当时金龙鱼的流通市值比较小，不到300亿元，随着解禁后市场上筹码增加，交易更活跃，机构、外资等陆续参与后，达到上万亿的市值笔者觉得也是有可能的。所以，对于金龙鱼，笔者保持相对乐观的看法。

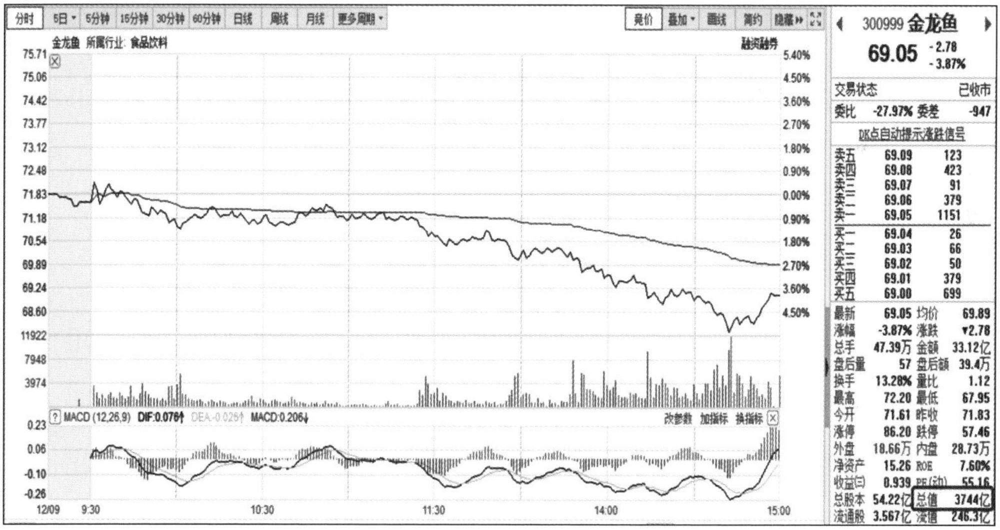

图3-4-2　金龙鱼分时走势图

金龙鱼虽然在2021年1月11日创出145.51元高价之后开启一路下跌，但是投资者需要明白的是，金龙鱼的基本投资逻辑没有任何改变，强大的渠道

优势仍旧是其强有力的护城河。所以，当价格回调后，其投资价值或者说收益空间被放大，就更值得提前埋伏了。

5 投资科创板：从四个维度把握医药细分赛道

在投资市场厮杀多年，股票做了不少，但是真正赚到钱的、做得最多的还是医药股和白酒股。白酒股的投资逻辑比较简单，医药股就复杂多了。对笔者而言，相比白酒股，更看好医药股，确切地说，应该是医药股的细分方向生物医药。生物医药是一条全新的赛道，包括美国在内，大多数国家在这条赛道上基本上处于相同的起跑点。在生物医药方面赶超美国，笔者看到了希望，这个希望就是科创板的诞生，给国内的生物医药公司带来了强大的资金活力。

一般来说，投资企业就是投资管理者，投资企业的创始人。但是不可否认的是，大家对很多企业的创始人没有认知。基于这种情况，笔者觉得可以从以下四个维度进行分析，规避认知陷阱，找到值得投资的源头创新的生物医药公司。

5.1 忽略财务指标，看企业的研究方向

这一点很重要。为什么这么说？就是上面提到的“源头创新”，虽然国内的创新药已经有所发展，但是相比国外还是落后的。其实国内很多研究新药的人都被带偏了，大家的目光聚焦点都是已有的靶点，而这些靶点往往都是国外发布的一些高发癌症或者肿瘤靶点，而国内一些高发的癌症和肿瘤，却很少有人去研究。

有关数据表明，我国高发的四大癌种分别是鼻咽癌（占比高达80%）、肝癌（占比高达55%）、食管癌（占比高达49%）和胃癌（占比高达48%）。

但是实际上，国内目前大多数的新药研究，仍旧聚焦在国外高发的癌症，鲜有研发机构或者团队聚焦国内本土高发癌症的新药研究。所以，源头创新应该首先体现在对国内高发癌症新药的研究上。如果我们自己不研究治疗国人高发癌症的药物，难道还指望国外的研发机构吗？其次，相比国外高发癌症新药的研究，国内高发癌症新药的研究还属于蓝海领域，竞争小，加上国内人口基数大，研究潜力非常大。所以，如果这方面的新药已经开始研究，或者到了临床阶段，那么可想而知，这款新药有多大的利润空间。

5.2　聚焦靶点，新药研发的核心基础

靶点，通俗来说就是癌变细胞和非癌变细胞不同，把这个点当作靶子，研究药物专门打击这个靶子，从而杀死癌细胞，但不伤害正常的细胞。对于抗肿瘤和癌症的治疗，靶点极其重要，靶点选不好，可能在杀死癌细胞的同时，也会把健康的细胞杀死。

目前新药研究，在靶点这块，需要重点关注两个点。

第一，市场研发泛滥。目前市场比较热门和有效的靶点是PD-1，也正是因为其有效，导致市场上几乎所有的新药研发都聚焦在这个靶点。不夸张地说，国内可能有上千个团队在研究基于这个靶点的药物。但是大家有没有想过一个问题，如果都聚焦于这个靶点的研究，最后上市一大堆PD-1药物，一方面这种不良竞争会阻碍国内生物制药的发展，另外一方面就是药品泛滥，严重压缩利润空间。所以，在选择生物医药股投资的时候，要注意这一点，避免那些被市场过度研发的靶点。

第二，关注新靶点。这个有效性很难判断，但是大家可以根据一些专家对于靶点的分析来做出判断。比如复旦大学肿瘤医院临床药物研究机构负责人李进教授强调除了PD-1以外的靶点，也要关注如FAK抑制剂、CD73和K-RAS抑制剂等靶点，同时也可以关注PD-1和其他靶点共同作用的复合靶

点、多靶点新药，这种靶点药才是生物制药的未来。

5.3 临床牵头人或者团队是关键

这一点对于非生物制药行业的投资者来说，分析起来相对比较难。笔者听过复旦大学肿瘤医院临床药物研究机构负责人李进教授的科创板路演，他特意强调了国内比较顶尖的临床牵头人和团队。笔者也请教了制药方面的同学，大概整理了一下。大家可以发动自己的人脉，了解一下其他业界认可度比较高的临床牵头人或者团队。

新药上市前，临床是必经的步骤，所以临床团队或者临床的牵头人就变得特别重要。逻辑非常简单，他们都是行业的翘楚，哪个不爱惜自己的羽毛？所以，能够让他们看上眼的项目，往往也意味着通过临床的概率更大。如果大家能够知道进入临床的新药是市场哪些顶尖临床团队做的，就要多加关注。

5.4 专利是新药研发企业最强的护城河

对于研发企业来说，专利就是最好的护城河。因为拥有了专利，就相当于拥有了合法“垄断”市场的资格。新药研究的时间往往都比较长，从开始研发到新药上市，平均在10～15年。正常来说，一款新药顺利上市后，大概也就剩七八年的专利期，这也是为什么新药特别贵的原因，因为企业投入几千万元甚至几个亿，数年投入，肯定想早点回本。所以新药研发，最后就落在专利的数量和范围。专利数量越多的企业，最后研制成功的概率就越高。同样道理，拥有国际专利就比只拥有国内专利更好，可以说专利是生物医药企业最强的护城河。对于国内的生物制药公司来说，可能大多数都没有上市，大多数还在研发，有些可能已经到临床阶段了，拥有越多的专利，则意味着成功的可能性越大。所以在投资标的的选择上，应该倾向于选择这种企业。

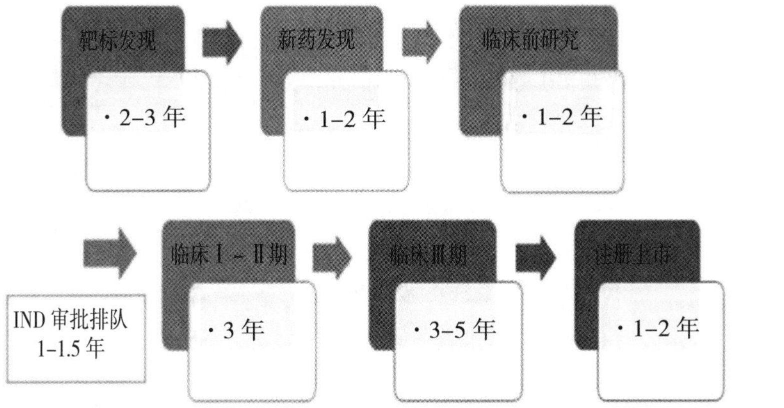

资料来源：公开资料，兴业证券经济与金融研究院整理

图3-5-1　新药上市所需时间

5.5　多维度研究微芯生物的投资价值

微芯生物董事长鲁先平，从其公开的简历来说，其在肿瘤领域属于比较权威的。

XIANPING LU

性别:男	学历:博士	XIANPINGLU,中文名鲁先平,男,1963年2月生,美国国籍,拥有中国永久居留权,中国协和医科大学(现北京协和医学院)理学博士。现任公司董事长、总经理、首席科学官,任期自2018年3月24日至2021年3月23日。详细履历如下:XIANPINGLU先生1989年1月至1994年6月在美国加州大学圣迭戈分校从事博士后研究:1994年6月至1998年4月参与创建美国Maxia药物公司和GaldermaResearch生物技术公司:1998年5月至2000年9月任美国Galderma药物公司北美研发中心研究部主任:2000年10月至2001年10月任清华大学生物膜与膜生物工程国家重点实验室高级访问学者:2001年3月至2018年3月历任微芯有限首席科学官、总裁和副董事长。2018年3月至今任公司董事长、总经理、首席科学官。XIANPINGLU先生具有全球药物研发及管理经验,在分子医学、肿瘤、神经内分泌、免疫、代谢及皮肤病等方面具有较深造诣。XIANPINGLU先生作为主要负责人承担3项国家“重大新药创制”重大科技专项和2项国家高技术研究发展(863)计划等重大国家级科研项目及多项省市级科研项目,曾分别于国际顶级期刊《Science》、《Nature》、《NatureMedicine》和《TheLancetOncology》发表过学术论文。XIANPINGLU先生2015年获人民网、中国药促会联合评选的“首届中国医药创新最具影响力品牌最具影响力创新人物”,获中美生物技术与制药专业协会(SABPA)颁发的“2015太平洋生命科学成就奖”,入选《福布斯》中文版发布的“中美创新人物”榜单:2017年作为第一发明人获国家知识产权局和世界知识产权组织联合颁发的“中国专利金奖”:2018年获中国药学会等联合颁发的“2017年度中国药学发展奖创新药物奖突出成就奖”,获中国化学制药工业协会等联合评选的“纪念改革开放四十年医药产业风云人物”。
年龄:57	职务:董事长,总经理,法定代表人,董事	
任职时间:2018-03-24		

图3-5-2　鲁先平履历

下面就从微芯生物的新药研究方向、靶点研究方向和专利情况等几方面来解读和研究，看其是否值得投资。

表3-5-1　微芯生物主要产品线

通用名 商品名 实验室代码	药物类型	适应症	临床前	I期	II期	III期	新药申请 上市申请	上市	来源	商业化权利区域
西达本胺 （爱谱沙） Chidamide	表观遗传调控剂 亚型选择性HDACi （HDAC Class 1 & 10）	外周T细胞淋巴瘤					2013.02	2014.12	自主研发 独家发现	中国大陆、香港
		外周T细胞淋巴瘤 （联用CHOP）								
		乳腺癌					2018.11	2019.11		
		非小细胞肺癌								
		弥漫大B细胞淋巴瘤								
西格列他钠 Chiglitazar	新型胰岛素增敏剂 （non TZD PPAR Pan Agonist）	2型糖尿病					2019.09		自主研发 独家发现	全球
		非酒精性脂肪肝								
西奥罗尼 Chiauranib	三通路靶向激酶抑制剂 Auroa /VEGFRs/CSF1R	卵巢癌							自主研发 独家发现	全球
		小细胞肺癌								
		肝癌								
		非霍奇金淋巴瘤								
		淋巴瘤 （联合西达本胺）								
CS12192	JAK3/JAK1/TBK1 选择性激酶抑制剂	自身免疫性疾病							自主研发 独家发现	全球
CS17919	ASK1抑制剂	CKD、非酒精性脂肪肝							自主研发 独家发现	全球
CS24123	肿瘤代谢调控剂	肿瘤、免疫性疾病							自主研发 独家发现	全球
CS17938	PD-L1拮抗剂	肿瘤、免疫性疾病							自主研发 独家发现	全球
CS27186	TRβ选择性激动剂	脂代谢紊乱、非酒精性脂肪肝							自主研发 独家发现	全球

（1）深耕源头创新，研发适合中国人的药物。

根据微芯生物2019年年报可以看到，公司目前的主要产品线已经开始进入国内高发癌症新药的研究（如表3-5-1所示），其在肝癌的新药研究已经进入到了临床Ⅱ期；其研究治疗非酒精性脂肪肝的两款新药（ASK1抑制剂和TRβ选择性激动剂）已经分别进入临床前和临床Ⅰ期。这说明微芯生物已经在国内源头创新领先一步。科研领域早走一步，或许就会远远走在市场的前列。从目前来说，微芯生物的新药研究，尤其是在肝癌方面的研究发展得不错。

（2）多靶点齐头并进，同时抢占多个赛道。

从微芯生物的年报来看，公司上市产品聚焦的靶点分别是CSF1R抑制剂和VEGFRs抑制剂等。虽然公司在研的药物也有PD-1靶点，但是其在研的产品线，更多地是聚焦于ASK抑制剂或者是ASK1、JAK1、TBK1等复合靶点抑制剂。也就是说，微芯生物在靶点研究方向上，一方面避开了市场竞争激烈的PD-1研究，另一方面则是领先市场一步，进行其他有效靶点和多靶点、复合靶点的研究，并且一些产品已经进入临床阶段，可见企业创始人在这方面具有相当前沿的视角。从这个角度来说，笔者对于微芯生物保持非常乐观的态度。

（3）国内、国外专利齐开花，企业护城河渐趋完善。

根据微芯生物的招股说明书，截至其招股意向书签署日，微芯生物共拥有59项已授权专利，其中17项为境内专利，42项为境外专利。

已经取得的专利是过去的辉煌。对于新药研发企业来说，持续稳定的专利申请数量，是企业保持强大生命力的源泉。微芯生物在过去这些年是做得不错的，很多专利目前仍在保护期内，而在国外申请的一些专利，其剩余保护期限更长。那么，现阶段微芯生物的专利情况如何呢？根据其发布的第三季度报告，2020年9月，西达本胺乳腺癌适应症发明专利获得授权，其西达本胺的发明专利最长保护期已延伸至2038年。此外，在2020年1—9月，累计申请发明专利37项，累计获得发明专利授权11项。截至到第三季报，公司在全球范围内已申请发明专利243项，已获授权82项。从中可以看出，微芯生物的专利数量在稳健增加，从另外一个侧面来说，微芯生物的新药研究一直处于强在线状态。

（4）药品上市，业绩或助力股价飞扬。

相比其他新药研发公司，微芯生物已经有两款药物上市，这意味着其在药物研发领域已经走在研发药企的前列。可以说，任何一款新药的产生都是用钱堆出来的，微芯生物的产品已经产生盈利，无疑会增厚企业新药研发的保障，有助于企业在研发道路上走得更远。

2020年11月13日，微芯生物的市值在188亿元，相比恒瑞医药4500亿元的市值，微芯生物这个源头创新的原研药企业，难道不值得给它10倍的估值，达到2000亿元的市值吗？

A、境内专利

序号	专利名称	专利号	授权日	到期日	专利类型
1	一种 E 构型苯甲酰胺类化合物的固体分散体	ZL201610855106.9	2020-6-30	2036-09-26	发明、原始取得
2	西达本胺与依西美坦在制备用于治疗乳腺癌的联合用药物中的用途及联合用药物	ZL201810404747.1	2020-9-4	2038-04-27	发明、原始取得
3	一种 E 构型苯甲酰胺类化合物及其药	ZL201710244253.7	2020-9-15	2034-4-3	发明、原始取得

B、境外专利

序号	专利名称	授权国家/地区	专利号	到期日	专利类型
1	一种苯丙氨酸类化合物的制备方法	美国	US10640465	2037-09-26	发明、原始获得
2	一种苯丙氨酸类化合物的制备方法	澳大利亚	AU2017333054	2037-09-27	发明、原始取得
3	作为蛋白激酶抑制剂和组蛋白去乙酰化酶抑制剂的萘酰胺衍生物、其制备方法及应用	巴西	BRPI1011994-9	2030-03-04	发明、原始取得
4	作为选择性 JAK3 和/或 JAK1 激酶抑制剂的芳杂环化合物的制备方法及其应用	加拿大	CA2982881	2035-09-13	发明、原始取得
5	具有吲哚胺 2,3-双加氧酶抑制活性的稠合咪唑化合物的制备方法	美国	US10604529	2037-12-17	发明、原始取得
6	脲类化合物、其制备方法及其应用	美国	US10654815	2037-12-26	发明、原始取得
7	甲酰胺类化合物、其制备方法及其应用	台湾	TWI694824	2039-04-24	发明、原始取得
8	作为选择性 JAK3 和/或 JAK1 激酶抑制剂的芳杂环化合物的制备方法及其应用	印度	IN345231	2035.9.13	发明、原始取得

图3-5-3　微芯生物的专利情况

1、新药证书

截至本招股意向书签署日，公司拥有 2 个《新药证书》，具体情况如下：

序号	证书编号	持有者	药品名称	主要成分	批准时间
1	国药证字 H20140060	发行人	西达本胺	西达本胺	2014.12.23
2	国药证字 H20140061	发行人	西达本胺片	西达本胺	2014.12.23

图3-5-4　微芯生物已上市的新药

6　如何选择成长股：梦百合是否值得投资

在菲利普·费舍先生的《怎样选择成长股》一书中，费舍先生提出了访谈选股法。相信大家都明白，在股票市场，选对股票对投资决策是多么重要。随着注册制和退市制度的不断完善，未来A股投资胜利的制高点，将会落到选股上。但是因为国内外市场的差异，投资者也不可能完全照搬人家，毕竟国内市场投资者以散户为主，在信息获取渠道和分辨信息真假的能力上具有明显的劣势。相比而言，国外市场以机构投资者为主，他们有着天然的信息优势。这种情况下，作为普通投资者，访谈的对象非常有限，所以，在国内采用这种方法难度比较大。一方面投资者可以向相关的行业专家、教授或者其他专业人士请教；另外一方面，可以简单地分析企业的上游、下游和其他公司的竞争情况，从而获取相关信息，评价这家企业的成长性。

梦百合创立于2003年，2016年在上交所挂牌上市，主要从事记忆棉床垫、枕头及其他家居制品的研发、生产及销售，是国内记忆绵制品龙头企业。2021年年初，梦百合成为雪球网上的热门股，很多人好奇，这家公司到底好不好？下面就用选择成长股的方法，分析一下梦百合这家企业是否值得投资。这里尽量从客观的角度分析，但是不可否认的是，投资本身就是主观决策，所以在分析其成长性上，难免会涉及一些主观的推测分析，大家可以兼听市场上的其他声音，做到兼听则明，从而做出正确的投资决策。

6.1　梦百合财务分析

2017年—2019年，梦百合的营业收入达到23.39亿元、30.49亿元、

38.32亿元，乍一看业绩非常靓丽。那么，梦百合真的像大家眼中看到的那么耀眼吗？

（1）偿债能力逐渐恶化。

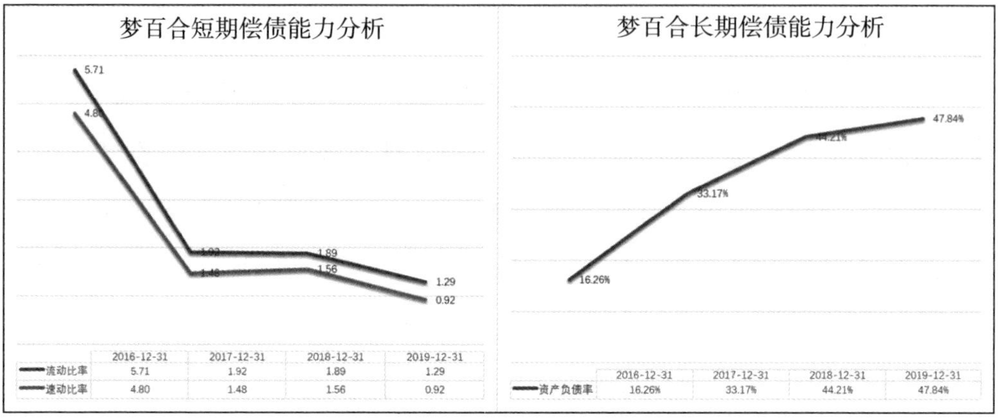

图3-6-1 梦百合偿债能力分析

从2016年—2019年的财务报表可以看出，梦百合的短期偿债能力持续下降，无论是流动比率还是速动比率都大幅下降，这种情况如果恶化下去，其短期偿债能力或制约其进一步融资。当然了，很多人可能会说，这是因为梦百合近期有收购。没错，这确实是一个看似比较合理的理由，也有前例可查。比如三一重工在收购德国机械巨头时，也出现过因收购而短期消化不良的情况。但是，梦百合毕竟不是三一重工，三一重工的市场占有率极高，而梦百合明显没有做到这一点（至少其招股说明书中没有明显透露其市场占有率，可以间接地说明市场占有率不高）。此外，长期负债能力指标资产负债率则是逐年提高，虽然没有达到75%的高预警线，但是连续提高也意味着其营收没有产生足够的现金流，以支持其持续增加的融资产生的现金流，偿债能力变弱值得注意。

（2）营运能力逐年走弱。

所谓周转率，是指在一个营业周期内各项资产转变成现金所需要的时间。从图3-6-2中可以看出，无论是应收账款还是存货，抑或资产周转率都在下降，这说明梦百合存在赊销的可能，且赊销的比例在增加。要知道，一般企业的应收账款一年内不会计提折旧，超过一年就可以计提折旧，3年还不能收回的话，可能就全额计提折旧了。如果存在大比例的赊销，应收账款或面临大额计提折旧的情况，这个风险值得投资者特别注意。此外，存货周转率也大大提高，这可能表明企业的销路受阻。没错，不少市场人士预测，家居行业仍旧在扩张，但是这个行业的内部竞争非常激烈。梦百合的营收有80%来源于境外，18%～20%来源于境内，那么，存货提高是否暗示梦百合在境外的销售受阻，国内市场又打不开？毕竟国内同行的竞品并不比梦百合差。所以，从目前梦百合的营运能力来看，笔者持怀疑和保留态度。

项目/年度	2016-12-31	2017-12-31	2018-12-31	2019-12-31	LTM(2020)
应收账款周准率	8.75	7.74	6.37	5.64	#DIV/0!
应收账款回收天数	41.70	47.15	57.27	64.71	#DIV/0!
流动资产周转率	1.80	1.65	1.73	1.63	#DIV/0!
流动资产周转天数	202.77	221.66	211.32	223.96	#DIV/0!
固定资产周转率	4.39	4.84	4.96	4.22	#DIV/0!
固定资产周转天数	83.08	75.43	73.66	86.48	#DIV/0!
总资产周转率	1.16	1.09	1.07	0.96	#DIV/0!
总资产周转天数	315.24	335.24	340.39	380.72	#DIV/0!
存货周转率	7.38	7.94	7.88	5.97	#DIV/0!
存货周转天数	49.48	45.96	46.33	61.15	#DIV/0!

图3-6-2　梦百合营运能力分析

（3）盈利能力分析：莫让营收数字欺骗你。

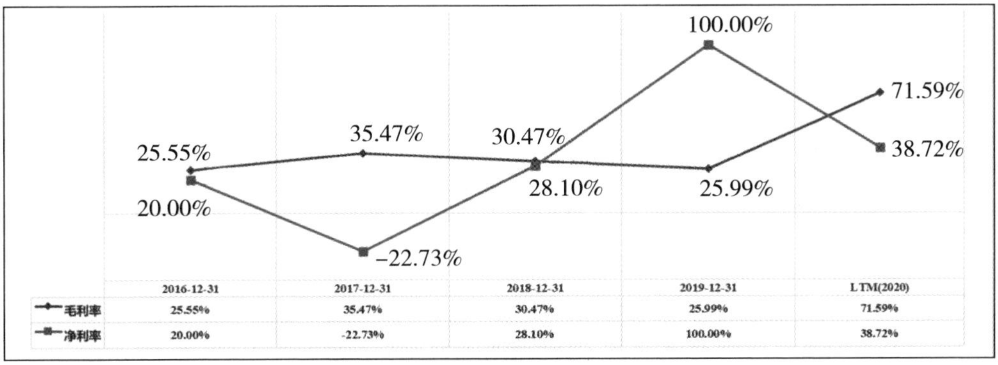

图3-6-3　梦百合盈利能力分析

2017年到2019年，甚至在2020年，梦百合的营业收入都非常不错，逐年新高，这也与其扩大产能的言论是相互印证的。但是，高营收不代表高利润，从数据来看，梦百合的毛利率和净利率的增长都差强人意。净利率在2017年触底后开始一路上涨，但是到2019年突然急剧下降，大概率是因为2017年到2019年其产品的原材料价格比较低，所以净利率出现了大幅上涨。但是2019年下半年开始，TDI和MDI等原材料价格持续上涨，导致梦百合净利率大幅缩减，这说明梦百合的产品受原材料价格的影响非常大。由此可以得出一个结论，梦百合的营业收入或许可能很高，但是因为原材料成本问题，其净利润也许会时高时低，具有非常大的不稳定性。

有人或许会拿金龙鱼说事，金龙鱼的营业收入达1400多亿元，但是净利润只有50亿元。姑且不说梦百合别的方面比不了金龙鱼，就说一点，金龙鱼控制着大豆的源头，或许会受到大豆涨价的影响（毕竟国内也会进口大豆），但是绝对不会像梦百合这样，让原材料直接扼住其咽喉。

（4）梦百合几个重要财务指标与营业收入增长的对比情况。

从梦百合的营业收入、营业成本、应收账款、固定资产和存货角度来看，其营业收入的增长速度仅仅跑赢了营业成本增长率。话说回来，如果跑

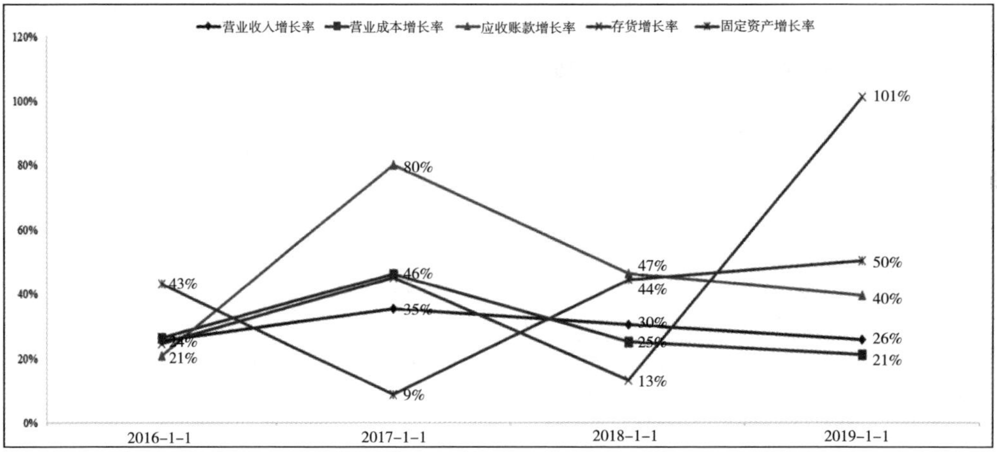

图3-6-4　梦百合若干财务指标与营业收入增长率对比情况

不过营业成本增长率，估计净利润都是负值了。从数据中可以看到，增速明显增加的是存货，这其实与其建厂扩大产能是相互印证的，且从存货增长的速度来看，也确实如此。那么问题来了，产能增加了，但是营收速度没有跟上，都跑库存那里去了，在这个背景下，是否可以合理地推测，由于疫情原因，出口受限，梦百合的境外销售不佳，而国内市场又没有打开，最后产能的增加只能落到仓库中呢？

6.2　三要素分析梦百合的成长性

（1）研究企业上游原材料情况。

因为上游原材料价格上涨，梦百合与万华化学的官司闹得沸沸扬扬，全网皆知。在裁判文书网上，笔者发现梦百合不仅起诉了万华化学，在过去这些年，梦百合几乎和国内几家做MDI、TDI的厂家都打过官司，这意味着梦百合几乎把国内TDI和MDI的主流生产厂家都得罪光了。试想，正常情况下，你会和打官司的厂家合作吗？这种情况下，梦百合的处境就比较尴尬了。要知道，在这个合作关系中，万华可以不要梦百合，但是梦百合如果没有万华，只能找其他厂家合作，问题是你把其他厂家也得罪了，还有人和你合作吗？对，还有国外厂商。国外几家MDI生产厂家扩容增产，抢占万华的全球份额，但是这么多年过去了，这几个寡头大厂还是没有干过万华。接下来的策略，这几个大厂基本上会控量保价，所以MDI和TDI或许会开启中长线涨价路径。这种情况下，梦百合的原材料供应和成本就非常有问题。

（2）了解公司下游消费者情况。

笔者在网上查到一个数据表格，是有关SKU价格高低值的数据。很多人可能不太理解，简单来说，就是价格越低，对应的消费群体基数越大。而价格区间越大，涵盖的消费群体也就越广。相比国内其他厂家，比如家居品牌慕思，其产品定价的差距直接从1850元覆盖到190000元，几乎涵盖了国内

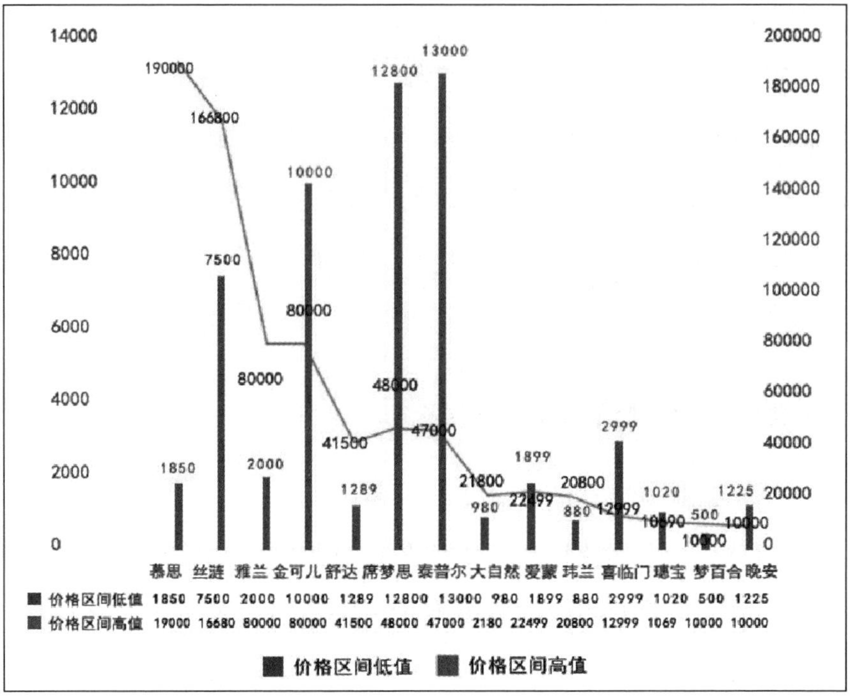

图3-6-5　SKU价格高低值

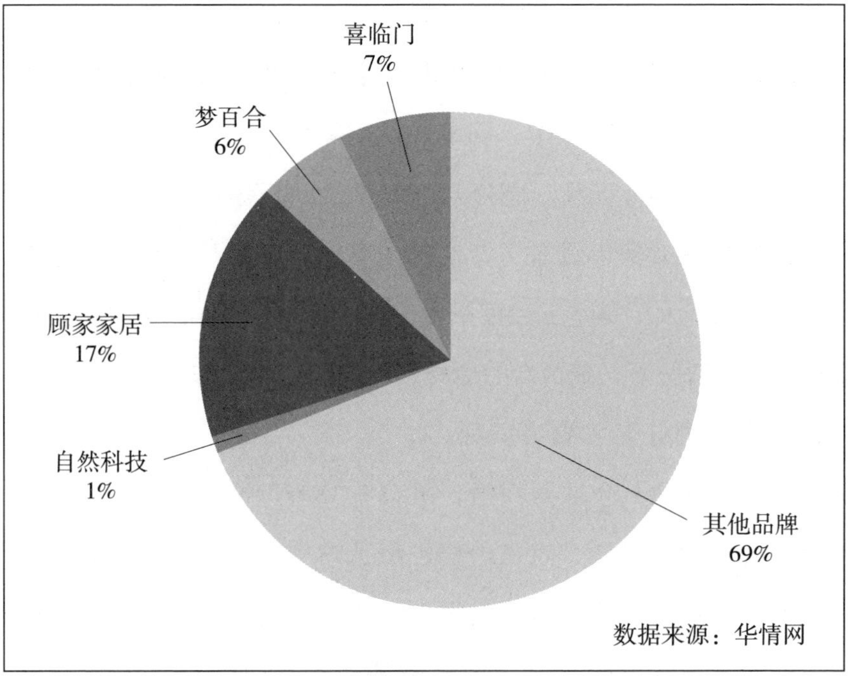

图3-6-6　2019年中国床垫各品牌市场占有率

所有级别的消费者。而梦百合只能覆盖500元～10000元的群体，勉强算是占据了一部分中端市场份额。从销售数据来看，也验证了这一点，市场对梦百合产品的认知度不高，国内市场至今没有打开。要知道，梦百合的产品在2016年上市，到2021年，四年多过去了，市场占有率还是这么尴尬，这也难怪当时梦百合上市的时候，其招股说明书没有明确的数据表明市场占有率的情况。

根据华情网的数据统计，在2019年中国床垫品牌市场占有率中，梦百合的占有率仅有6%。这也与之前强调的梦百合的营收超8成来源于境外，不到2成的收入来源于境内相互印证。也就是说，在国内梦百合并没有打响自己的品牌，仅仅是在维持自己的份额。但是值得注意的是，境外的竞争更为激烈，虽然目前没有直接数据表明其占有率，但是从其招股说明书披露的情况，也可管中窥豹。所以，从下游消费来说，梦百合的情况也不容乐观。

（3）分析行业内竞争对手的情况。

首先，梦百合主要是一家做家居的企业。从招股说明书来看，其旗下产品主要分为两大门类，即普通产品，包括记忆棉床垫、记忆棉枕、沙发、其他记忆棉产品；其次是智能睡眠系统，主要是智能电动床、智能床垫和止鼾枕。

其次，通过相关数据可以知道，在家居这个行业，竞争十分激烈。在高端市场，有国际知名的席梦思和丝涟等大厂；在中端市场，主要是国内的喜临门、梦百合、顾家家居等企业，尤其是顾家和喜临门，在知名度上远远超过梦百合；在低端市场，竞争者就更多了，因为这个市场基本上处于完全竞争市场，厂商对价格的影响有限。虽然有数据表明，渠道方面梦百合的表现还不错，同时布局了零售渠道、酒店渠道、电商渠道、出口渠道，但是同时布局这四个渠道的还有雅兰、慕思、喜临门、丝涟等几个国内外知名品牌，相比之下，梦百合略显单薄。所以目前梦百合面临的最大问题是行业内部竞争激烈，在有限的空间内想突围出去，打破现有的喜临门和顾家品牌的市场占有率，似乎不是一件容易的事。

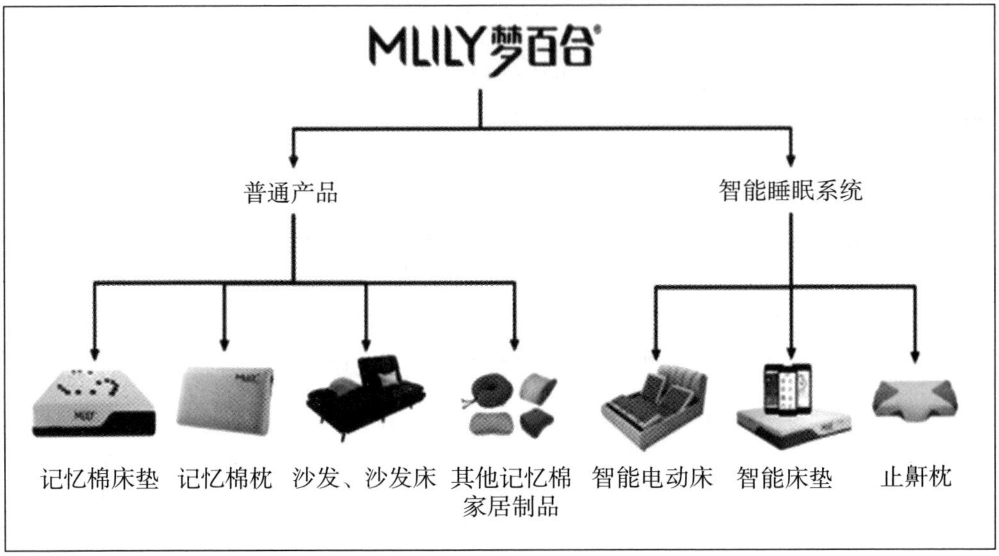

图3-6-7　梦百合产品分类

6.3　投资企业，始于报表，终于人品

投资企业，本质上是投资管理者。再好的企业，如果管理层任性，往往意味着毁灭的开始。企业创始之初需要灵魂人物，但是当企业上市走向正轨之后，职业管理团队才是保证企业长久生存下去的关键。

梦百合的倪董在雪球公开发布与万华的纠纷，在舆论上引战，笔者认为这不是一件好事。上市公司有完善的信息披露渠道，高管应该以身作则。遵守规则是对市场的尊重，也是对对手的尊重，更是对股东的尊重。

此外，在梦百合的股权架构中，倪董占据的份额高达78.69%，拥有绝对的话语权。这个份额下，说实话，董事会和股东大会等现代企业设定的管理制度，对梦百合来说其实没有作用，因为倪董完全可以一票否决。这种股权架构在很大程度上可以保护企业的控制权和经营权，但是也有弊端，就是企业容易出现一言堂。而一言堂的结果，笔者个人觉得对于企业尤其是上市企业来说，风险是非常大的。

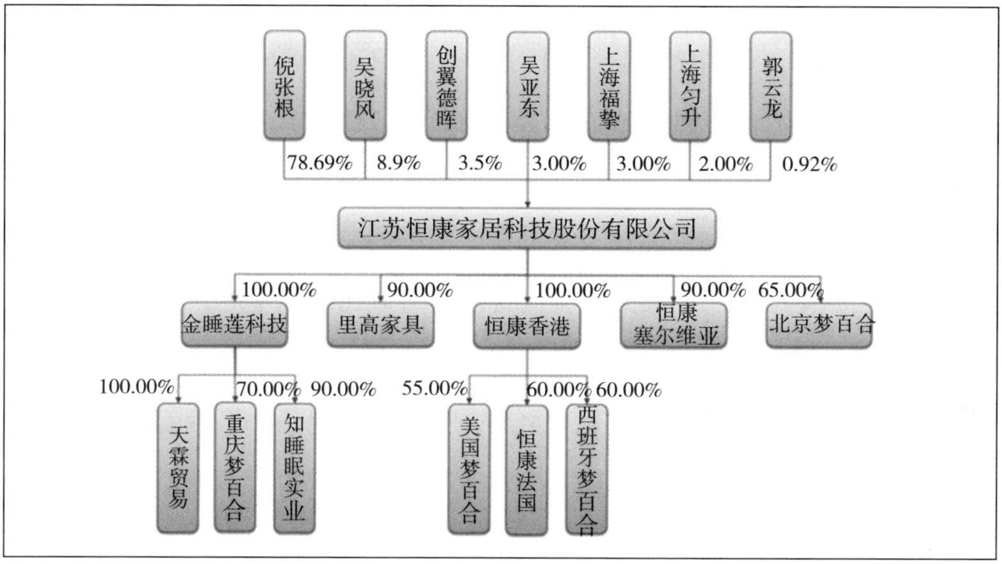

图3-6-8　梦百合股权架构

7　从产业发展角度看比亚迪万亿新航路

在投资过程中，大家总会出现一些投资误区。这个误区或者与投资习惯有关，或者与投资者的生活经历有关。对比亚迪，笔者就有过这种感受。由于笔者的投资习惯和生活经历，导致错过了比亚迪2020年到2021年的这一轮上涨行情。

7.1　错失新能源车的第一轮机会

就投资而言，笔者是一个保守派，从大的方向来说，基本聚焦的板块就是白酒和医药。对于其他板块，笔者总是保持相当的谨慎，主要原因还是不了解，毕竟一个人的精力有限，不可能去研究每一个行业。正因为如此，笔者错过了新能源汽车的第一轮大牛市行情。现在回想起来，主要有两方面的原因：一是自己对汽车行业不太了解，无论是传统汽车还是新能源汽车。再加上国内汽车制造业相比德国、美国这些国家来说，确实差一大截，这个咱们不得不承认。另外一方面是笔者的投资习惯，在投资之前，笔者基本上都会问问这个行业的人怎么看。对于新能源汽车这个问题，笔者多次请教过开车的老司机，从他们那了解到大家对新能源车的风评并不是很好。大多数人认为，新能源车的续航里程太差，而且使用寿命比燃油车短，这让本来就不太懂汽车的笔者对新能源汽车始终保持观望的态度。再加上特斯拉高调进军新能源汽车领域，感觉国产汽车竞争压力更大了。但是，笔者还是低估了国人对环保的重视和对新能源汽车的热衷，加上地方政策的优惠，比如上海直接送绿牌，以及网约车的火爆，更是为国产新能源汽车添了一把火。

但是笔者觉得，错过了并不可惜，对于投资来说，能抓住的机会才是真的机会。时至今日，随着时代的发展与进步，新能源汽车已经被越来越多的人认识和接受，也就是说，目前市场已经对新能源汽车达成了共识。行业进入了成长期，初创期的风险也大大降低了，投资机会也基本明朗了。那么，投资又回到了最初的问题，有业绩+有预期+好故事=好股票。但时至今日，比亚迪的股价已经上涨到百元以上，现在进场是不是太晚了？这需要大家去研究比亚迪的投资逻辑。

十年前入市，经过几次牛熊，笔者依然持续看好A股。一方面是国家有意盘活储蓄，让资金流动起来，通过股市提高企业的融资能力，同时让国内的百姓能够享受到改革带来的红利。另外一方面，也是很重要的一点，国内的经济发展已经成为世界经济发展的增长极，这让A股成为全球投资者眼中的价值洼地和超额利润的集中地。在这种背景下，A股走出螺旋式上升的结构牛市行情是大概率事件。

十四五提出能源革命，新能源和光伏是两大热点主题。虽然新能源车的补贴出现退坡，但是在疫情的大背景和内循环的刺激下，新能源车的刺激政策应该不会小。此外，新能源车的续航能力逐步提高，电池也在更新换代，其销量屡创新高是大概率事件。从2020年蔚来、小鹏、理想等新能源车的热销也可以看出一二。作为市场占有率更高的比亚迪，其持续增长也是大概率事件。

7.2 核心技术突破，比亚迪屹立新能源之巅

说实话，虽然比亚迪股价涨了起来，但是笔者其实没有急切地想建仓介入。尤其是在之前的一波上涨之后，比亚迪放过一波大量，根据笔者的投资理念，高位放大量收锤头线，笔者是不会碰的。

直到比亚迪在新车型“汉”上取得非常好的销量，伴随着北上资金大笔买入，那么，之前的量能放大就有了合理的解释，是散户落袋为安，而北上资金则趁机大笔买入。在良好业绩的基础上，资金面达成了共识，上涨是大概率事件。果然，比亚迪在盘整之后出现了拉升。究其原因，是市场对比亚迪又有了新的成长预期，这一切都源于比亚迪核心技术的突破——刀片电池问世。总体来说，比亚迪的刀片电池有三大优势。

（1）安全性更高。

很多人认为新能源汽车的核心问题在于续航，其实最大的问题在于安全性。相信大家或多或少听过新能源汽车自燃的情况，这种情况即使是特斯拉也是时有发生的。究其原因，是因为目前市场上大部分新能源汽车使用的电池都是三元电池和磷酸铁锂电池，相关测试表明，三元电池的表面温度在500℃，而磷酸铁锂的温度更低，只有200℃～400℃。也就是说，一旦散热不够或者长时间维持高温状态，新能源车很可能自燃或者爆炸。所以这些

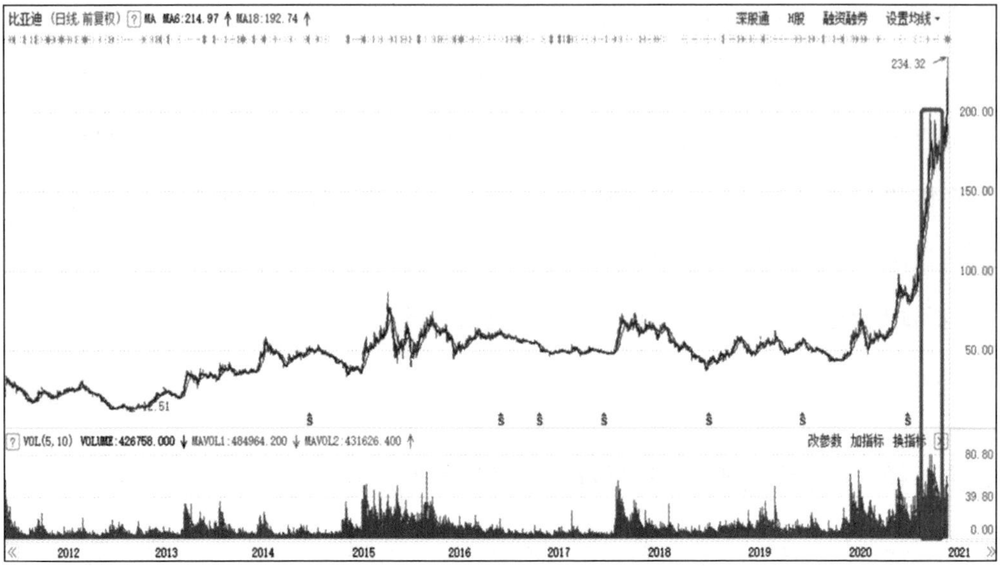

图3-7-1　比亚迪K线走势图

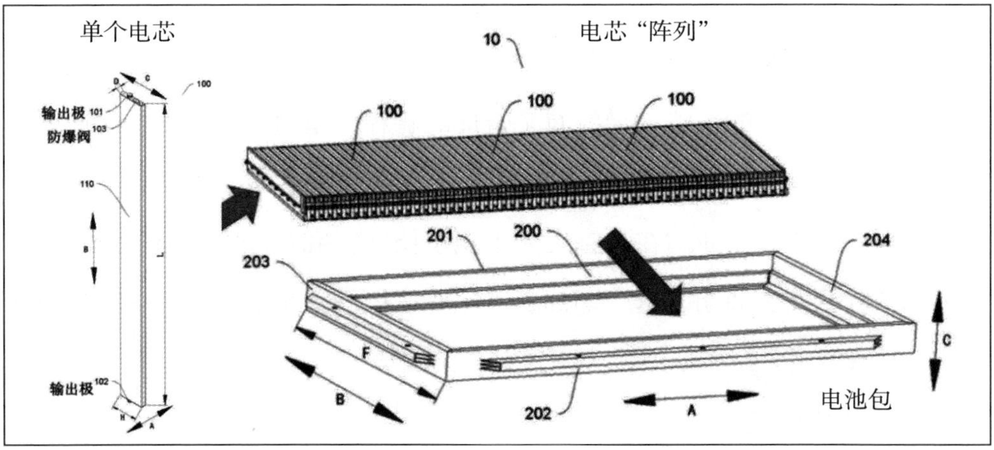

图3-7-2　比亚迪刀片电池结构

年，新能源汽车电池也一直在寻找新的材料，谋求突破。比亚迪的刀片电池，则完美解决了目前电池面临的安全困境。刀片电池无明火、无烟，表面温度仅有 30℃～40℃，表面放置的鸡蛋基本无变化，体现出极佳的热失控性能。关键是刀片电池的续航里程能够达到目前三元电池的水平，这意味着刀片电池在安全性能和续航性能上实现了完美的结合。2021年比亚迪的“汉”车型已经搭配了刀片电池，从目前市场反馈来看，非常受欢迎。

（2）成本更低。

以前笔者一直担心比亚迪面临另外一个非常大的问题，就是来自特斯拉的竞争。特斯拉一旦降价，势必会大大影响比亚迪的价格。如果比亚迪也降价，那么利润空间就小了。但是现在不用担心了，刀片电池的出现，可以让成本大幅下降。这就意味着，即使特斯拉降低价格，挤压20万元以下新能源汽车的生存空间，比亚迪也不用担心这个问题，因为刀片电池带来的成本优势，可以让其无惧任何新能源汽车企业。

根据2019年报价，三元电池的成本价为0.9元/Wh，而刀片电池的成本价低至0.6元/Wh，这意味着刀片电池的问世，可以让成本降低20%～30%。按照比亚迪汉EV电池容量 76.9kWh 计算，每辆车在电池方面就可以节约2.3万元的制造成本。随着刀片电池产量及内部搭载率的提升，成本优势将更加明显。

	刀片电池	三元电池
单价成本（元/Wh）	0.6	0.9
单车成本（万元）	4.61	6.92
数据来源：中国化学与物理电源行业协会、民生证券研究院，公开资料整理		

图3-7-3　刀片电池与三元电池成本比较

（3）外供刀片电池成为新的增长极。

在此之前，比亚迪生产的电池基本上都是供应自家的新能源汽车，也就是说，比亚迪的主营业务就是销售汽车，而汽车市场竞争激烈，其实利润空间有限，基本上是靠量能来维持。但是刀片电池的问世，使得比亚迪完善了其产业链，刀片电池不仅可以供给比亚迪自己的车型，也会供给其他企业。截至2020年，比亚迪已经给北汽、长安福特、青岛索尔、中通客车、湖北五环专汽等多家企业供给电池，类型包括三元电池和磷酸铁锂电池。随着刀片电池的量产，相信刀片电池也会成为各家新能源汽车制造企业的座上宾，这就意味着比亚迪有了新的利润增长极，那就是动力电池。可以说刀片电池的问世，让比亚迪后向一体化的经营战略完美达成。

车企	汽车类型	产品型号	电池类型
北汽	插电式混合乘用车	BJ6472U8XDKPHEV	三元
长安福特	插电式混合乘用车	CAF6461A62PHEV	三元
青岛索尔	纯电动电源车	QJM5310XDYBEV	磷酸铁锂
中通客车	纯电动城市客车	LCK6606EVGB15	磷酸铁锂
中通客车	纯电动城市客车	LCK6806EVGB	磷酸铁锂
湖北五环专汽	纯电动洗扫车	HCQ5180TXSBYDBEV	磷酸铁锂
数据来源：动力电池应用分会，工信部，民生证券研究院，公开资料整理			

图3-7-4　2020年比亚迪动力电池外供情况

事实上，刀片电池已经助力比亚迪业绩腾飞了。根据报道，2020年12月，比亚迪汉的销量再创新高，12月销售量达到了12089辆，这已经是第二个月超过10000辆的销售数量。自比亚迪汉开卖以来，累计销量已经达到了4万多辆，可见市场对于比亚迪汉的认可程度是非常好的，这也印证了刀片电池的优越性。随着刀片电池的量能扩大，比亚迪有望借助刀片电池在动力电池方面大大提高其利润。

7.3　间接控制上游锂资源，为比亚迪插上再腾飞的翅膀

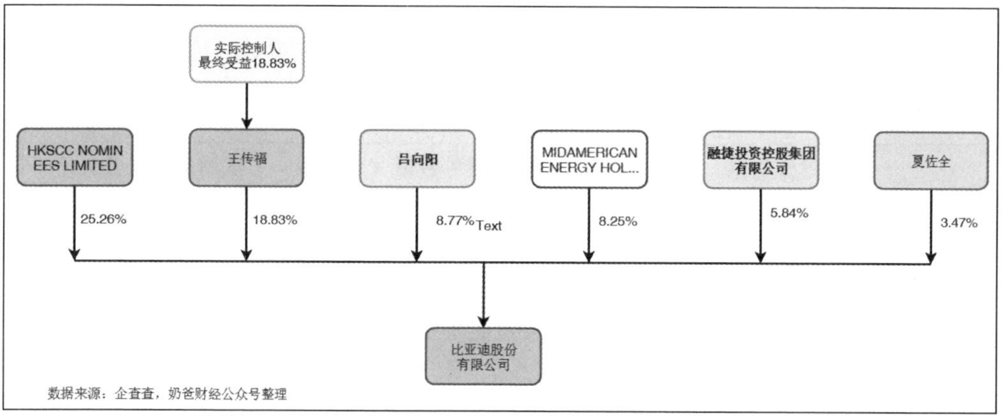

图3-7-5　比亚迪股权架构

如果说刀片电池是比亚迪后向一体化战略的重要一环，那么控制上游锂矿资源，则让比亚迪在构筑完整产业链上走得更远。虽然之前比亚迪也与盐湖股份启动了碳酸锂项目，布局上游材料，但是比亚迪对上游锂矿资源的控制远不止此。在这个环节，有一个大家不得不重视的关键人物，就是王传福的表哥吕向阳。

就在2020年，吕向阳减持了超过3亿元的比亚迪股份，为的就是完成一个定增项目。很多人可能不太了解吕向阳，这里简单介绍一下。吕向阳不仅是比亚迪的创始人之一，也是A股上市公司融捷股份（股票代码：002192）的实际控制人和董事长。他减持比亚迪股份的目的只有一个，就是完成融捷股份的定增项目。2020年11月25日，融捷股份披露定增预案，拟以18.74元/股的价格定向发行不超过1760.94万股股份，募集不超过3.3亿元资金，用于250万吨/年锂矿精选项目。这一举动意味着，比亚迪对上游锂矿资源的控制又进了一步，也说明比亚迪基本上已经在上游锂矿资源、中游动力电池和下游汽车整车方面完成了整个产业链的布局。这种完美的布局，将有利于比亚迪在未来的市场竞争中占据主动地位。

3、截至目前，上市公司总股本为259,655,203股，本次非公开发行股票数量不超过17,609,391.00股（含本数），未超过本次发行前总股本的30%。

本次发行对象以现金认购，已与公司签订了附条件生效的股份认购协议。发行对象认购情况如下：

发行对象	认购股份数量（股）	认购金额（元）
吕向阳	17,609,391.00	330,000,000.00
合计	17,609,391.00	330,000,000.00

图3-7-6　融捷股份定增预案

刀片电池核心技术实现突破，布局上游锂矿，完善产业链布局，甚至不排除未来比亚迪通过兼并收购其他知名品牌，进军30万元以上的豪华新能源汽车，这意味着经过多年的行业深耕，比亚迪已经为自己在未来的竞争中积攒了足够的本钱。随之而来的，是在产能扩大的背景下，逐步实现盈利提升。从市值角度来说，中国未来必然会有一家万亿级别的新能源汽车企业诞生，而比亚迪无疑是最有可能的那家企业。这意味着如果抛却价格表象，从产业发展的角度来说，比亚迪仍旧值得买入并长期持有。

8　爱美客：体验不一样的逻辑之美

2021年白马股暴跌，让2020年的牛股爱美客惨不忍睹。即使2021年爱美客实行10转8派35元的高送转，仍不能修复其股价。2021年3月26日，爱美客股价回调到前方支撑位置，很多人不禁问，爱美客是不是彻底没戏了？后市还有没有机会？它是否值得深入研究？其商业模式是否有持续的盈利能力？它的护城河是否足够强，可以支撑其走得更远？

对于爱美客来说，其商业模式类似于白酒，是一门相对简单的生意。其坚持的“产学研医”产业定位，基本锁定其成为上游提供商，牢牢把握了利润制高点。相比其他医美公司来说，它就是一个纯粹为女人而生的公司，其主营的核心产品都是为了让女人变美的产品。就这一点来说，非常符合笔者的选股逻辑（主营业务突出）。国内商业企业的运营，本质上模式就两种，做大做强和做强做大。就笔者本人而言，更喜欢做强做大。事实上，国内的知名品牌基本上也都是这个路子。主营业务足够突出，才能不断捍卫企业的护城河。这一点爱美客正在做，很期待看到这样一家医美公司带领国内的医美行业起步、成长和成熟。

2021年的“估值杀”，爱美客的股价回撤比较大，一个重要的原因是毛利这么高，是否具有可持续性？要知道，贵州茅台的毛利尚且不如爱美客。不同的是，市场对贵州茅台的预期是乐观的，但是对于次新股爱美客就没有那么乐观了。投资者需要先研究一下爱美客的业绩是否可以维持，高毛利能否为其带来源源不断的现金流。

首先，从大方向即商业模式来说，爱美客业绩出现问题的概率很小，只要公司正常经营，不断夯实渠道，随着大众对医美的接受程度越来越高，爱美客的利润将会源源不断。

按报告期　按年度　按单季度

贵州茅台盈利能力指标

盈利能力指标	19-12-31	18-12-31	17-12-31	16-12-31	15-12-31	14-12-31	13-12-31	12-12-31	11-12-31
加权净资产收益率(%)	33.09	34.46	32.95	24.44	26.23	31.96	39.43	45.00	40.39
摊薄净资产收益率(%)	30.30	31.20	29.61	22.94	24.25	28.73	35.51	38.97	35.06
摊薄总资产收益率(%)	25.65	25.69	23.44	18.00	21.63	26.82	31.79	35.07	30.59
毛利率(%)	91.30	91.14	89.80	91.23	92.23	92.59	92.90	92.27	91.57
净利率(%)	51.47	51.37	49.82	46.14	50.38	51.53	51.63	52.95	50.27
实际税率(%)	25.20	25.57	25.13	25.16	25.21	25.65	25.51	25.09	25.01

按报告期　按年度　按单季度

爱美客盈利能力指标

盈利能力指标	20-12-31	19-12-31	18-12-31	17-12-31	16-12-31	15-12-31	14-12-31
加权净资产收益率(%)	25.31	44.01	35.17	28.44	29.93	16.88	37.50
摊薄净资产收益率(%)	9.70	46.37	30.84	25.29	20.31	11.64	32.27
摊薄总资产收益率(%)	16.12	49.36	27.01	21.61	21.83	12.70	53.98
毛利率(%)	92.17	92.63	89.34	86.15	87.19	91.31	93.73
净利率(%)	61.10	53.43	36.18	34.49	37.74	15.79	37.83
实际税率(%)	13.78	15.06	18.90	18.11	16.29	36.42	17.17

图3-8-1　爱美客和贵州茅台的毛利率对比

根据Mob研究院对95后消费群体的研究，不难发现，对于变美这件事，95后群体的消费意愿明显高于其他年龄群体，而且他们一旦决定整形，决策时间不会超过两个月。根据研究，超过30%的95后有整形计划，且有80%喜欢分享他们的整形日记，整形“变美”这件事已经越来越受到大众的认可。笔者特意请教了专门做医美的整形医生，玻尿酸效果的持续时间大概是6～12个月，这意味着一旦女性开始通过医美塑形变美，她就会乐此不疲，为了保证自己的青春美丽，她们会开启漫长的医美之路。用通俗的话说就是，医美只有零次和无数次。产品的成瘾性，本身就是最好的护城河。所以，只要爱美客自己不作死，确保产品的安全性，那么其利润就是源源不断的。

目前国内的玻尿酸产品获得国家批文的只有爱美客。至少三年内，这款产品随着爱美客上市后影响力和知名度进一步打开，那么，利润呈现几何级数增长都是有可能的。爱美客目前的核心产品是嗨体，还有几款稀有产品也正在研发上市，所以，从目前来说，其利润增长是大概率事件。接下来就看看爱美客为了捍卫利润，修筑了哪些强有力的护城河？

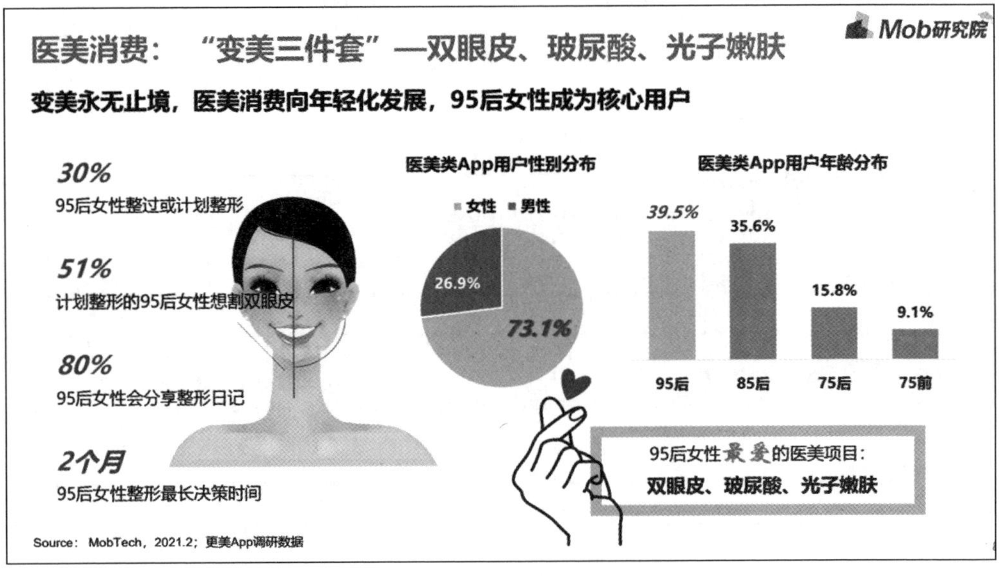

图3-8-2 医美消费数据

8.1 年报看护城河是否坚固

（1）产品优势。

根据其年报数据，嗨体是国内颈纹治疗市场的稀缺单品，也是目前国内市场上唯一一个获得国家药品监督管理局（NMPA）批准的Ⅲ类医疗器械。有研究机构研究表明，在未来2～3年内，没有其他厂家进入这个领域。从这个角度来说，嗨体会在未来2～3年继续提供给爱美客源源不断的现金流。

（2）知识产权捍卫利润制高点。

爱美客从一开始就确立了“产—学—研—医”一体化的产业链，而且尤为重视研发，这一点与国内创新药龙头恒瑞医药有点相似。虽然研发的成本很高，但是研发成功后，专利带来的壁垒更高。此外，医美行业的国家批文更是让门槛提高到极致，会让其在一段时间内独占市场发展的红利。爱美客对于研发的投入远高于其他同行，成果也是可见的，嗨体已经初具规模，其他产品也陆续上线，目前爱美客正在形成螺旋式上升的逻辑正循环。根据其年报公布的研究成果来看，已经有专利申请4种，获得授权4种，累积拥有41种专利，其中发明23种。拥有组织仿生液、仿生脱细胞组织制备和多功能止血材料制备等8项核心技术，这些专利带来的是强大的市场进入壁垒，无疑会大大增强爱美客的护城河。

（3）渠道优势，掌控定价权。

影响企业利润的，说到底就是产品的价格和数量。爱美客“产—学—研—医”的商业模式，决定了其对价格具有绝对的控制权，尤其是在国内医美市场欠发达的时候，行业还处于成长期，其定价权更强。所以，只要产品质量没有问题，强大的营销渠道就是增厚利润的不二法门。事实上，这方面爱美客做得也不错。其年报显示，在多年深耕之下，爱美客已经建立了覆盖全国31个省、市、自治区的销售服务网络。完善的销售渠道，无疑为爱美客的销售奠定了良好的基础。

（4）多产品并行，医美赛道遍地开花。

如果说前三大优势体现的是爱美客过去的成果，那么爱美客现在几款在研的产品，将会为其打开想象的空间。根据其年报公布的信息来看，爱美客已经在布局差异化透明质酸钠注射剂、含微球类注射剂、A型肉毒毒素、埋植线、体重管理类产品。这些产品中，有三款需要特别注意。

①童颜针。这款产品国内外都很紧俏，目前国外主要是Sculptra（塑然雅/舒颜萃）、Derma Veil（得美妍）和 Aesthe Fill（爱塑美）三款产品。值得关注的是，目前这三款产品并没有拿到NMPA的认证批文。爱美客的童颜针已经在2021年上市，并且成为中国NMPA获得Ⅲ类医疗器械认证的产品。价格方面，考虑到市场的紧缺情况，童颜针的售价约在3000元～120000元之间，意味着爱美客又新增一个高毛利产品。

产品名称	原产地	是否通过NMPA认证	维持时间	特点
Sculptra（塑然雅/舒颜萃）	法国	否	2年以上	第1代童颜针，可促进胶原蛋白再生。需要提前48小时配制，注射层次过浅容易出现结节。经美国FDA认证。
Derma Veil（得美妍）	美国	否	2年以上	升级版童颜针（速溶童颜针），法国专家研制。除传统作用，它因含有甘醇酸，注射后还可提亮肤色。经美国FDA认证。
Aesthe Fill（爱塑美）	韩国	否	2.7年以上	4D速溶童颜针，由法国、日韩两国联合研制。属于双旋聚乳酸，胶原增加得会更好。

资料来源：新氧，东莞证券研究所

图3-8-3　市面上常见的童颜针

②A型肉毒毒素。相比童颜针，这款产品的竞争比较大。目前在国内获得批文的有4款产品，分别是中国衡力、美国保妥适、英国吉适和韩国的乐提葆，它们占据的市场份额比较高。国内目前研究肉毒毒素的企业比较多，华熙生物已经到了上市申请阶段，爱美客目前在临床试验阶段。从市场研究的情况来看，这款产品上市的概率比较大，只是利润方面可能会受到挤压，但是爱美客也有望分一杯羹。

产品	企业	在研进度
注射用A型肉毒毒素	北京大熊伟业医药科技/大熊制药	临床III期
注射用A型肉毒毒素	爱美客 & Huons	临床试验
长效肉毒毒素	复星医药 & Revance	申报临床
注射用A型肉毒毒素	华东医药 & Jetema	申报临床
注射用A型肉毒毒素	华熙生物 & Medytox	上市申请 *注：合作方因伪造实验材料，被韩国吊销其A型肉毒毒素生产许可，但未对中国市场造成直接影响。

资料来源：药智数据、NMPA，东莞证券研究所

图3-8-4　国内肉毒毒素在研情况

③利拉鲁肽。个人觉得，这款产品是爱美客的另外一大杀器。原因很简单，中国的肥胖人口比例很大，根据艾媒咨询的数据，中国肥胖人口已经超过2.5亿人，而潜在想减肥变美的人可能是这个数字的几倍，所以减肥是一个不可估量的市场。

目前通过国家药品监督管理局（NMPA）批准的减肥产品，仅有一款副作用比较小的奥利司他，这款产品1998年首次在新西兰上市，当年销售额就高达1.46亿美元。也就是说，目前国内减肥药市场与童颜针类似，很紧缺。爱美客的利拉鲁肽项目已进入临床阶段，以治疗Ⅱ型糖尿病适应症作为过渡，后期将继续开展肥胖症适应症的临床项目，也有望进入市场分得一杯羹。

名称	作用	不良反应
奥利司他	减肥效果明显，可改善肥胖青少年的内皮功能和LDL-胆固醇，通过改善内皮功能改善心血管危险因素，改善超重或肥胖的初发，降低2型糖尿病患者的胰岛素抵抗水平，同时减少体脂量，进一步降低患者的血糖水平，可以降低舌部原位肿瘤的增殖和转移。	（1）一般有胃肠道症状，症状较轻，与药物阻断脂肪吸收有关。 （2）怀孕或母乳喂养者禁用。
利拉鲁肽（爱美客在研产品）	能显著减轻体重，具有降低重大心血管（MACE）风险的优势，可作为降糖药抑制血糖，减少晚期瘦型非酒精性脂肪性肝炎的损伤。	（1）恶心、腹泻、便秘、呕吐、低血糖、食欲下降。 （2）磺酰脲类药物利拉鲁肽不适宜与其他胰岛素促分泌剂禁忌使用。胰岛素受损患者、肾脏受损、体虚者不宜使用。

数据来源：新氧，东吴证券

图3-8-5　利拉鲁肽与奥利司他的比较

一个要专利有专利，要批文有批文，首先在行政许可上就已经领先国内其他非纯正的医美企业。其次，强大的研发能力使得其产品线层次有度，为企业成长的持续性保驾护航。所以，目前来说，爱美客的护城河基本上已经形成，只要其产品不出安全问题，那么剩下的只是时间问题。

8.2 业绩为股价添上最后一把火

对于“三好”公司来说，业绩的支撑永远是股价上涨的后盾。目前来说，爱美客的PE（每股价格÷每股收益）较高，在股本一定的情况下，每股收益越低，PE越高。而近期爱美客完成了10转8的高送转，在同一财报期间，企业的净利润是不变的，但是股份总数从1倍变成了1.8倍，所以每股收益被稀释，相应的估值（PE）自然就抬高了。但是随着新一轮业绩的提升，尤其是毛利如此高的医美产品，其每股收益大幅提升是大概率事件。所以，只要爱美客不自己作死（产品安全性问题），业绩持续稳定增加是大概率事件，估值被消化只是时间早晚的问题。另外，2021年后的一大波回调，又充分打开了股价上升的空间。

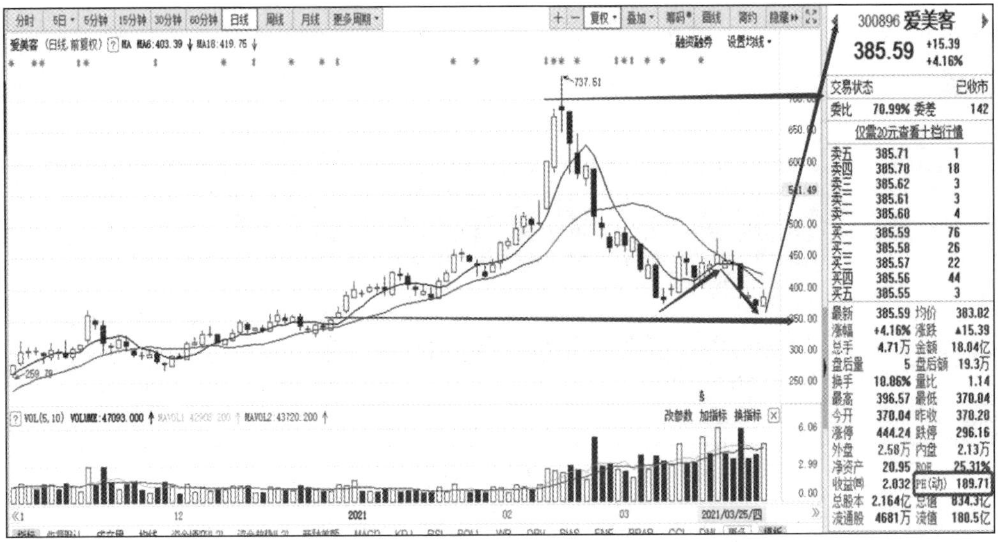

图3-8-6 爱美客K线走势图

鉴于此，市场对爱美客业绩的担忧将会随着其业绩的证实而远去。高毛利下，随着爱美客渠道下沉，业绩呈现爆发式增长或可预见。

9　鸿蒙之后，它将成为科技“新”王者

科技股是一个A股绕不开的话题。鸿蒙的成功，一方面成功打开了国产替代的良好局面，另外一方面也给了国内足够的信心，我们有能力发展科技，也有能力不断挑战科技的制高点。那么，鸿蒙之后谁来接棒呢？先说笔者的结论：笔者认为会是GPU（图形处理器），一个处于科技股的核心逻辑上，并且已经让它的兄弟CPU（中央处理器）瑟瑟发抖的芯片“新”高点。

9.1　起于图形，兴于算力

（1）何为GPU？

GPU，即Graphics Processing Unit，翻译过来就是图形处理器。这个貌似有点专业的术语，很多人可能不太理解，其实说白了就是显卡。相信大家都有过购买笔记本电脑的经历，在购买电脑时，首先关注的是电脑使用的是酷睿I5还是酷睿I10？这里的酷睿几代，其实就是大家说的CPU，它的中文名字叫中央处理器，是传统计算机最核心的电子配件。如果你对电脑再多一点认知的话，在考虑CPU后，你还会考虑显卡，尤其是喜欢玩游戏的人，对显卡的要求更高，甚至有玩家会单独购买独立显卡，提高计算机的显示性能。因为显卡的级别越高，游戏就越不容易卡顿，游戏的界面也越高清。大多数人对显卡的认知基本上也就到这儿了。如果不是一家证券公司的深度研究报告，笔者可能就错过“GPU”这个大机会了。之所以说是大机会，是因

为目前国内的上市公司中，已经有在GPU领域做得非常好的企业了。

按照英文翻译，GPU是图形处理器。乍一听，不就是一个处理图片的芯片嘛，难道还能比CPU更牛？没错，GPU就是一个被“青铜”掩盖了的真正的“王者”。在传统计算机方面，GPU是无法独立进行工作的，必须由CPU进行控制和调用才能工作。尤其是CPU在处理大量类型一致的数据时，通常是调用GPU进行并行计算。从这个角度来说，目前的GPU生态和CPU生态呈现出高度的相关性。但是，在摩尔定律演进速度放缓和GPU在通用计算领域高速发展的此消彼长之下，通用图形处理器（GPGPU）逐渐“反客为主”，利用GPU来计算原本由CPU处理的通用计算任务。也就是说，虽然GPU在一定程度上依赖CPU，但是随着技术的进步，GPU或有望脱颖而出。

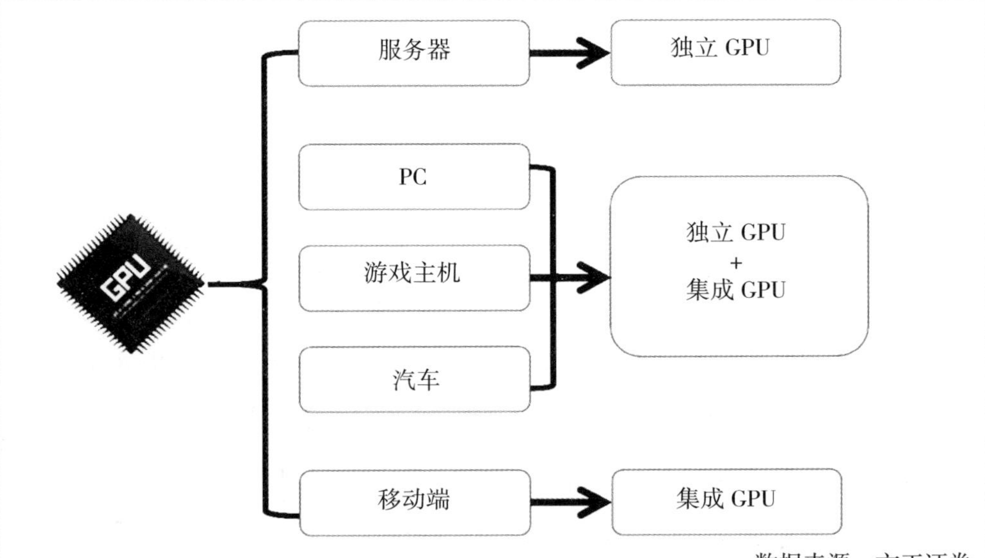

数据来源：方正证券

图3-9-1 GPU的应用

从目前市场的发展情况来看，GPU未来很长一段时间内或维持“两条腿”走路。一条主要是应用于大家熟悉的PC轻度办公领域，且往往会与CPU集成在一起。但是在重度办公领域，因为对算力要求非常高，比如游戏领域，GPU主要以独立的形态存在。但是，无论是轻度办公还是重度办公，这两种应用情景，GPU无法脱离CPU，所以GPU将高度依赖CPU。

第二条叫做服务器GPU，主要应用于专业图形处理、计算加速、深度学习等应用。从目前来看，这部分用于云计算、人工智能领域的GPU多以独立状态存在。这就意味着在未来这些科技场景的应用中，GPU正在以算力高超而被市场认可并接受。虽然目前市场仍旧是GPU与CPU并存，但是不排除在不久的将来，这部分应用场景GPU或彻底脱离CPU而独自支撑基础的计算框架。

（2）GPU与CPU的情意绵绵。

CPU和GPU到底有啥“情”呢？相比之下GPU的优势在哪儿？

首先，从芯片的设计思路来说，CPU以低延迟为导向，而GPU则以吞吐量为导向。这个说法太专业，很多人可能不太明白，那么换个说法，就是CPU的缓存比GPU更好，因为CPU设计的初衷就是大部分晶体管用于缓存，很少一部分用于计算。你可以这样理解，苹果手机512M的RAM内存，就可以吊打安卓4G的RAM内存，原因就是苹果的CPU芯片比安卓的强大。在缓存方面，CPU具有优势，但是在算力方面，GPU的线程（运算能力）强于CPU，因为GPU大部分的晶体管用于运算，而且控制器简单，擅长对大类数据的处理。从现在的发展情况看，市场对GPU的需求更强。

其次，在后摩尔时代，因为GPU具有着良好的“可编程性”，意味着GPU拥有无限的可能。事实上，现在GPU就已经被大力开发，并且已经在不同的场景被大量使用，比如新能源汽车、人工智能等新赛道。当然，之所以被广泛开发，也离不开GPU的能力已经从图形处理能力发展到强大的算力。相比之下，CPU要考虑通用性，所以大部分晶体管用于缓存，只有有限的部分用于运算。从这个维度来说，似乎GPU有望替代CPU。但是实际上，虽然GPU可以编程适用不同的应用场景，但是由于GPU对CPU的高依附度以及GPU比CPU更高的开发难度，在未来很长时间内，底层的基础计算架构仍将是GPU与CPU共存。随着技术的发展，如果CPU不能很好地适应GPU的发展，那么未来GPU彻底摆脱CPU独立存在也不是不可能。

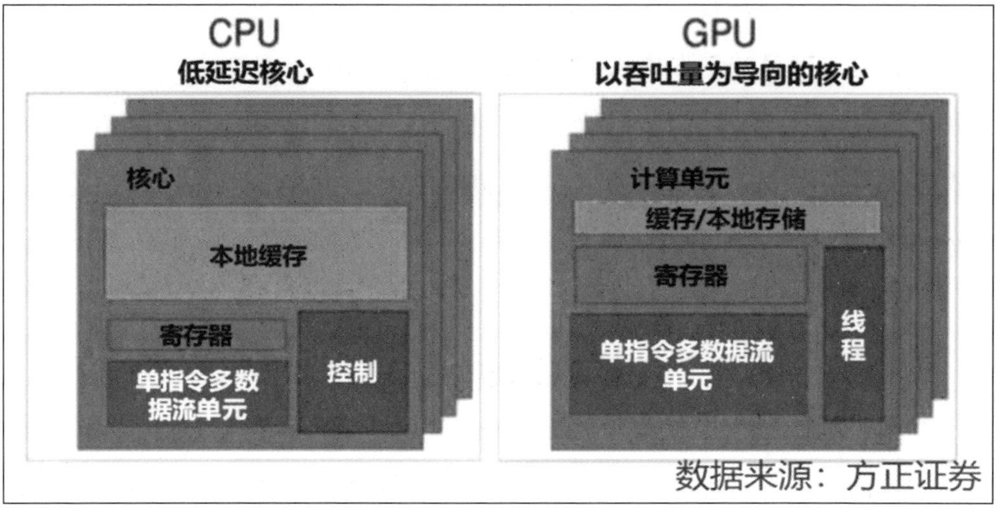

图3-9-2　GPU和CPU的核心设计思路对比

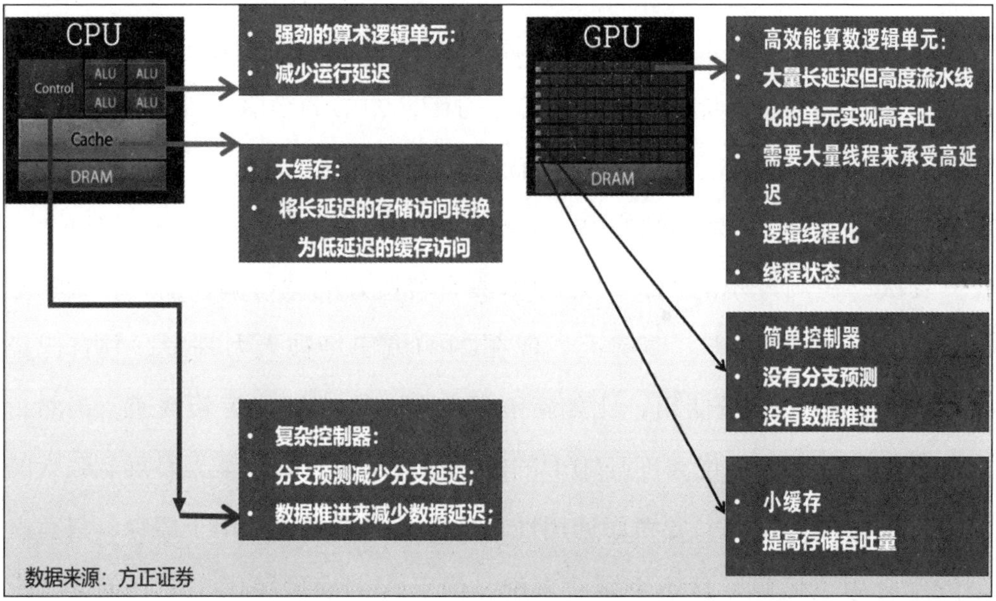

图3-9-3　CPU与GPU具备不同的优势

相比CPU的通用性，GPU的优势在于可以进行大量的数据运算。在人工智能时代，数据、算力和算法成为解决人工智能的关键三要素。以缓存著称的CPU+拥有超强运算和算力的GPU为加速芯片的模式，已经成为人工智能领域成熟的部署方案。根据相关数据统计，目前加速芯片为GPU的市场份额已经高达64%。可见，在人工智能时代，芯片对算力的要求越来越高，这也奠定了GPU在加速芯片市场的霸主地位。市场的高认可度无疑暗示了一个重要信息，就是在未来很长一段时间内，GPU需要CPU的缓存，而CPU将会借助GPU的超强算力，二者相互依存，为人工智能的发展奠定基础的计算框架。

9.2 万事俱备，国货之光

（1）万事俱备，GPU有望迎来高速发展。

可以说，随着时代的发展，虽然GPU离不开CPU，但是在“云时代”，离开了算力强大的GPU，CPU也无法完成庞大的计算需求。所以，相比GPU离不开CPU，CPU更离不开GPU。逻辑比较简单，就是之前分析的，GPU目前已经成为人工智能时代解决算力的有力工具，GPU已经成为“专用计算机时代”的刚需。

根据相关数据统计，全球GPU市场价值预计为254.1亿美元，预计2027年将达到1853.1亿美元，年平均增速为32.82%。GPU正在迎来属于自己的高光时刻，一个算力的时代，一个人工智能+物联网的“新”时代。随着应用场景的不断拓宽，GPU的增速有望持续增加。

在传统计算机领域，PC端的GPU，因为英特尔在CPU占据霸主地位，其占有高达64%的市场份额。从独立GPU来看，英伟达占据垄断地位，占有80%的份额。这意味着在传统计算机领域，英特尔和英伟达已经成为霸主。值得庆幸的是，时代变了，全球正在进入人工智能时代，随着AR/VR、自动驾驶技术的兴起，新兴的GPU市场已经在挑战传统GPU市场的霸主地位。虽然有数据表明，未来5年内PC的出货量维持稳定，但是根据方正证券研究所的研究报告，在2019年，亚洲地区已经成为GPU的主导市场，而且这种趋势有望在未来很长时间内得到保持。可以说，新兴领域对GPU的高需求时代已经来临了。

（2）GPU，鸿蒙之后的国货之光。

不仅在全球领域内GPU迎来高速发展，在国内，随着AI的崛起和新能源汽车领先全球，国内GPU市场也迎来高速发展阶段。相比国外传统的PC领域，国内则是在手机、汽车、云计算、服务器等领域遍地开花，这也是为什么GPU新兴领域会在亚洲地区超越西方。其实大家都知道，在互联网+的政策推动下，中国在游戏、云计算、5G、物联网、新能源汽车等方面都发展迅速，有些领域已经达到国际顶尖水平。相关数据表明，2019年人工智能基础架构市场规模达到20.9亿美元，同比增长58.7%，其中GPU服务器占据96.1%的市场份额。中国的GPU服务器市场有望在未来很长一段时间维持超过30%以上的增速，所以，国内的GPU市场目前还处于蓝海状态。

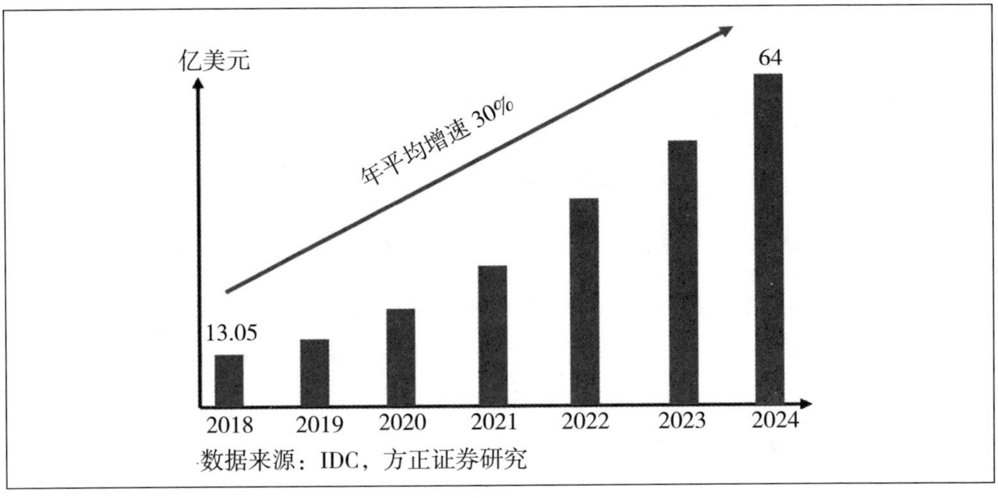

图3-9-4　中国GPU市场未来增长情况

但是，一个不得不面对的事实就是，在GPU的发展中，国内面临两座大山：一是技术卡脖子，二是信息泄露。技术卡脖子这种事，对于国内来说已经屡见不鲜了。而服务器不在国内，尤其是这种底层计算逻辑，意味着国内的信息有可能泄露，这是我们不想看到也不允许出现的，所以，国产替代就成为解决这个问题最好的方案。事实上，随着国内物联网的兴起，对算力更强大的GPU的需求可谓是“海量”。

根据方正证券研究所的研究报告，2018年国内服务器出货量达到330.4万台，同比增长26%，其中互联网、电信、金融和服务业等行业的出货量增速均超过20%。随着国内集成电路自给率的提高，加上国务院印发的《新时期促进集成电路产业和软件产业高质量发展的若干政策》等文件发布，中国芯片自给率要在2025年达到70%，这将产生8000亿元的国产芯片需求。这意味着国内有接近万亿的芯片市场，在芯片领域，国产替代的前景非常好。事实上，国内企业在这种关键技术上也未曾让大家失望。经过国内科研团队的攻关，国内企业在GPU领域已经实现了完全的自主创新，彻底打破了国外的垄断。这意味着在GPU这个科技高点，我们国家已经有能力与世界一较高下了。

其实，在过去这些年，国内有很多企业在这个领域发力，比如为华为公司生存打造的“备胎”海思，在GPU领域颇有建树。就国内上市企业来说，景嘉微（300474）在国产替代GPU领域做得非常好，个人认为，景嘉微很有可能会成为华为鸿蒙之后，中国在计算机芯片领域达到世界级水平的又一“力作”。景嘉微是国内GPU的主要参与者，2014年自主研发成功了国内首款性能可靠、低功耗的完全自主知识产权的GPU芯片——JM5400，打破了国外的长期垄断。这款芯片主要用于军事领域，但是未来可能跟鸿蒙一样，在AR/VR、物联网、云计算等方方面面听到景嘉微芯片的名字。2019年，景嘉微在原有GPU芯片的基础上进行了开发，新一代JM7201芯片满足桌面系统高性能的显示需求，并全面支持国产GPU和国产操作系统，这意味着公司的GPU芯片商业化进程已经开始。也许它现在还不如鸿蒙这样出名，但是随着GPU的应用越来越广泛，已经没有什么可以阻挡景嘉微成为中国国产GPU领域的民族之光。

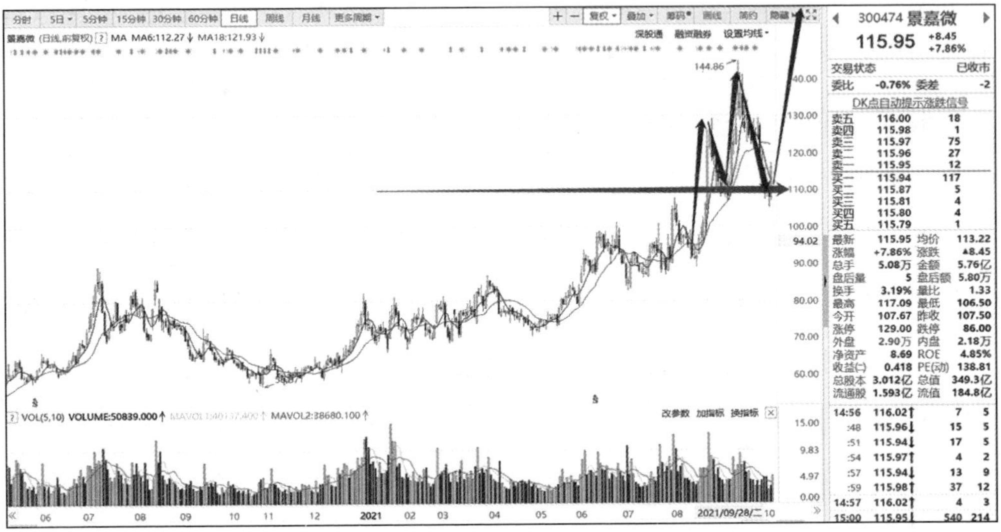

图3-9-5 景嘉微K线走势图

在人工智能+物联网时代，国产GPU毫无疑问将会是值得长期持有的“优质”芯片赛道，因为它不仅是芯片半导体中的上游算力灵魂，也因为它在后摩尔时代站在了事物发展的规律上。所以，这必将是一条值得用时间追随的优质科技新航道，可以说，GPU值得投资者买入并长期持有！

10　两大维度看宁德时代的护城河

2022年5月5日，宁德时代官宣二季度将会发布麒麟电池，剑指特斯拉的4680型电池。姑且不论谁强谁弱，作为新能源动力电池领军人物的宁德时代，下面来看看其护城河到底如何。“市场占有率”和“新能源电池技术”一直是宁德时代引以为傲的护城河，那么，随着众多企业杀入动力电池领域，宁德时代的护城河是否依旧牢不可破？

10.1　规模优势被逐步削弱

一般来说，高市场占有率的企业一旦形成规模优势，这个优势就会成为企业强有力的护城河。但是，这里有一个重要前提，就是企业产品能保持足够的先进性，尤其是在技术推动型企业中，先进的技术才是保持高市场占有率的关键。但是从后续对新能源电池技术的分析来看，宁德时代的技术并没有特别领先市场的优势。

就历史数据而言，宁德时代在动力电池领域的出货量确实已经5年蝉联全球第一了，但是需要注意的是，这5年也是国家大力发展新能源汽车的阶段，政策风口比较强。从2020年、2021年的装机量来看，宁德时代一如既往地领先，2021年实现同比增幅167%。这个数据看似很好，但是比亚迪刀片电池在控制外供的情况下，2021年的装机量同比增加了168%。与此同时，蜂巢能源虽然装机量只有3.1GWh，但是2021年同比增幅高达416%。这说明什么？说明国内各大新能源动力电池企业都在抢夺市场份额。

2021年全球动力电池装机量（单位：GWh）						
序号	企业名称	2021年装机量	2020年装机量	同比增长率	2021年市场份额	2020年市场份额
1	**宁德时代**	**96.7**	**36.2**	**167.13%**	**32.60%**	**24.60%**
2	LG新能源	60.2	34.3	75.51%	20.30%	23.40%
3	松下	36.1	27	33.70%	12.20%	18.40%
4	**比亚迪**	**26.3**	**9.8**	**168.37%**	**8.80%**	**6.70%**
5	SK on	16.7	8.1	106.17%	5.60%	5.50%
6	三星SDI	13.2	8.5	55.29%	4.50%	5.80%
7	中创新航	7.9	3.4	132.35%	2.70%	2.30%
8	国轩高科	6.4	2.4	166.67%	2.10%	1.70%
9	远景动力	4.2	3.9	7.69%	1.40%	2.70%
10	**蜂巢能源**	**3.1**	**0.6**	**416.67%**	**1%**	**0.40%**
数据来源：SNE Research，奶爸财经公众号整理						

图3-10-1　2021年全球动力电池装机量

在新能源电池技术没有革命性变革的背景下，国外有LG、松下、三星等企业抢夺市场份额，国内有比亚迪、中航锂能、蜂巢能源等扩产抢占市场份额，而且华为、小米等大厂也在进军电池制造领域。可想而知，宁德时代在动力电池高增长的背景下，其短期内维持市场占有率第一是没有问题的，但是随着时间的推移，蜂巢、亿纬锂能、国轩高科等新一批动力电池企业入局，其市场份额被压缩也会是一个大概率事件。尤其是比亚迪旗下的刀片电池，其良好的性能获得了市场的认可，市场占有率从全球7%迅速拉升至15%，国内超过20%，要知道，这还是在比亚迪控制外供的前提下取得的成绩。从市场反映来看，刀片电池或成为宁德时代市场占有率最大的竞争对手。换句话说，高市场占有率并不能让宁德时代安枕无忧。

10.2　宁德时代能捍卫其护城河吗

要充分了解宁德时代的动力电池技术，需要对市场上的新能源电池技术有一个全面的了解。

类别	磷酸铁锂电池	三元锂电池（镍钴锰）	
		NCM523	NCM811
技术	传统电池	传统电池	传统电池
电池高度			
空间利用率	40%	40%	40%
针刺试验（安全性）	温度迅速超过200~400°C	温度迅速超过500°C	
热稳定（安全性）	热稳定达到300°C以上	热稳定达到150~200°C之间	
小结（安全性）	安全性略差，热稳定方面磷酸铁锂高于三元。		
低温测试（-20°C）	相对于25°C时的容量为50%	相对于25°C时的容量为70%	
价格	1.磷酸铁锂有明显优势，原材料价格相对便宜。 2.粗略比较，磷酸铁锂价格要比三元锂电池便宜0.1~0.2元/Wh。 3.对于一个50kWh电池包，仅电芯就可降本0.5万~1万元		
能力密度	180Wh/kg	180~190Wh/kg	180~190Wh/kg
优点	循环寿命、安全、经济	能量密度更高、快速充电	

数据来源：奶爸财经公众号整理

图3-10-2　磷酸铁锂电池与三元锂电池的比较

第一层次，目前市场的主流电池原材料是磷酸铁锂电池和三元锂电池。这两类电池各有千秋，磷酸铁锂电池安全性高一些，原材料价格便宜一点，三元锂电池在能量密度方面具有优势，而能量密度是电池提升续航里程的关键。就原材料来说，两类传统电池各有利弊。但是在新能源汽车发展的初期阶段，续航能力更受关注，而在低温环境下，三元锂电池的性能优于磷酸铁锂电池。所以，三元锂电池的应用更广泛，市场占有率更高。

比亚迪刀片电池（超级磷酸铁锂电池）的出现，让磷酸铁锂电池的市场占有率大大提高。关于三元锂电池这里多说一点，大家经常看到NCM523、NCM811，这就是说材料是Ni（镍）、Co（钴）、Mn（锰），后边的数字则是指原材料的比例。比如NCM811，就是指电池组成是80%的Ni、10%的Co和10%的Mn。目前三元锂电池的发展趋势，就是去锰钴，提高镍的比例，主要是因为随着镍的比例提高，有利于提高电池的安全性能。

第二层次，新能源电池的技术创新。目前的新能源电池技术，主要就是在结构和材料方面进行创新，从专业的角度来说，叫做“结构与系统集成创新”和“材料创新”。通俗来说，就是在电池结构和正负极材料方面的创新。比如刀片电池就是在磷酸铁锂电池的基础上进行的结构创新，宁德时代的麒麟电池是在磷酸铁锂电池和三元锂电池的基础上进行的结构创新，它们采用的都是CTP技术，也就是电池结构的创新。特斯拉自己制造的4680型电池，则是在原来松下2170型电池的基础上进行的材料创新和结构创新，结构方面采用了无极耳设计和CTC技术，材料创新则是用硅材料代替了石墨作负极。

所谓的CTP（Cell To Pack）技术，就是无模组技术。这种技术又分为两种，一种是完全没有模组，一种是小模组组成大模组。这是什么意思呢？大家都见过南孚7号电池吧，假设每一节南孚7号电池就是一个电芯（Cell），用10节南孚7号电池组成一个电池整体，就是无模组技术，比亚迪的刀片电池就是采用这种技术。同样，如果把10节南孚7号电池分别先组建3节的模组A，把另外3节组成模组B，再把剩下的4节组成模组C，最后把模组A、B、C组成整个电池，这就是小模组组成大模组，宁德时代的麒麟电池就是采用的这种技术。这两种技术都属于结构创新，通过调整电池的结构提高电池的效能。

另外一种结构创新就是所谓的CTC（无电池包）技术，这是特斯拉4680型电池的主要技术。这个与CTP的区别是什么呢？CTP技术下，电池仍旧是以包的形式存在，可能是方形的，也可能是圆形的，然后组装在汽车的固定位置。而CTC技术则是直接把电池集成在汽车的底板中，底盘即电池，电池即底盘。

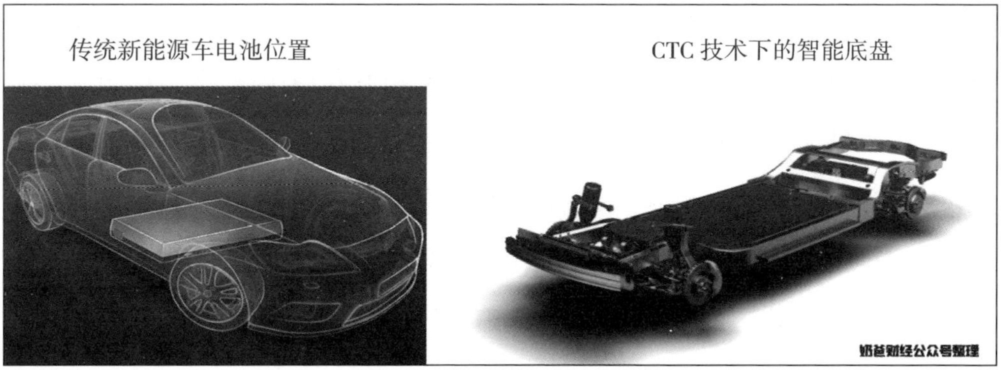

图3-10-3　电池位置的不同

第三层次，宁德时代的麒麟电池能否助力其杀出重围呢？从宁德时代的公告来看，在2022年第二季度，其有望发布第三代CTP技术的麒麟电池，该电池搭配的原材料不同，其能量密度也不同。从公布的信息来看，如果搭载的原材料是磷酸铁锂的话，能量密度能达到160Wh/kg；如果搭载的原材料是三元材料的话，能量密度可高达250Wh/kg。换句话说，麒麟电池有望在续航方面得到大幅提高。但是从市场公开信息来看，其他数据尚不可知，尤其是低温测试数据。本着“技术领先”原则，加之2021年宁德时代公布的钠离子电池（原材料创新）低温测试数据，市场有理由相信麒麟电池能够达到钠离子电池的水平，温度在-20℃时放电能力仍维持在90%左右。但是即使如此，相比目前的刀片电池和4680型电池，麒麟电池并没有给大家带来太多的想象空间。为什么这么说呢？

第一，从能量密度来看。麒麟电池确实有一定的优势，但是相比4680型电池的300Wh/kg能量密度来说，也不算特别强。比刀片电池的能量密度140～170Wh/kg，确实略高一点。但是有消息称，2025年刀片电池的能量密度将会达到180～200Wh/kg，如果能够实现这一目标，搭载刀片电池的新能源汽车，续航里程基本上就能达到800公里以上了，就里程方面来说，已经足够了。

第二，从安全性能来看。刀片电池经过针刺试验之后，数据表现惊人，表现出了无与伦比的安全性。虽然麒麟电池和4680型电池没有这方面的数据，但是因为原材料搭载的不是磷酸铁锂就是三元锂，那么其热稳定性可能与传统电池相差无几。麒麟电池的结构能否提高到与刀片电池相当的水平，目前尚未可知。但是根据业界人士分析，4680型电池最大的优势在于降低了电芯电阻，热稳定性提高，大大提高了能量密度，其他的基本上都是附带的。尤其是其内部电芯短路导致的热量仍旧无法解决，所以，单就安全性方面来说，刀片电池应该是最好的。

第三，从低温性能来看，麒麟电池和4680型都没有公布这方面的信息。上文说了，4680型电池除了能量密度大大提高之外，其他功能都是附带的，其低温性能估计和传统电池差不多。麒麟电池虽没有具体数据，但是考虑到钠离子电池低温性能良好，基本上能与刀片电池相抗衡。在钠离子电池之后，市场有理由合理假设麒麟电池的低温性能和钠离子电池差不多，但是其能否真正匹敌刀片电池，尚未可知。比亚迪的刀片电池是经过试验验证过的，理想汽车的CEO也担心刀片电池的低温性能，但是最后的测试结果显示，刀片电池的低温性能远远好于三元锂电池。

也就是说，宁德时代的麒麟电池，与比亚迪的刀片电池和特斯拉的4680型电池相比，在技术层面来说并没有足够的领先性，甚至可能在某些方面还不如刀片电池和4680型电池。这也意味着，电池技术没有迎来革命性的创新之前，三种动力电池技术可能长期共存。由于麒麟电池和4680型电池的量产尚未可知，所以在2025年之前，安全性能和低温性能良好的刀片电池，大概率会扩产并抢占市场份额。

在技术没有革命性创新的背景下，未来技术优化路线可能就是以下两个。

（1）更为良好的低温性能。以国内为例，南北方气候差异较大，在南方，新能源汽车的普及率已经很高了。但是北方地区受限于气候，普及率略差，主要原因就是低温下新能源电池的性能大打折扣。想提高北方新能源电池的普及率，提高低温性能是不可避免的。

（2）CTC底盘一体化技术。把电池集成到底盘，可以大大提高电池的空间利用率，从而可以提高其能量密度，提升续航里程。底盘一体化技术，可能会成为未来几年动力电池企业技术创新的方向。

综合下来，无论是从安全性、低温性能还是能量密度方面，比亚迪的刀片电池似乎更有优势。这也意味着宁德时代的麒麟电池，且不说量产问题，就技术来说，还不足以形成垄断优势，成为捍卫宁德时代的强力护城河。

10.3 技术创新不足，要谨防增产成存货毒药

在市场高速发展阶段扩大产量，这是没有问题的，但是也要注意，如果技术没有足够的领先性，或者更新迭代比较快的情况下，过快地增加产能可能会成为存货毒药。手机企业这块做得就比较好，考虑到手机迭代较快，基本上新品都是网上预约，这样可以有效地管理存货，规避迭代带来的存货减值损失。但是目前的新能源动力电池热衷于扩大产能，就宁德时代来说，其2025年规划产能将会达到700GWh。

根据中国电子商会智能电动汽车专业委员会公布的数据，2021年新能源汽车销售量是288.32万辆；根据中国汽车动力电池产业创新联盟发布的数据，2021年动力电池装车量为154GWh。中国电池产业研究院预计，2025年我国动力电池的需求量将达到1200GWh，说实话，这个预计还是比较乐观的。假设按照这种乐观的预计，同时假设宁德时代的国内市场份额保持不变，维持在50%～55%（600GWh），那么宁德时代2025年规划的产能已经超额了，可以说是非常乐观了。姑且不论动力电池的需求能否在未来3～5年维持如此高的增长率，单说宁德时代在国内

市场维持如此高的市场占有率就不太可能。因为除了宁德时代，比亚迪、亿纬锂能（有4680型电池生产线）、蜂巢能源、国轩高科都在扩产抢占市场份额，在技术没有明显突破的前提下，宁德时代维持国内这么高的市场占有率几乎是不可能的。如果按照这个逻辑猜想，在未来的某个时间节点，宁德时代大概率会出现存货过度增加，面临着存货减值的巨大风险。

这意味着宁德时代不仅在市场占有率和技术先进性上无法形成强有力的护城河，相反，在高速的产能扩张背景下，很可能还面临存货减值的风险。从投资逻辑的角度看，如果在二级市场投资，拥有刀片电池的比亚迪似乎比宁德时代更具有投资价值。

第四篇

投资心态

1 把握市场的“变”与“机”

投资市场如大浪淘沙，A股三十多年的发展进程中，有多少大佬都成为了历史。作为一个后辈，笔者没资格点评各位前辈，这里想说的是，市场永远都是对的，要及时跟上市场的变化，及时调整自己的投资策略。下面就以2021年为例，谈谈如何应对市场的“变”与“机”。

1.1 散户眼中的牛市，机构眼里的谨慎

很多人看到了机构抱团，却没有看到其背后的逻辑。机构抱团的基本上是业绩确定性比较高的白酒、医药、白色家电、光伏和新能源等行业。这说明什么？说明机构对于后市是趋于谨慎的。机构投资的这些方向或是十四五能源革命的重点领域，或是业绩稳定、预期清晰的成长产业。换句话说，即使市场出现变数，这些板块在系统风险下出现回调，但是一旦市场出现反弹，这些板块也会优先反弹。所以，机构选择抱团这些行业，一是稳，二是在稳中求进。但是，2020年的上涨已经让很多散户投资者疯狂了，4000点，6000点，甚至10000点都已经成为上涨的目标。行情不是嘴巴喊出来的，慢牛是底线问题，是基调，何况市场的流动性也没有想象得那么好。所以，2021年的行情还是高度分化行情，这种分化行情甚至比2020年表现得更加剧烈。在疫情被有效控制的前提下，有业绩有预期的企业，股价或许还会上涨，但是那些炒作概念、炒作热点的企业，不仅会面临强监管，更可能迎来退市。

图4-1-1　2020年上证指标在3150点~3500点间振荡

1.2　2021年，或是公募大年

入市十年，从没有体会到公募基金的力量，但是2020年公募基金的发行数据让笔者感到震惊了。

公募基金的大量发行，笔者觉得至少可以看到两个重要信息。

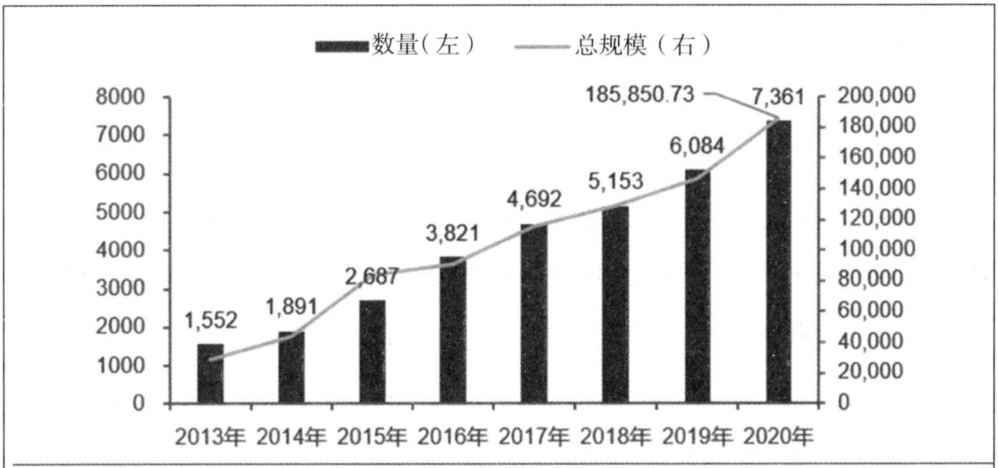

来源：wind, 中泰证券研究所 数据截至日期 2020/12/31

图4-1-2　公募基金历年数量与规模变化（2013年-2020年）

（1）散户投资者被逼出投资市场。

没错，散户在市场的流动性中起着举足轻重的作用，但是，散户的抗风险能力和投资水平有待提高。其实大家不妨问问身边的人，在2020年12月到2021年1月，有多少人跑赢大盘了？有市场数据统计，2021年1月份，市场投资者亏损占比高达65%。可想而知，大多数散户是赚指数不赚个股。相反，同期的公募基金则变现良好，很多基金不仅没有亏损，反而取得了不错的超额收益。这对亏损的散户投资者来说具有很强的吸引力，既然自己赚不到钱，为什么不把钱交给专业人士打理呢？不仅是散户这么想，甚至一些资金量较大的个人投资者和机构，也开始倾向购买公募基金，这也是2020年发行的很多公募基金一小时就会被抢光的原因。

（2）高股价+全面注册制，为公募基金铺路。

其实，公募基金受到散户投资者青睐，还有一个重要的原因，就是好股票价格都很高了，而散户是不愿意购买高价股的。十年前，很多散户是不会购买超过30元的股票的。时至今日，这个价格或许被抬高了，但是大多数散户还是不会去买高价股的。大家可以问问身边炒股的人，他们会买进贵州茅台吗，会买五粮液吗，会买石头科技吗？答案几乎是确定的，不会！因为在很多人眼里，你啥时候问，他给你的答案基本上都是股价太高了，不能买了，等回调看看吧。问题是，等股价真的回调了，你发现那些人还是不会买。贵州茅台的价格第一波上涨到900多元后，出现了一波回调，大概回撤到500多元。很多人看到股价回调后就害怕了，他们当时的心理是：我就说不能买吧，你看要是买了，一手亏4万多，看我当时的决定是多么正确。但是贵州茅台的股价回调到500元后，开启了新一轮上涨，直接冲击到1800元，市场是不是又在重复之前的样子？这就是人性！

所以，只要现在的高价股不选择送转股票，而是选择派发现金股息，那么，现在很多股票的价格在未来来说就是低点。高价股的天下，散户投资者参与热情有限，最后只能通过购买基金来持有自己不敢买的那些高价股。事实上，这种情况现在正在上演。随着全面注册制的普及，尤其是退市制度的完善，好股票会在机构抱团持有的情况下不断创新高，因为这是一个良性循环。资金从储蓄到企业，投资人分享红利，企业获得融资，国家不需要额外印钱，通货膨胀也能得到控制，形成一个良性的经济系统，是一个共赢的局面。

高价股叠加全面注册制，会让公募基金成为普通散户投资者的重要选择。散户投资者要么通过基金参与，要么通过提高自己的投资能力参与，但总体来说，这是一种向好的结果。实际上，如果真的是出现这种情景，那么有足够的理由相信，2021年或许真的是未来10年牛市的开启。当然了，这里强调一点，对于基金投资尤其是公募基金，一定要长线投资，不要短线投资。大家大可以去看看那些公募基金的走势，从中长期来说，基本上都是赚钱的，但是短期来看就不好说了。

1.3　未来一段时间，哪些机会比较好

这一点需要分开来看。未来一段时间，一是指未来很长的时间，二是指3年到5年的时间。

首先是3～5年内的机会。2021年是十四五规划的开端，所以在未来3～5年时间内，光伏和新能源（含汽车）是两个非常好的赛道。

光伏和新能源是十四五能源革命的重中之重，且国内技术处于相对领先的水平，与科技领域不同，这两个领域不存在被卡脖子的现象。随着政策的支持，这两大领域在十四五期间或成为最好的投资领域。寻找这两个领域的投资机会，有这样几个赛道可以关注。一是新能源整车，如比亚迪、蔚来汽车、小鹏汽车；新能源电池，如比亚迪、宁德时代；二是光伏龙头，如通威股份、阳光电源和隆基股份；光伏玻璃，如福莱特和福

耀玻璃。当然，从行业发展角度来说，拥有完整产业链的比亚迪更具投资价值。

其次，更长的周期里必看的机会——白酒行业和医药行业。

这里要明确一点，随着市场的变化，必然还会有新的投资机会，比如科技股的机会，但是可以确定的是，在未来的长牛行情中，“喝酒吃药”必定占据两席。对于白酒，套用一句网络段子，“没有永远的牛市，只有永远的白酒”。高端白酒是一个现在有业绩、未来有预期的高速成长行业，行业壁垒高，拥有市场定价权，只要自己不作死，它就是一条有业绩、有预期的长期绩优赛道。

对于医药行业，目前来说，个人觉得没有白酒行业强，一是医药行业比白酒行业复杂得多，二是医药行业改革会带来不确定性。目前来说，这两个问题估计要长期并存了，但是有特点的企业还是值得投资者关注的。

（1）拥有细分领域的拳头产品，且行业壁垒高，短期不太会出现新的同类产品，比如长春高新的生长激素、西藏药业的新活素等。

（2）创新药，适合国内高发癌症的原研药。比如创新药龙头恒瑞医药等。

（3）护城河明显的稀缺性医药龙头，如通策医疗（牙科）、爱尔眼科（眼科）、爱美客（医美）。

（4）日益崛起的CRO龙头，如药明康德、泰格医药、昭衍新药等。

当然了，大家要明白市场不可能永远上涨，涨多了自然会回调，这是自然规律。对于好的企业，不要害怕股价回撤，因为只有回撤才会给投资者更好的上车良机。关注的焦点在于其业绩是否稳定，只要业绩足够稳定，那么股价未来创出新高是大概率事件。所以，对于这些好的企业，操作原则就是一个——买入并长期持有！

总结一句话，白酒打底，医药为骨，光伏和新能源为双翼，2021年，这四个赛道或走出大牛行情。当然，拉长周期来说，这四大行业或在未来很长时期内拥有超额的市场投资收益。

2　天道文化：理性看待 A 股的暴跌

破解更高维度的思维空间，获取更多的文化密码，打开我们的认知格局，这是《遥远的救世主》一书中启迪世人的天道文化。所谓天道文化，不是神鬼学说，而是启迪世人探寻事物发展的规律，从而合理地利用规律，实现最终的目的。

每个人都有自己的认知局限，因为人们的知识会受到环境、经历、背景的限制，所以投资者只能赚取认知范围之内的金钱。而如果你想赚认知之外的金钱，无非就两种途径：一是自己不断学习，打破之前的认知界限，“悟”出更高纬度的文化密码，从而赚取更高层次认知范围的金钱；二是巧借别人的“势”，与那些掌握更高维度文化密码的人为伍。毫无疑问，这两种方式都不太容易，而且认知与实践是存在差距的，需要投资者在实践过程中动态修正，这样才能更好地认识规律并加以利用。

正如《遥远的救世主》一书中强调的，事物发展的规律，从根本上来说无非就是文化、制度和技术三者结合的产物。其实对于A股来说，也可以从这三个维度加以分析。当然了，这种分析还是基于认知能力，同时要考虑认知与实践之间的误差。

从文化的角度来说，大众骨子里是不太相信股票的，人们不愿意做长线持有，再有价值的企业，他们也只是想拥有一段时间，赚点小钱就心满意足，无论你告诉他这个企业多好，他永远都在担心市场发生变化。所以，持有一只股票十年以上的投资者屈指可数。相比来说，国人更喜欢投资房地产，中国人五千年文化传承下来的是骨子里的安土重迁，房子是固定不变的，股市是波动的，所以，与其和股市谈恋爱，不如和房子相伴一生。可以说，这种思维模式是印到血脉里的，这决定了大多数人在股票投资上是做不到中长线持有的。

从制度的角度来说，共同富裕是社会主义制度的灵魂，这决定了股市无论中间的过程有何种曲折，但是最终的结果是实现共同富裕。要想实现这个目的，就决定了股市将成为藏富于民的重要手段，至少从目前来看，这个手段是最佳的。而在市场经济体制下，要想实现这个目标，关键在于企业能够获取持续稳定的现金流。这意味着企业的经营情况是逻辑循环的起点，企业经营良好，必然会吸引更多的投资者，从而获得良好的市场融资，意味着企业有更多的资金可以用于经营，这在很大程度上将会对企业的经营利润产生正向作用。在证券市场上的直接表现，就是股价稳健上涨，其直接结果就是企业、投资者、社会，都在这个循环中获得相应的利益。所以，企业的经营情况也是这个逻辑循环的终点。周而复始，这种循环会呈现一种螺旋式上升的状态。

从技术的角度来说，文化属性决定了投资者更倾向于投机而不是投资。这种投机性不仅体现在普通投资者身上，也体现在一些机构投资者身上。正常来说，走向成熟的市场，应该是去散户化的，但是实践中你会发现，有一些机构却表现出了散户化特点。这种状态在2021年表现得特别明显，比如高毅资本炒作广誉远，再比如一些公募基金开始跨界炒作锂电池概念，这都体现了机构投资者的散户化特点。但是，从制度属性来说，实现共同富裕才是符合广大人民群众最根本利益的，这意味着普通投资者和机构投资者要与一些好的企业实现共同成长。但是，从目前来说，这两点是矛盾的、冲突的。这意味着市场需要采取必要的技术系统调和这种矛盾，一方面改善企业的经营环境，让企业能够持续稳健成长，更重要的是，要改变投资者的投机理念，树立正确的投资理念。在这个环节上，机构投资者承担着重大的历史使命。2021年的机构投资者，不仅没有起到良好的带头作用，反而出现了散户化，开始投机炒作盘子小、业绩差的概念股，虽然可能一时盈利，但是对整个A股走向成熟，实现藏富于民的理念是背道而驰的。所以，从技术上来说，机构投资者的成熟度，对A股走向成熟起到关键作用，唯有机构投资者带好头，与伟大的公司一起成长，才能带动整个市场形成螺旋式上升的投资氛围，才能真正实现多方共赢，实现共同富裕的终极目的。

做好投资，不仅需要研究清楚文化、制度和技术，还要看清事物发展的规律。文化、制度和技术，可以让你看清人性，更好地把握宏观大势，可以做到不逆势。看清事物发展的方向，则可以让大家更好地利用规律，把握住投资机会。

下面看一下近期暴跌的白酒股。白酒股的投资逻辑其实非常简单，有业绩+有预期，业绩代表了过去，而预期则代表了将来，二者相结合，才能让股价真正走出螺旋式上升的状态。2020年下半年白酒大涨，确实有点出乎意料，但其实也在情理之中。2021年白酒股大跌，并不是因为白酒的基本面发生了变化，也不是市场发生了不利的变化，更不是市场解读的估值过高。其实，白酒的业绩没有变化，基本面也没有变化，估值更没有高估。之前也说过，估值这个东西不是一成不变的，随着市场认可程度愈发成熟和资金的持续涌入，那么在合理的估值溢价范围内，都可以认为是合理的估值。

事实上，白酒尤其是高端白酒，在2021年二季度已经证明无论是贵州茅台还是山西汾酒，国内高端白酒的业绩都没问题，茅台还是那个茅台，山西汾酒还是那个山西汾酒。投资是动态的，切忌总是用过去的低估值来否定现在的高估值。2015年15倍的PE和2021年30倍的PE，看似估值是高了，但是下馆子吃饭尚且有通货膨胀呢，人家业绩这么好，估值还不能膨胀一点吗？所以，如果用估值找点心理安慰可以，但是用这个来否定持仓逻辑就不妥了。因为白酒行业整个市场环境没有变化，在不提价的前提下，高端白酒的产能决定了白酒的利润空间，而市场对白酒的消费也没有萎缩，白酒的市场只会越来越好，尤其是随着生活水平的提高，高端白酒的销量也会越来越好。

2019年-2024年高端茅五泸需求量、可供销量、缺口一览（单位：万吨）

	2019	2020E	2021E	2022E	2023E	2024E
高端茅五泸需求量	6.4	7.04	7.74	8.52	9.37	10.31
茅台酒需求量	3.3	3.63	3.99	4.39	4.83	5.31
高端五粮液需求量	2.3	2.53	2.78	3.06	3.37	3.70
国窖1573需求量	0.8	0.88	0.97	1.06	1.17	1.29
高端茅五泸可供销量						9.59
茅台酒可供销量	2.64	3.22	3.51	4.08	4.09	4.59
高端五粮液可供销量						3.00
国窖1573可供销量						2.00
高端茅五泸缺口	0.66	0.41	0.48	0.32	0.74	0.72
茅台酒缺口						0.70
高端五粮液缺口						-0.71
国窖1573缺口						

数据来源：Wind，川财证券研究所，注：假设高端茅五泸需求量每年增长10%，可供销量按照企业规划推进

图4-2-1　2019年—2024年高端茅五泸需求量、可供销量、缺口一览

很多人分析白酒股上涨是基于涨价，其实这是很多人的一厢情愿而已。茅台的价格代表了市场白酒的天花板，只要茅台1499元终端销售价不动，普五、国窖就不会涨价。现阶段白酒的业绩支撑，并不是来源于价格上涨，而是来源于高端白酒的产能。市场需求一直都是非常旺盛的，但是高端白酒的产能严重受限。根据Wind数据和相关券商的研究数据，高端白酒的产能在未来5年将会是紧平衡，存在供给缺口，所以，未来白酒的业绩增量主要来源于产能的扩张。不提价是正常，提价是意外之喜，所以，整个白酒尤其是高端白酒市场，仍旧会维持高景气，不能因为市场一时炒作其他板块，就放弃与这些伟大公司共同成长的机会。市场还是那个市场，白酒还是那个白酒，只要白酒企业自己不作死，不生产有质量问题的商品，那么，白酒行业仍旧是那个“有业绩+有预期”的王者，所以，回调就是上车的机会。

很多人可能说“喝酒误国”“酒是用来喝的，不是用来炒的”，这是典型的形而上学。首先，白酒作为大消费产品，是国家的纳税大户。根据国内的税法规定，消费税是中央税，这意味着所有的消费税都将全部上缴国库，成为国家的财政收入，而国家对白酒征收的消费税是非常重的。白酒消费税实行的是复合计税法，既按照价格计价征收（按照销售收入×20%），还按照产量按吨征收定额税率（按照产量：吨数×2000×0.5元），这个税收收入是非常高的。根据兴业证券研究报告，2018年白酒上市公司（20家）消费税合计为233.82亿元。换个角度来说，国家拿这个税收用真金白银去支持国内高科技的发展，难道不比市场散户今天买明天卖更香吗？从这个角度来说，“白酒兴国”是有一定道理的，它可以为国内其他产业的发展提供源源不断的资金活水。

其次，高端白酒征收消费税，在一定程度上说明白酒具有奢侈品属性，这意味着你有钱可以买点好的喝，没钱可以买点便宜的喝，但是喝酒不会影响到民生问题。房子则不同，房子涉及民生，所以国家出台“房住不炒”的政策。但是这个政策放到白酒市场就不合适了，至少目前是不合适的。现在白酒的价格还在居民可以承受的范围之内，而且白酒的市场价格也是高中低都有，完全可以满足不同人对白酒的需求。所以，无论从哪个角度来说，笔者都觉得白酒仍旧是值得长期持有的优质赛道，短线的波动不影响其投资价值。

如果说白酒是一张明牌，那么CRO可能就没有那么明显了。

CRO（clinical research organization）就是委托研究机构，它是医药行业的细分行业，同时又是医药行业必不可少的一个环节。大家或许有所耳闻，任何一款新药的商业化（研制成功）都需要经过一个繁琐且冗长的实验过程，从新药立项到药理研究，再到病理实验，再到临床实验，而临床又分为临床1期、临床2期、临床3期。三期之后，如果验证了该新药是有效的，那么这款新药就可以上市了。而从立项到临床三期，这个过程就必须要用到CRO企业。所以，简单来说，CRO就是新药研发过程中的一个“中介”，也是必不可少的中介，同时也是躺着赚钱的中介。因为无论什么样的新药，都绕不开CRO的服务，只要经过了且被证明合格了，才能拿到药监局的新药批文。而无论研制的新药最后是不是成功上市，CRO提供的研究咨询服务都是要收费的，所以，CRO就是一个“躺着赚钱”的行业。

有些人可能会说，那些大药企自己搞个CRO不就行了吗？如果是这样，那不就是自己一边踢球一边当裁判了吗，你觉得药监局会同意吗？所有研发新药的企业都想要让新药快速商业化，因为只有商业化，企业才能拿到专利，才能赚钱。如果大药企自己搞CRO，那你说他们会不会为了新药上市而作假？所以，这就注定了CRO具有特殊地位，只要有药企研发新药，就必须经过CRO。只要经过CRO，CRO企业就会收钱。换句话说，只要有新药研发，CRO企业就会一直赚钱。那么问题来了，你觉得人类会停止研发新药吗？新冠没有彻底解决，艾滋病没有消灭，人类研发新药任重而道远，所以，CRO躺赢是一个客观存在的问题，不是哪个人的意志可以改变的，这就是CRO这个行业发展的规律。

这个规律带给投资者什么启示呢？笔者觉得，最大的收获就是它给了市场一个无限的想象空间，只要企业自己不作死，CRO企业就可以一直赚钱。对于二级市场来说，就意味着这个企业在未来很长一段时间内，即使股价出现了回落，最后还是会创出新高。CRO是一个可以让你买入并长期持有的行业，无论你什么时候上车，都有可能赚到钱并顺利下车。相比一些阶段性的疯狂，CRO更具有可持续性，这对普通投资者来说是十分友好的，你永远不用担心抄底抄在半山腰上。

3　站在逻辑的高点上做投资，输时间不输钱

3.1　为什么不投资新能源

不管公募基金、私募基金还是散户投资者，大家的投资逻辑在一定程度上是相似的。这个逻辑其实非常简单，需要从两个角度来看。一个角度就是从长期来看，消息具有非常强的稳健性；另外一个角度，则是新能源的不确定性，这个不确定性不是指行业，而是指公司层面。什么意思呢？就是从发展逻辑来说，新能源包括光伏是一条值得长期拥有的赛道，但是从公司的角度来说，很多公司未来还能不能存在都不确定。

怎么看这种不确定性呢？2021年，可以说在2020年十四五规划纲要提出的“能源革命”之下，国内处于世界领先的新能源电池技术和光伏技术，在股票二级市场迎来了“牛市”行情。这两个板块涨幅低于3倍的，都不好意思说自己是这两个板块的，市场对其炒作的疯狂程度可见一斑。笔者相信，对每一个投资者来说，大家心里都有这样一个疑问，新能源和光伏还能不能做？要回答这个问题，需要厘清其中的投资逻辑。

首先，新能源这个行业到底好不好？毫无疑问，在碳中和、碳达峰的政策背景下，这个赛道称为“黄金赛道”一点都不过分，因为新能源和光伏站在了环保的顶点，人类想在地球生存下去，就必须要改变过去的模式。依赖高强度开发地球资源实现发展，已经让地球千疮百孔了。不说远的，从气候变化上大家也应该有所察觉了。近些年，全球气候变化异常，两极冰川融化，海平面逐年上升，如果人类不能和大自然友好相处，那么未来的景象可想而知。这种背景下，新能源和光伏成为人类与自然界和谐相处的桥梁。所

以，站在逻辑的角度上，新能源和光伏是值得投资的，这两个领域在未来很长一段时间里，将会成为解决人类和自然界发展矛盾的重要方案。从这个角度来说，新能源和光伏是一条值得长期持有的黄金赛道。

但是，需要明确的一点就是，从宏观逻辑来说，这种观点没错，但是做投资，就不得不考虑现实情况。“短线暴涨是投资最大的原罪”，再好的企业也抵不过短线的暴涨。没错，无论你是否相信有价值投资存在，即使是在A股，股价的涨跌最后还是会回归到企业的业绩上。大家可以回想一下，A股是不是有这样的规律？第一轮，概念炒作期，不管有没有实际业务，只要沾边，就会上涨，有时甚至只是证券名称沾点边，就可能被爆炒一番。第二轮则是预期业绩期，有业绩的股价继续上冲，没有业绩的也会上涨，但是涨幅就不像第一轮那么强烈了。第三轮则是业绩证伪期。这个阶段业绩彻底公布了，炒作的预期没有了，业绩成为证伪的关键。在这个阶段，有业绩支撑的股票股价会继续上涨，甚至可能会走出第二轮、第三轮主升浪行情。如果没有业绩支撑，短期之内股价就会迎来崩盘式下跌，甚至可能是连续一字跌停。

那么问题来了，新能源和光伏企业，业绩能跟上吗？说实话，不好判断，但是可以跟大家分享两个案例。第一个就是光伏企业，一个自媒体创作人分享了他在老家投资的光伏发电，投资8万元，每天发电是30度左右，一天的收入在10元左右。这个案例没有考虑光照时间问题。有好事者在视频下方留言，做了一个大概的预测。假设地区每年光照时数是一定的，二类地区1200～1300小时/每年，成本为：3.2元/瓦×16200瓦=51840元。每户基本装30块，30块×540瓦=16.2千瓦×1250小时×电价0.42元=8505元，51840÷8505≈6年，也就是说收回投资需要6年的时间。这个算法与笔者从其他方面了解的数据差不多，基本上需要8～10年才能回本盈利。这意味着投资光伏发电获利周期并不短，也暗示了这些光伏企业的业绩真正迎来爆发可能是在8～10年后。那么问题来了，目前的技术下，这种收入、这种利润条件能支撑起二级市场一年几倍的涨幅吗？光伏是个好东西，也是国家未来发展的重点，也是一个现在很好讲故事的行业。但是故事总有讲完的时候，10年之后谁在裸泳，大家或将一目了然。

第二个是关于新能源电池行业的龙头宁德时代。2021年宁德时代定增了580亿元，而2020年宁德时代全年的业绩是55亿元。也就是说，宁德时代需要10年时间才能把定增的钱赚回来。这里给出一个合理的增速，按照宁德时代过去的ROE（11%）来计算。

2020年，净利润55亿元

2021年，净利润=55×1.11=61.05亿元

2022年，净利润=61.05×1.11=67.7655亿元

2023年，净利润=67.7655×1.11=75.219705亿元

2024年，净利润=75.22×1.11=83.4942亿元

2025年，净利润=83.50×1.11=92.685亿元

宁德时代新能源科技股份有限公司

向特定对象发行股票募集资金使用可行性分析报告

宁德时代新能源科技股份有限公司（简称“公司”）为贯彻实施公司整体发展战略，抓住行业发展机遇，做强做大公司主业，进一步巩固和提升竞争优势，拟向特定对象发行股票（简称“本次发行”）。公司对本次发行募集资金运用的可行性分析如下：

一、本次募集资金使用计划

本次发行股票募集资金总额不超过5,820,000万元（含本数），在扣除发行费用后拟全部用于以下项目：

图4-3-1　宁德时代定增580亿元

2026年，净利润=92.685×1.11=102.88035亿元

2027年，净利润=102.89×1.11=114.2079亿元

假设不考虑其他不利情况，按照这个增长速度估算，未来6年总利润是652.3365亿元（55+61.06+67.7665+75.22+83.50+92.69+102.89+114.21），这意味着宁德时代要赚回580亿元的定增，最少需要6年，也就是到2027年。笔者认为这是比较乐观的估测，为什么这么说呢？还是两个方面的原因：第一个原因，新能源电池也好，还是新能源整车也好，已经由原来的寡头市场重新回到了战国时代。2021年之前，提起新能源电池，大家就会想到宁德时代，提起新能源汽车就是比亚迪和特斯拉。但是2021年之后，小米进军新能源汽车，上汽进军新能源汽车，华为与长安合作造车，360入股哪吒进军新能源汽车，等等。另外，三大造车新势力理想、蔚来、小鹏，已经开始争夺市场份额，这意味着原来的格局被打破，新能源正式进入战国时代，最后谁能杀出重围？不得而知。但是有一个事实就是，对于新能源电池这种核心技术，只要这些汽车制造商不傻，它们必然会进行研发，一方面是现在的新能源电池技术无论是安全性还是续航能力方面，都远远没有达到市场的需求，另外一方面则是新能源电池是新能源汽车的心脏。

这也引出了第二个原因，相比拥有汽车整车产业链的企业来说，宁德时代就有点尴尬了，一方面不能切入整车，另外一方面自己擅长的电池份额被不断挤压。

事实上，这种情况已经在上演了。首先就是国内比亚迪旗下的刀片电池，以高安全性成功切入了新能源电池领域。虽然比亚迪的刀片电池市场份额距离宁德时代还有一大段距离，但是一个不可忽视的细节就是，刀片电池已经在抢夺宁德时代的市场份额。从市场信息来看，已经有厂家开始向比亚迪预定刀片电池。关键是，在新能源电池领域，宁德时代面临的竞争不仅来

排名	2020年1月		2020年2月		2020年3月		2020年4月		2020年1-3月合计		2020年1-4月合计	
	企业	装机量(GWh)	企业	装机量(GWh)	企业	装机量(GWh)	企业	装机量(GWh)	企业	装机量(GWh)	企业	装机量(GWh)
1	宁德时代	1.33	宁德时代	0.26	宁德时代	1.21	宁德时代	1.76	宁德时代	2.80	宁德时代	4.56
2	比亚迪	0.25	松下	0.10	比亚迪	0.65	比亚迪	0.53	比亚迪	0.99	比亚迪	1.52
3	国轩高科	0.19	LG化学	0.10	松下	0.27	松下	0.31	松下	0.45	松下	0.76
4	松下	0.07	比亚迪	0.08	LG化学	0.26	LG化学	0.29	LG化学	0.43	LG化学	0.72
5	亿纬锂能	0.07	亿纬锂能	0.01	中航锂电	0.07	中航锂电	0.14	国轩高科	0.25	国轩高科	0.34
6	LG化学	0.07	国轩高科	0.01	国轩高科	0.06	时代上汽	0.13	亿纬锂能	0.13	中航锂电	0.27
7	力神	0.06	塔菲尔	0.01	亿纬锂能	0.05	国轩高科	0.09	中航锂电	0.13	亿纬锂能	0.18
8	塔菲尔	0.05	力神电池	0.01	塔菲尔	0.04	力神电池	0.07	塔菲尔	0.1	力神	0.16
9	中航锂电	0.05	中航锂电	0.00	捷威动力	0.03	亿纬锂能	0.05	力神电池	0.09	时代上汽	0.14
10	孚能科技	0.04	鹏辉	0.00	力神	0.02	鹏辉	0.05	孚能科技	0.06	塔菲尔	0.13

数据来源：中汽协

图4-3-2　2020年1-4月新能源电池装机量

源于国内，还有国外，特别是韩国的LG化学势不可挡。在这种情况下，未来的宁德时代是不是仍旧能够按照ROE 11%的增速发展？这些细节问题，在股价一片歌舞升平的时候没有人会在意，但是等一切尘埃落定时，只能祝愿不是散户在高位接盘。

3.2　为什么坚守消费赛道

坚守消费赛道的投资逻辑是确定性+稳健性。消费领域的成长性或许没有那么出色，但是从业绩的稳定性来说，其更具有优势。这个逻辑很关键，因为持续而稳健增长的业绩，会不断提高股价的上升空间。在一定的时间和空间领域内，消费板块可能会受到资金或者市场情绪的影响而出现大幅回调，但是最终会走出泥潭，再创新高。比如，2011年—2012年，白酒板块因为限制“三公”消费的政策影响出现了大幅回调，当时很多人都觉得白酒没戏了，但是白酒板块在经历过阵痛之后，再度高速增长，白酒股也在2020年走出大牛行情。

就笔者而言，投资最重要的不是一时的利润，而是找到一条值得长期拥有的赛道，这也是消费板块和其他板块最大的区别。其他板块可能受到市场情绪和非理性资金的炒作，出现一波非常牛的上涨。事实上，这种情况过去每年都会发生。受益于华为公司成为5G标准的制定者，作为未来高速发展的网络技术，当时的PCB龙头沪电股份受到了市场资金的青睐，从2018年6月份开始，一直持续到2020年春节前后，沪电股份的股价火箭似地拉升，爆拉8.7倍，成为当年的涨幅王者。

但是不到3年，这个所谓的“神话”就破灭了。投资是炒未来，但是投资者需要甄别哪些是长线的未来，哪些又是短线的未来。短线暴涨非常容易让投资者迷失自我，要知道，最后接盘沪电股份的大多数都是散户。

时间来到2021年，一个“能源革命”的政策彻底引爆了新能源电池和光伏。首先，这里还是要强调，新能源和光伏代表了未来，这是基本的分析基调。但是大家难道就没想过，5G不是我们的未来吗？沪电股份的走势，不应该值得大家深思吗？从实业角度来说，无论是光伏新能源还是5G，都是有一定确定性的高成长行业，都是我国甚至是全世界领域的黄金赛道。但是回到二级市场，业绩是否足以支撑企业的成长？动辄百倍的估值，在股价上涨的头脑发热期，这些都可以被掩盖起来，但是等热潮过了，是不是你我这样的中小散户投资者成为最后的接盘侠呢？

相比之下，大家忽略了消费板块的一个重要逻辑，消费是一切制造业的起点，也是一切制造业的终点。没有了消费这一环，其他行业可以说就没有了存在的意义。从逻辑高点而言，消费就是逻辑制高点，因为只要人类存在，就需要衣食住行，就需要消费。对个人是如此，同样，对国家也是如此。国家收入主要来源于消费、投资和出口。国家投资的钱从哪里来？或者消费或者政府购买，而政府购买最后还是会落到消费上。所以，消费是关键。消费出问题，整个市场经济就崩塌了。从逻辑的高点来说，消费才是值得投资者长期拥有的优质黄金赛道。

但是2021年消费板块股价大幅回调，让很多投资者看不上消费类股票，那些坚守白酒的基金们，很多人只看到了减持，但是贵州茅台仍旧是张坤的第一重仓股；国外持有贵州茅台最多的美洲基金——欧洲太平洋成长基金减持了茅台，但是这个基金目前仍旧持有580多万股贵州茅台。大家只看到了一点减持，就坚定了“消费行业不行”的念头，却没有看到，茅台80%左右的筹码仍集中在机构手里。所以，想要跳出这个逻辑悖论，大家就必须认识到数字是会骗人的。事实上，主力们不正是利用这一点在搅动市场风云吗？所以，投资者只有理清楚了投资逻辑，才能跳出数字陷阱，才能看到不一样的内容。等新能源和光伏热潮退却，甚至不用退却，消费和新能源二者可以共存，到那个时候，消费还是那个消费，张坤还是那个张坤，但是那时候的你在哪儿？是否又和过去一样懊悔不已？

经历过2020年的大涨之后，很多人觉得消费板块的估值太高了。在笔者看来，一点都不高，只能说市场以前给消费板块的估值太低了。最近这些年，随着市场认知的提高，已经有越来越多的资金认可并愿意给消费板块较高的估值。以贵州茅台为例，因为贵州茅台目前是高端白酒领域增长率最低的，到2021年三季度，才有10%左右的增长，市场估值40多倍，很多人觉得股价高估了。但是知名饮料公司可口可乐，市场估值是27倍。单纯从数字来说，貌似是贵州茅台的估值更高，但是从营业收入的角度来看，贵州茅台一直维持正增长，而可口可乐的业绩却没有那么稳健。但是即便是可口可乐的业绩飘忽不定，市场也愿意给它近30倍的估值。相比之下，贵州茅台的增长潜力还后劲十足，毕竟969的出厂价到3000元的市场价格，这中间就价格而言还有几倍的增长空间，难道就当不起市场给予40倍的PE吗？可见国内对消费板块的估值是多么的苛刻。

美洲基金-欧洲太平洋成长基金			
披露表格	报告期截止日	信息提交日	持有贵州茅台股份数(万股）
年报/半年报	2016年9月30日	2016年11月30日	没有持仓
年报/半年报	2017年3月31日	2017年5月31日	没有持仓
年报/半年报	2017年9月30日	2017年11月30日	没有持仓
年报/半年报	2018年3月31日	2018年5月31日	没有持仓
年报/半年报	2018年9月30日	2018年11月30日	没有持仓
年报/半年报	2019年3月31日	2019年5月31日	501.7538
年报/半年报	2019年9月30日	2019年11月30日	533.5275
年报/半年报	2020年3月31日	2020年5月29日	621.5215
年报/半年报	2020年9月30日	2020年11月30日	761.1804
年报/半年报	2021年3月31日	2021年5月29日	694.8704
季度持仓披露	2021年6月30日	2021年7月	655.36
季度持仓披露	2021年9月30日	2021年10月	582.32

记者根据美国证监会信息披露材料整理

图4-3-3 欧洲太平洋成长基金持股贵州茅台的情况

2020 三季报(累计)	2020 年报	2021 一季报	2021 中报	2021 三季报(累计)

报告期	净利润	同比上涨
2021三季报	73.54亿	16.84%
2021中报	48.79亿	7.14%
2021一季报	22.55亿	-19.32%
2020年报	77.68亿	-13.54%
2020三季报	62.94亿	-9.05%

图4-3-4 可口可乐最近几个报告期净利润增长情况

3.3 消费是逻辑高点上的黄金赛道

还是前面一直强调的逻辑，在短期之内，受到市场情绪或者政策方面的影响，消费板块可能在一定时间和空间范围内出现回调，甚至是较大幅度的回调，这主要是因为资金转去炒作一些“政策”刺激的领域。但是希望大家明白，“短线暴涨就是最大的投资原罪”，这些短线热炒的板块，一旦追高买入，面临的可能就是未来很长一段时间难以解套。

相比来说，对于消费板块，你永远不用担心会在山顶站岗。就算是不幸买在高点站岗了，拉长时间周期来看，这不过是通往更高点的一个途中休憩区而已。笔者认为，这就是消费板块与其他板块最大的区别，这就是消费板块的魅力所在，这也是为什么那么多机构投资者坚定看好消费板块的原因。只要投资者有足够的耐心，消费就是最值得长线拥抱的黄金赛道。

4　人性底色，告诉你为什么要买高价股

2021年，笔者看了《遥远的救世主》这本书，对人性有了新的认识。掌握事物发展的规律，或许有助于大家更好地理解A股。投资是一个充满人性的地方，更好地理解人性，有助于把握事物发展背后的规律。这些不以人力所改变的自然规律，或许有助于大家发现A股市场的投资密码，从而找到一条正确的投资之路。

比如，在日常生活中，大多数人都认同“一分价钱一分货”，贵的除了贵，什么都好；便宜的除了便宜，啥都不好。这就是人性，就是事物发展的客观规律。但是到了投资市场，你会发现这个规律被无情地推翻了，大多数散户都钟情投资低价股。其实，对于这种投资逻辑，笔者是非常理解的，因为股票毕竟不同于实物，相比高价股的下跌空间，低价股的下跌空间明显小多了，但实际上这只是大多数人的自我感觉而已。

在这种逻辑框架之下，大部分散户对高价股具有天然的恐惧感。他们会担心，一旦高价股回落，回落的空间是非常大的，大到他们不能承受。即使

现在这种情况没有发生，潜在的恐惧感还是会引导人们作出远离的投资决策，因为一旦发生就来不及了。相反，对于低价股来说，价格已经很低了，就算跌了，也可以割肉。所以人们更多地是看到100元跌到90元，却没有意识到它与股价从10元跌到9元，其实亏损比例是完全一样的。但是这不重要，重要的是，在这种认知体系下，他们“感觉”到不同就够了。

大部分散户形成这个思维怪圈，还有一个原因，就是有些人固执地认为A股是不存在价值投资的。很多人尤其喜欢用“估值”来说事，一只新股上市，十几个涨停板，平地就把估值拔高了。没错，这种情况确实存在。但是看待投资问题不能站在静态的角度，而应该动态看待，尤其是估值问题。首先，不排除有一些企业上市后，股价确实会炒作得比较高，短期之内失去了投资价值，也就是所谓的“估值高了”。但是，对于真正有业绩的企业来说，短期估值提高，并不能说明它失去了投资价值，相反，高估值在一定程度上说明市场非常看好其后市发展，所以愿意给予其高估值。随着企业的业绩得到印证，业绩会不断抵消估值的提升。大家不能简单地以“高估值”否认企业的投资价值，而是要看清股价上涨背后的规律，参透背后的人性。

4.1 高价股为什么更受机构青睐

不能说所有的高价股都受到机构的青睐，也有部分高价股基本上都是自然人股东或者是自然人控股的私募基金持有。

大部分散户钟情于低价股，笔者觉得是很多人被数字欺骗了。简单来说，就是股价低并不意味着这个企业便宜，股价高也并不意味着这个企业贵。关于这一点，需要从两个层面来理解。

第一个层面就是股价低，大多数情况下说明“企业”的内在价值不高，股价存在高估。

举个例子，贵州茅台的股价是2000多元，对应的PE在40倍左右。咱们姑且不说那些价格低且PE是负值的，就说巴安水务，其股价只有3.49元，但是对应的PE却在1806倍。虽然单纯用PE来衡量股价高低有失偏颇，但是不失为一种测量方法。这个例子虽然有些极端，但是可以充分表达出“股价虽然低，但是公司却并不便宜”这个观点。

图4-4-1 贵州茅台的PE为40倍左右

第二个层面就是有些股价不高的企业，其估值确实也不高，典型的案例就是钢铁和煤炭，可以说是“股价”和“PE”双低，有些甚至远远低于贵州茅台。比如山西焦化，股价5块多，PE只有7倍，都不足10倍。这种股票为什么也没有大涨呢？大家不妨换个角度来看，这么多年过去了，这家公司的估值始终维持低PE，说明企业有一定的赚钱能力，其赚钱的速度和估值扩张的速度基本一致，但是也暗示了其业绩很难超预期，这也是为什么市场不愿意给予估值溢价的原因，因为没有预期。相反，为什么机构愿意给白酒相对较高的估值，其实就是白酒股业绩稳定，而且未来业绩有持续增长的可能，所以市场愿意给予一定的估值溢价。投资股票，投资的是未来而不是过去，如果企业未来不能带来足够的现金流，市场凭什么给你估值溢价呢？

事实上，市场之所以给予高价股较高的估值溢价，恰恰说明这些企业的成长性比较好。比如生物医药行业、新能源汽车行业，随着企业的业绩落地，稳健上涨的业绩印证了市场的判断，就会有更多的资金愿意投向这些企业，从而给予更高的估值溢价，市场的直接表现就是股价再度向上创出新高。于是，业绩和估值进入一个螺旋式上升的正循环，这样估值溢价不断打开股价上涨的空间。

4.2 为什么高价股的上涨动能更足

其实这个逻辑非常简单，这就是典型的“马太效应”。

首先，散户是非常不愿意买高价股的。不排除有一部分散户慢慢会尝试购买高价股，但是大家会发现，即使这一部分散户购买高价股，可能也拿不住，也就是说还没赚到什么钱，就被人家把筹码洗出去了。

其次，如果企业基本面没有问题，股价不断走高，估值相应提升，就如之前说的，企业的股价与估值就会进入一个螺旋式上升的正向循环中。这些被市场印证的“好”企业，会成为资金眼中的“香饽饽”。随着新发行的公募基金、保险机构等机构资金以及深沪股通等外资进入市场，他们也想买到这些好股票。那么问题来了，原来持有的机构并不想在这么低的价格离场，毕竟这种好股票一旦减仓，后期可能就要以更昂贵的代价才能买回来，所以，为了有足够的利润空间，他们会捂着筹码不放，导致市场筹码供不应求，后来的机构资金和外资只能以更高的价格买入。当后来的机构成为新的持有方之后，他们也不想亏钱，并且他们也不会亏钱，所以再后来的机构资金只能以更高的价格从他们手里换取筹码。于是，股价就会在机构交接中呈现出“螺旋式”上升的走势。

其实，只要公司的业绩不暴雷，公司不进行送股除权降低股价，随着股价的持续升高，机构投资者就会被企业的高股价“绑架”，这种“绑架”只有更高的股价才能解除。因为买入股票的每一个机构都不想亏钱，尤其是每家基金都有绩效考核，所以，唯有继续上冲的股价才能真正让机构们共赢。对于机构重仓的高价股，大家不用担心股价上涨的动能问题，因为重仓持有的机构投资者，比你更着急股价上涨，毕竟你没有考核，但他们有。

4.3 为什么说高价股的“大顶”更容易分辨

持有大笔筹码的主力机构想在高位套现，让散户进场接盘，就必须有足够的筹码交换，这种交换的表现是换手率与成交量同步放大。所以，相比低价股来说，高价股的“顶部”更容易分辨。

高换手率+高成交量，暗示主力机构资金离场。

低换手率+低成交量，暗示主力机构资金仍在，甚至不排除股价下跌是主力机构主动所为，目的就是逢低抢夺散户手中的筹码。这也是客观规律，不以人的意志为转移。实际上，主力机构经常利用高价股盘中暴跌抢夺筹码。比如2021年1月27日，泸州老窖突然跳水大跌近8%，逼近跌停，但是实际上当天换手率和成交量都不高。这种情况只能说明一点，这种盘中暴跌是主力机构借助市场信息故意砸盘，目的是把一些持股意志相对坚定的“钉子户”用大跌震出来。实际上，也确实有一些散户当天交出了自己持有的筹码，而主力机构则逢低吸筹。结果是散户下车了，而主力机构则持有更多的筹码，完美把握住了下一阶段的上涨。

对于高价股来说，大部分筹码都在机构手里，如果机构不把筹码放出来，是不可能有大的换手率和成交量的。把逻辑反过来，只要在相对高位出现这种大换手率且伴随成交量明显扩大，而且换手率连续几天都是比较大的情况，基本上可以断定主力已经在出货。但是大的出货往往不是一两天就能

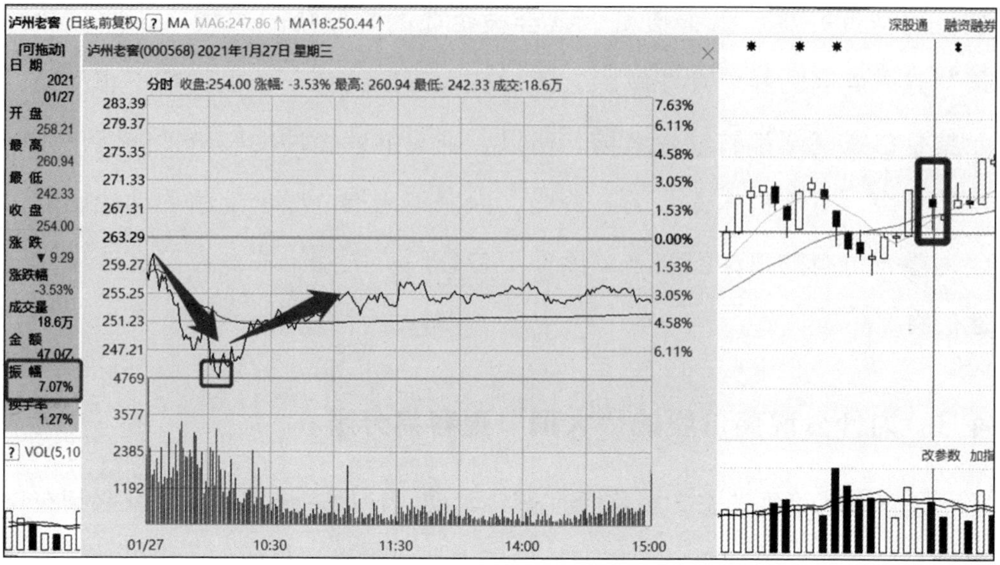

图4-4-2　泸州老窖大跌近8%

完成的，为了吸引散户进场接盘，主力往往会在回调之后再次拉升，或者让股价横向振荡几天。大家要知道，这个世界上没有无缘无故的爱，天量之后，价格继续拉升，几乎可以断定主力机构在做最后的清仓。这时候大家不要犹豫，要果断离场。

相比来说，高价股的“顶部”更容易确定，这背后体现的是事物发展的根本规律，不会因为机构或者散户的意愿而发生变化。正是因为把握了这个规律，才真正有底气参与高价股的投资，不用担心成为最后的接盘侠。

5　机构赚钱的诀窍：做好自己的资产配置

提到戴维·斯温森（David F. Swensen）教授，可能很多人会比较陌生。但是说到高瓴资本的创始人张磊先生，大家应该都不陌生，而戴维·斯温森教授就是张磊先生的授业恩师。近年来高瓴资本无论是在一级半的定增市场，还是在二级市场的操作，其收益率之高，成为市场投资者“抄”作业的对象。今天这里不讲高瓴资本，而是讲一讲资产配置大师戴维·斯温森教授。能教出如此优秀的徒弟，戴维·斯温森教授的投资水平一定也很高。

那么，戴维·斯温森教授是否也如张磊先生一般，在投资市场笑傲风云呢？是的，戴维·斯温森教授确实是一位成功的投资大师。他的成功，首先来源于其投资业绩。作为一个交易者，其执掌的资产多年来实现了稳健持续的上涨。他从1985年开始管理耶鲁大学捐赠基金，初始规模在13亿美元左右。到2019年6月份，该基金的规模达到了303亿美元，30多年增长了22倍多。截至2020年6月30日，耶鲁大学捐赠基金过去10年的年化回报率为10.9%，过去20年的年化回报率为9.9%。要知道，股神巴菲特在同期尚且不能做到如此高的收益率。

另外一方面，作为一位老师，他给所有机构投资人留下了宝贵的赚钱秘籍——资产配置。纵观戴维·斯温森教授的投资经历，可以明显看出来，他把资产配置运用到了极致。事实上，他的得意门生张磊先生也传承了其资产配置的交易理念。在过去这么多年，得益于中国崛起，张磊先生执掌的高瓴资本在国内多个领域进行了投资，虽然无法知道具体的数据，但是从公开数据可以看出来，高瓴资本的投资业绩绝对是青出于蓝而胜于蓝。这也证实了史文森教授的“资产配置”理念是正确的。

5.1 正确的资产配置是成功的第一步

戴维·斯温森教授留给大家的宝贵投资经验“资产配置”，对于广大投资者有什么启迪意义呢？首先需要有一个清楚的认知，这里的“资产配置”和大家的认知有点区别。这里的资产配置，强调的是在有限的资金情况下投资于不同的资产，这是因为从历史来看，没有任何一项资产的收益率是“长胜将军”，投资单一资产是无法做到穿越熊牛，实现账户稳健长期增值的。只有配置不同的资产，才有可能规避不同资产涨跌不一的情况，实现总投资稳健增值。

从实际投资角度来说，资产配置可以分为狭义的资产配置和广义的资产配置。在单一资产市场，比如权益（股票）市场配置不同的板块，如白酒、医药、光伏、新能源等，实际上配置的资产都是上市公司的股份，所以可以认为是狭义的资产配置。广义的资产配置是既要配置低风险资产的现金、货币基金、理财产品、保险产品等，还要配置中风险的基金（货币基金除外）、国债、可转债等债券，也要配置股票、期货、期权等高风险投资工具。

广义的资产配置，能更好地发挥投资的稳健性。这是因为在牛市或者振荡市场，狭义资产配置（单一资产配置）是没有问题的，但是如果市场遇到系统性风险，损失同样不小。比如，如果在2015年6月9日选择配置的都是权益市场（股票市场）的各个板块，那么无论配置什么板块，都只有一个结果——亏钱。

但是，为什么同样经历的是大熊市，机构投资者却能扛过熊市转危为安呢？其实原因还是那条投资铁律——资产配置。虽然公募基金对其资金投向有所限制，但是基本上公募基金的投资会有三个不同的资产配置：股票、债券和现金资产，所以就算遇到极端下跌行情，持股比例最高的股票型基金，往往也会有20%左右的现金资产或者债权资产，也就意味着他们有资金在更低的位置进行加仓，拉低持仓成本。

其次，这里还有一个理念问题，就是机构投资者一直奉行“不要把鸡蛋在一个篮子里”，他们也是这样做的。但是对于普通投资者来说，他们更多地是嘴上说“不要把鸡蛋放在一个篮子”，实际上在做投资者的时候，往往会一把“梭哈”。有一定交易习惯的投资者，可能还会多配置几只股票，多配置几个不同行业的企业，但是基本上都是满仓持股。牛市的话，这样操作没毛病，如果是熊市和振荡市，一旦出现系统性风险，无论你怎么配置，都摆脱不了亏损的结局。

资产	2020-12-31	2019-12-31	2018-12-31	2017-12-31
资产：				
银行存款	262,087,267.28	43,351,706.66	198,152,730.94	55,056,578.83
结算备付金	15,982,158.63	3,064,315.75	582,929.17	2,970,677.68
存出保证金	527,982.87	855,620.68	471,643.17	515,013.61
交易性金融资产	6,902,773,739.79	5,233,137,994.94	2,839,239,048.58	2,837,280,956.13
其中：股票投资	6,532,727,739.79	4,957,555,632.14	2,629,196,048.58	2,697,386,956.13
基金投资	---	---	---	---
债券投资	370,046,000.00	275,582,362.80	210,043,000.00	139,894,000.00

图4-5-1 华夏大盘精选混合的资产配置情况

对于大多数人来说，决定投资胜利的关键，是找到正确的投资理念，然后把投资理念落实在投资上。思维模式的改变，往往会从根本上改变投资的结果。就像在一件事上百得不思其解，有一天突然开窍了，问题就豁然开朗了，这就是观念改变带来的结果。改变观念很难，但是一旦改变了，你会发现你的世界都不一样了。所以，如果大家能接受史文森教授的资产配置理念，也许就真正找到了机构投资者赚钱的秘诀。这种理念带给大家的不仅是投资胜利，更多地是对于家庭资产配置的胜利，它改变的绝对不仅仅是你这个人，而是改变你整个家庭的护城河。

5.2 一款被埋没的低风险资产“王者”

有了正确的理念，接下来就是理论指导实践了。如何有效地将自己的资金配置到相应的资产上呢？对于普通投资者来说，考虑到风险承受能力，笔者认为可以配置的资产有现金、货币基金、理财型保险产品、国债、可转债、股票等。这些资产基本涵盖了市场上的低、中、高风险的投资产品，只要配置合理，就可以为自己的家庭打造一个完美的护城河，一个惠及三代以上的超强护城河。至于期货和期权，由于风险较大，不适合普通投资者配置。

现金、货币基金、国债、可转债、股票，这些都是大家耳熟能详的资产，只要做投资的都略知一二，没有必要再去解释。但是有一款产品，这里认为有必要和大家解释一二，因为它已经被市场“误会”很多年了。大家宁愿去买P2P产品血本无归，都对这种理财产品不屑一顾，这就是保险型理财产品，笔者认为它绝对是被低估了的低风险资产“王者”。当然，笔者可以理解大家的想法，在某些不专业营销员的营销下，很多人都谈“保险”色变。但是你知道吗，2008年次贷危机，在雷曼兄弟（银行）和友邦保险破产案中，美国政府最终选择了挽救友邦保险。原因很简单，在盈利方面，友邦或许比不过雷曼，但是保险作为社会的最后一道防线，不能出问题，这是美国政府挽救友邦的原因。今天这里不聊涉及理赔的保险，仅从资产配置的角度聊聊理财型保险资产为什么值得配置。

首先，这款产品与一般的重疾保险不同，大家完全不用担心到时候因为医生签字或者不在承保范围之内，导致你陷入不能理赔的境地。增额型理财保险在本质上类似于一种长期的固定收益产品，但是相比固收的优势是，你持有的时间越长，盈利越高。另外，投保者获得的收益是白纸黑字写在保险合同中，是具有法律效力的。所以，大家完全不用担心到时候保险公司不给钱，更不用担心会遇到类似P2P这种兑付危机。

其次，这款产品最大的优势是可以帮大家把“家庭护城河”打造得稳如泰山。随着80后进入中年危机，大家最担心的是什么？笔者觉得是返贫。虽然人们坚信一切都会变好，但是一场大病、一场意外，都可能让我们从中产阶级变成贫困阶层。

保险产品的安全性就不多说了，保险产品都是在银保监会备案的，而且保险公司基本上背后都有国资委出资，安全性上没有问题。此外，保险作为社会保障的重要一道防线，一般不会出现解散的情况。退一步讲，就算保险公司出了问题，但是你的保单仍然不会出问题，政府会按照法律程序实施托管，由合适的保险公司承接。

笔者研究了理财型保险这种资产后，觉得它绝对是最适合普通家庭进行资产配置的资产。这里用一款产品的现值演算表给大家分析一下，如表4-5-1所示。

表4-5-1 某理财型保险产品的现值演算表

年龄	保费	部分退保	部分退保后现金价值
29	100000		18,730
30	100000		48,700
31	100000		91,730
32	100000		155,920
33	100000		309,770
48		50,000	875,710
49		50,000	856,360
50		50,000	836,329
51		50,000	815,594
52			844,139
53			873,676
54			904,255
55			935,898
60		50000	1,061,527
61		50000	1,048,676
62		50000	1,035,373
63		50000	1,021,609
64		50000	1,007,361

一个男性从29岁开始配置这款产品，每年投入10万元，连续买入5年，总投入50万元。可以看到，在其33岁时，对应的保单现金价值为30万元。从投资的角度来看，其实是亏钱的，因为一旦你退保或者选择取出资金，意味

着你只能从保险公司获得30万元，亏损40%。也就是说，你随时可以取现，但是你会亏钱。但是等到你48岁的时候，保单的价值是92万元，这个钱是"确定的"。什么意思呢？就是合同里写清楚了，你在48岁这一年，你的保险账户的总资产就是925710元，无论29岁～48岁期间市场是否经历过萧条或者繁荣。换句话说，这款产品可以穿越熊牛。无论市场表现怎么样，从法律的角度，你都可以要求保险公司支付你这些钱。从收益的角度来说，资金已经接近翻倍。所以，这款资产告诉大家另外一个投资铁律——"你必须做好长期持有"的准备，一旦做好这个心理准备，那等待你的就是躺着数钱。所以，如果你能接受时间这个最大的"缺点"，那么，配置这款资产无疑会为你的家庭构筑一道最强大的护城河。

配置这款产品还有一个优势，就是它像一个泉眼，只要你不竭泽而渔，它可以为你的生活提供源源不断的资金活水。比如，你可以在48岁为孩子每年取出5万元的上大学费用；同样，你也可以从60岁开始取钱养老，假设每年取出5万元，一直到80岁（这20年取出100万元），你的保险账户剩余的价值还有1269467元。这不难计算，扣除孩子教育和养老之外，账户剩余资金差不多是你投入的2.54倍。这笔钱你可以自己花，也可以作为遗产留给子女。这意味着在60岁之前，你可以任性地潇洒，不用担心存不下钱。这个理财型保险通过一定时间的强制储蓄，可以完美地解决你的养老和子女教育等问题。

5.3 如何合理配置资产

要抄机构的作业，你得抄对了，抄到灵魂，而不是只看外表的花架子。机构赚钱的秘诀，从本质上来说只有一个，就是"资产配置+买入并长期持有"。

很多人可能会问，既然理财型保险产品这么好，为什么机构投资者不买？首先，国内法律对于这些机构配置的资产有一定限制，公募基金的投向只有现金、债券和股票；其次，机构毕竟不同于家庭，机构不需要考虑养老、教育等情况，那理财型保险产品的那点收益率就略显不足了，毕竟投资经理的“钱”景来源于其执掌基金的涨幅。但是对于普通投资者来说，这种资产的强制储蓄以及长期稳健增值，是非常适合配置的。所以，不同的人，不同的情况，其资产配置的方案往往也是不同的，需要做到因人制宜，因时制宜。

那么，多少资金配置比较合适呢？可以根据自己的实际情况进行配置。如果你的投资资金不足50万元，可以采用“一九法则”，即以总资金的10%配置低风险理财型保险产品。比如40万元资金，可以将4万元作为配置保险产品的金额，连续投入一定年数，这样既可以摆脱市场中的不利因素，又可以强制储蓄一笔长线资金。如果投入资金超过50万元，可以考虑提高配置的比例，比如总资金的20%，60万元的资金就是配置12万元。配置得越多，以后得到的回报就是几何级数的上涨。

最后，希望大家明白，机构投资赚钱的秘诀就两个，“资产配置+买入并长期持有”。道理很简单，但是知易行难，希望每个人都可以找到属于自己的资产配置之路，然后坚持下去，相信时间一定会给大家带来惊喜。

6　如何以正确的姿势抄机构作业

近些年，“抄作业”成为A股一个比较火爆的词语。简单来说，就是散户投资者通过查看机构投资者买入的股票，然后跟着机构买入对应的股票。从理论上来说，这的确是可行的。但是实际操作时你会发现，买入同样的股票，机构是赚钱的，跟风的投资者却是亏钱的。既然是跟踪机构买入的，为什么会出现不同的结果呢？个人觉得有三点值得大家深度思考。一是机构也有强弱之分，要跟谁？二是跟了机构，怎么确定机构的持仓成本，这一点很关键。三是跟了机构之后，平时该怎么操作，持仓多久，什么时候应该离场？这三点弄明白了，再跟着机构“抄”作业，成功的概率就会大大提高。

6.1 机构有强弱，怎么选

短期来看，大家会发现很多厉害的基金经理。但是，做投资大家要明白一个道理，活得越久的往往越厉害。经历过熊市后依旧保持良好业绩增长的基金经理，就比没有经历过熊市的基金经理走得更长远。所以，对于公募基金来说，大家抄作业的对象，应该是那些经历过熊市、从业时间长、目前业绩非常优秀的基金经理，他们新调研或者新买入的企业，大家可以提高相应的关注度。

私募基金方面，个人觉得高瓴资本、高毅资产、葛卫东（上海混沌投资有限公司）等可以多加留意。尤其是高瓴资本，倡导做价值投资，从目前其在A股二级市场的投资情况来看，无论是金域医学还是泰格医药，基本上股价都是翻倍上涨的，甚至翻了好几倍。它的持仓时间比较长，相比来说，散户投资者更容易追踪，不像游资那样进出的频率比较高，散户投资者一不小

序号	日期	证券代码	证券名称	持股数量(万股)	股份性质	增减持(万股)
1	+2021-05-26	000651	格力电器(46)	4339.64	A股	未变
2	+2021-03-31	600585	海螺水泥(14)	3732.26	A股	未变
3	+2021-03-31	300015	爱尔眼科(28)	6337.32	A股	未变
4	+2021-03-31	300326	凯利泰(10)	1762.37	A股	未变
5	+2020-09-30	002821	凯莱英(3)	140.00	A股	新进
6	+2020-09-30	300347	泰格医药(9)	750.00	A股	未变
7	+2020-06-30	603882	金域医学(3)	575.00	A股	未变
8	+2019-06-30	000333	美的集团(33)	6183.19	A股	未变
9	+2019-03-31	300750	宁德时代(4)	327.56	A股	未变
10	+2017-03-31	600276	恒瑞医药(12)	2192.95	A股	未变

数据来源：大智慧软件股东研究

图4-6-1 高瓴资本持仓情况统计表

心就高位接盘了。相比短线高频操作的游资来说，这些百亿级别的私募，短线离场也不容易，毕竟没有那么多接盘的资金，所以抄作业相对更安全。

外资方面，专注于做医学投资的奥本海默基金在医药股上做得不错，还有就是UBSAG（瑞银）这家QFII，以及新加坡管理局、澳门管理局。相比来说，UBSAG是高瓴资本的海外账户，其业绩做得不错，可以说市场中的大牛股基本都有它的影子。如果发现它进入了，说明这家企业还不错，大家可以提高关注度，在其成本价附近介入。

序号	日期	证券代码	证券名称	持股数量(万股)	股份性质	增减持(万股)
1	+2021-07-15	300298	三诺生物(24)	585.81	A股	减持
2	+2021-07-12	600882	妙可蓝多(3)	739.37	流通A股	146.96
3	+2021-06-18	688122	西部超导(1)	80.00	限售流通股	新进
4	+2021-06-01	000338	潍柴动力(4)	7265.30	流通A股,限售流通股	新进
5	+2021-05-29	688169	石头科技(4)	1.10	限售流通股	新进
6	+2021-05-26	600305	恒顺醋业(2)	1561.12	A股	新进
7	+2021-05-14	688200	华峰测控(4)	23.60	限售流通股	减持
8	+2021-04-09	300733	西菱动力(3)	95.58	流通A股	0.73
9	+2021-03-31	600004	白云机场(20)	1522.93	A股	新进
10	+2021-03-31	600009	上海机场(26)	414.19	A股	新进

数据来源：大智慧软件股东研究

图4-6-2　UBS AG账户持仓情况统计

市场上的机构有很多，尤其是公募基金和私募基金，因此，选对跟踪和模仿的机构，对于抄作业非常关键。从选择顺序来说，笔者个人关注的顺序是私募 > 外资 > 公募和国家队。这个逻辑非常简单，公募基金和国家队承担一定的维稳功能，相比来说，业绩稳定增长就可以，不会对盈利有过分的追求，所以指望他们在一个较短周期内实现大赚不太现实。其次，对于外资来说，监管机构不可能让他们极速拉升后赚钱走人，这不符合市场规律。相比之下，私募基金胜就胜在他们既是国内的，不用担心他们搞坏国内市场，另外就是私募基金对收益比较看重，有较高的业绩压力，所以持续稳定的“高”增长是他们不得不追求的目标，这样一来，他们就不得不想办法提高投资业绩，所以他们关注的标的往往短线中有拉升，中长线有长牛。最明显的就是高瓴资本，基本上它入驻的企业都走出了这种走势。

6.2 如何计算机构投资者的持仓成本

对于机构持仓成本的计算，笔者认为可以分为两类：一类是模糊成本定价法，一类是精准成本定价法。

所谓模糊成本定价法，是机构投资者买入的时候，没有明确告诉市场他们的持仓成本，但是投资者可以通过上市公司发布的季报了解这些机构投资者进入这家企业的时段。对于这种情况，投资者只能用模糊成本定价法来计算和衡量机构的持仓成本。比如，近期市场比较出名的高毅资本重仓买入了广誉远。那就先看高毅资本成为该股十大股东的那个季度，资料显示是2020年9月30日，那就意味着高毅资本应该是在2020年6月1日开始进入，那么2020年6月1日到2020年9月30日之间的股价平均价格，很大概率就是其持仓成本。当然，如果你觉得平均价格计算法比较激进，也可以用最低价格进行估算，差不多成本在13元左右。然后在这个基础上计算其持仓盈亏。机构收益不高，企业业绩没有太大问题的前提下，暗示后市涨幅空间比较大，这种个股就值得大家抄作业。

还有一种情况是增发，现在的机构越来越倾向以这种方式介入个股。增发的价格往往会低于市场价格，有利于机构控制持仓成本。根据法律规定，企业增发的价格一般是采用最近20日的股票交易平均价或者最近一日的股票交易平均价。这对于大家来说，无疑是一个好的测算机构持仓成本的方法。投资者可以计算出这两个价格，取更保守的建仓策略。选择两个价格中的最低价格，这样可以确定机构的成本高于这个价格。相比之下，普通散户投资者以稍高的价格建仓，相比机构无非是少赚点，但是可以大大提高持仓的安全性。

精准成本定价法就比较简单了，就是官方已经公布了其持仓成本，这种情况多见于上市公司公开转让股份比例超过5%的转让，上市公司会发布公告宣告受让上市公司股份的机构的价格。对于这种情况，投资者需要关注上市公司的公告，如果忽略了，那么计算的机构持仓成本肯定有问题。一般来说，转让股份的价格会降低一定的折扣，比如高瓴资本定增隆基股份的价格是70元，这个价格比市场价格低了20多元。

三、《股份转让协议》的主要内容

（一）本次交易

转让方将其所持上市公司226,306,134股股份（均为无限售流通股，约占《股份转让协议》签署日上市公司已发行总股本的6.00%）转让给受让方（使用“高瓴资本管理有限公司-中国价值基金（交易所）”账户）。

（二）股份转让对价

交易双方一致同意，本次交易的每股转让价格为70元，本次交易对价总额为15,841,429,380元。《股份转让协议》签署日至标的股份过户至受让方的期间，上市公司发生派息、送股、资本公积金转增股本、配股等除权、除息事项，转让价格及交易总价款将作相应调整。

图4-6-3　股份转让公告

这种持仓超过5%的股份，还有一个比较大的优势，就是在减持股份的时候需要公告，所以，投资者只需要密切关注上市公司的减持公告，一旦该机构公告开始减持，就可以抢先离场。持股比例低于5%，减持股份是不需要发公告的，投资者需要根据其他方法确定离场时机。此外还需要提醒大家一点，如果上市公司公告该机构利用股份购买公募基金了，那也基本上可以断定该机构利用公募基金离场，所以这个时候不要犹豫，要立刻离场，因为变成基金份额后，就不需要公告了。

这种精准成本定价法对于普通投资者来说，跟踪起来很方便。因为知道成本，不贪心的情况下，可以以1倍空间作为自己第一波操作的空间。当然了，这个盈利空间还是要看机构和企业本身。比如光伏霸主隆基股份，1倍就非常合理，甚至不排除有2～3倍的上涨空间。

这里还有一个问题需要注意，就是上市公司出现了高送转。还是以隆基股份为例，隆基股份在2020年进行了10送4派2元的送转，这种情况下，高送转之后持仓成本可以通过计算确定。因为高送转前后权益不变，可以利用这一点确定。高瓴资本每股70元，受让了226,306,134股，交易对价是15841429380元，送股后其持股数量变为316,828,587.6，则成本为50元左右。因为有派现，这种算法会有一点误差，但是不会相差太大。提醒大家一点，遇到这种高送转的股票，大家一定要记得换算持仓成本，不然有可能造成决策失误。

6.3 想抄好作业，心态很重要

正常来说，这些百亿级别的私募和机构，往往都是偏向于价值投资，着眼于未来有强增长潜力的企业。但是这些企业盘子往往比较大，不是游资拉升的标的，所以股价表现出的是缓慢上涨，甚至不排除中间因为市场买卖问题出现阶段性调整和大跌。但是将时间跨度拉大，大家会发现它们是属于“慢牛”的性格。这就意味着如果想跟着这些机构抄作业，就必须做好心理建设，如果想要买入后短期内就获取较大的涨幅，那显然是不现实的。如果你抱着这种心理，内心会非常煎熬，因为天天看着别人上涨，自己的不上涨，这可比下跌更熬心。

想抄机构作业，首先要明确，机构不会和游资一样操作股票。这里有两个逻辑问题，一是机构不敢，毕竟机构承担着市场维稳的功能；二是机构不能，相比散户资金，机构的体量太大了，没有足够的筹码，他们想大量卖出也比较困难，这就注定了机构操盘的灵活度下降。可以说资金体量越大，操盘的灵活性就越低。换句话说，机构只能用时间换空间。潜台词就是，普通投资者要有长时间持仓的勇气和决心。

抄机构作业看似简单，实则细节颇多，对于心理素质的要求也较高。归根到底，还是人性那一套。选对机构+计算成本+买入并长期持有，到头来你会发现，这套模式不过是你利用机构进行择股而已，其他心态什么的，和你自己选股没什么两样。从这里也可以看出，这个世界上没有救世主，如果有，那就是你自己！